Jan van der Meulen

NOTRE-DAME DE CHARTRES
DIE VORROMANISCHE OSTANLAGE

JAN VAN DER MEULEN

NOTRE-DAME DE CHARTRES

Die vorromanische Ostanlage

GEBR. MANN VERLAG · BERLIN

DIESER BAND IST DER ERSTE EINER AUF ZWEI BÄNDE
BERECHNETEN BAUGESCHICHTE DER KATHEDRALE
VON CHARTRES VOR 1194

GEDRUCKT MIT UNTERSTÜTZUNG DER
ALEXANDER VON HUMBOLDT-STIFTUNG

INHALTSVERZEICHNIS

VORWORT

Die vorliegende Veröffentlichung gilt nicht nur dem Verständnis der Kathedrale als Kunstwerk, sondern auch jenem übergeordneten Verständnis der Kathedrale als Stätte des Glaubens, in dem sie errichtet worden ist. So möchten wir bitten, manche scheinbar ehrfurchtslose, störende Arbeit in der Kathedrale doch als unbeholfenen Dienst an Unserer Lieben Frau von Chartres auszulegen und so das stets wohlwollende Entgegenkommen seiner Exzellenz Monseigneur Michon, des Herrn Archiprêtre M. Bergonier und der Geistlichkeit der Kathedrale zu rechtfertigen. Als ein »dévot et naïf historien de son église« möchten wir nach Bulteaus Beispiel doch auch mit Roulliards Worten aus dem Jahre 1609 bitten, daß »si vostre grâce, plustost que mon mérite, me permet d'attendre quelque loïer, d'un service à vous deub: que ce soit donc celui, ô Roine débonnaire, qu'avez promis aux plus affectionnez de vos humbles Cliens, qui élucideroint la gloire de vostre nom, loïer incomparable de la vie éternelle. D'autant que c'est le seul Cap de bonne espérance, auquel je single à rames et à voiles ...«

Die Methoden dieser Arbeit sind vor der Kathedrale entwickelt worden, aber der Einzelforscher bleibt letzten Endes lediglich Katalysator innerhalb eines Gesamtkomplexes französischer und deutscher Zusammenarbeit. An erster Stelle gebührt unser Dank M. Cl. Prévost, Administrateur Civil de la Direction de l'Architecture, Ministère d'Etat chargé des Affaires Culturelles, und M. Louis Esnault, Architecte des Bâtiments de France, für die am 2. Mai 1962 erteilte Genehmigung, diese Untersuchungen durchzuführen. Schon M. Esnaults Amtsvorgänger, M. Jean Maunoury, hat in den Jahren 1958 und 1960 die früheren Ansätze der Arbeit unter Richard Hamann-MacLean und Hans Kunze, denen wir die anfängliche Anregung zu dieser Untersuchung verdanken, gefördert. Sein Sohn, unser Kollege M. Dominique Maunoury, Architecte Départemental, hat diese Tradition in selbstloser Weise fortgesetzt und uns sein Büro und seine Geräte stets zur Verfügung gestellt.

Die Arbeit ist eine Frucht des deutschen Hochschulwesens, das nicht nur ohne Zögern der Arbeit eines Ausländers im ausländischen Forschungsbereich über Jahre hinweg die wirtschaftliche Grundlage zugebilligt hat. Vielmehr war es auf der geistigen Grundlage deutscher Lehre und Forschung möglich, die hier angewandten Methoden ungestört zu entwickeln. Seit 1956 war ich dem Lehrkörper und der Verwaltung der Philipps-Universität Marburg/Lahn sowie auch dem Deutschen Akademischen Austauschdienst auf diesen beiden Gebieten verpflichtet. Forschungsstipendien folgten vom Kultusministerium des Landes Hessen (Richard-Hamann-Stipendium) und der Alexander von Humboldt-Stiftung. Die Fortsetzung der Arbeit wurde von Martin Gosebruch und Konrad Hecht durch die Vermittlung eines großzügigen Habilitandenstipendiums der Deutschen Forschungsgemeinschaft an der Technischen Universität Braunschweig gesichert. Auch Heinz Ladendorf, Günter Bandmann, Herbert Siebenhüner und Wolfgang Treue soll mein persönlicher Dank in diesem Zusammenhang ausgesprochen werden.

Das Ziel, das sich im Laufe der Arbeit herausgebildet hat, ist das, eine allgemein zugängliche zentrale Forschungsgrundlage für die Kathedrale von Chartres zu schaffen. Es wird Jahre dauern, bis die Maßzeichnungen, Bibliographien, Photographien, Rekonstruktionsversuche, Quellenauszüge — und manche Gedankengänge — veröffentlicht werden können. Deswegen steht schon vorher das Material jedem Forscher zur Verfügung. Auf der damit gebotenen Grundlage erzielte Ergebnisse werden unsere ergänzen, so wie nur eine Teilung des Materials die Hoffnung eröffnet, die Probleme der Kathedrale in unserer Generation zu lösen.

Die praktische Durchführung der Untersuchung wäre ohne das stets freundliche Entgegenkommen, die tatkräftige Hilfe und den Rat des Gardiens der Kathedrale, M. Henri Debarge, nicht möglich gewesen — dem auch mehrere Beobachtungen am gotischen Bau zuzuschreiben sind. Unser Dank an manchen anderen Bürger der Stadt Chartres verbindet sich mit dem an Freunde, die bei der Vermessung geholfen haben: Martin Gandke, Wilhelm Schlink, Harmen Thies und Jürgen Hohmeyer; Herrn Dr. Hohmeyer insbesondere auch für die ständige Durchsicht und Korrektur der Manuskripte, bei der mancher Rat und manche strenge Kritik weit über das Sprachliche hinausgegangen ist. Das Leid dieser Forschung, sei es gemeinsam bei verregneten Untersuchungen in Chartres, sei es in Trennung durch dieselbe Ursache, trug allein meine Frau Gesine.

Braunschweig, 1968

Die zweisprachige Veröffentlichung dieses Werkes, sowie auch verschiedentlicher Vorarbeiten, wurde 1962 von der Société Archéologique d'Eure-et-Loir garantiert, 1963 auf 250 Seiten jährlich in Aussicht gestellt, 1965 im Bulletin de la Société Archéologique d'Eure-et-Loir, XXIII, S. 79—126, entsprechend angesetzt, eine Inhaltsübersicht der Kathedralgeschichte nach 1194 auf S. 123 ff. beigefügt. 1967 wurde dementsprechend der deutschsprachige Text vierer Manuskripte schon in Chartres gesetzt, 1968 der vorliegende erste Band der Hauptarbeit abgeliefert. Aber als 1970 Etienne Fels endlich mit der Übersetzung beauftragt wurde, waren die Aussichten dieses Unternehmens schon einigermaßen in Frage gestellt; nach seinem Tode sind dann sämtliche Originalmanuskripte in Frankreich verschollen. Die daraufhin einsetzenden Bemühungen Peter Blochs, die Arbeit mit Unterstützung Otto von Simsons in Deutschland zu veröffentlichen, schienen noch Ende 1973 schließlich an Finanzierungsfragen zu scheitern, bis eine großzügige Druckbeihilfe seitens der Alexander von Humboldt-Stiftung dies ermöglichte.

The Cleveland State University, April 1974

EINLEITUNG

Beschreibung

Die gotische Kathedrale von Chartres erhebt sich über der ausgedehnten Krypta ihres 1194 abgebrannten Vorgängers. Die Rundbogenfenster dieser Krypta sind im Sockelgeschoß des Neubaus durch Überfangbögen im ummantelnden gotischen Mauerwerk hindurch sichtbar (Abb. 1). Diese Krypta wird von zwei 12jochigen kreuzgratgewölbten Längsgalerien gebildet, die sich unter der gesamten Länge der Seitenschiffe der Oberkirche erstrecken und im Osten durch einen tonnengewölbten Umgang verbunden sind (Tafel). An den Umgang sind drei tiefe Radialkapellen symmetrisch angebaut; die spätere massive äußere Ummantelung der Ostteile überbrückt die Zwischenräume etwa in Zweidrittel-Tiefe, so daß vier Zwischenkapellen entstanden sind. Die Längsgalerien haben in ihren jeweils drittletzten Jochen von Osten (EII NI und EII SI)* rechtwinklige kapellenartige Ausbuchtungen der Innenwände, während neben den jeweils zwei letzten östlichen Jochen der Längsgalerien, am Ansatz des Umgangs, unregelmäßige Räumlichkeiten vor die Flucht der Langhausaußenwände ausladen, (EIII/IV NII und EIII/IV S II). Der halbrunde Umgang umschließt einen Lubinusgruft genannten Raum, in dem fünf Glieder eines ursprünglichen Stützensystems erhalten sind, die der Dreier-Einteilung der Radialkapellen entsprechen: Eine mittlere Halbsäule wird von zwei Wandvorlagen flankiert, die als Ansatz für die halbkreisförmige Anordnung zweier Rechteckpfeiler dienen. Dieses Stützensystem lehnt sich an eine geschlossene Westwand eindeutig antiken Ursprungs an, deren nördlichster Abschnitt 1904 durchbrochen wurde. Im Osten ist die Lubinusgruft heute durch Mauerwerk von der Hauptkrypta abgeschlossen; der heutige Zugang aus der Hauptkrypta stammt erst aus dem 18. Jahrhundert, vorher war der Raum nur über eine Treppe aus dem Chorraum der Oberkirche zugänglich. Grabungen westlich des antiken Mauerwerks haben 1904 verschiedene Mauerreste südlich der drei Ostjoche der Nordgalerie zutage gefördert. In diesem Bereich der Nordgalerie befinden sich heute der Altar *Notre-Dame-sous-Terre* und ein restaurierter Brunnen, der als der *Puits-des-Saints-Forts* angesehen wird; wir haben es hier mit der heutigen Überlieferung zweier Kultstellen zu tun, deren Geschichte bis in die vorchristliche Zeit zurückreicht und deren Existenz den Bau der beschriebenen, ungewöhnlich ausgedehnten Unterkirche der Kathedrale motiviert. Der Altar steht heute etwa auf der zweitletzten Achse der Nordgalerie (e2 NI), vor einer eingezogenen Leichtbau-Trennwand, die die Galerie an dieser Stelle absperrt (der Zugang vom westlichen Lauf der Galerie zu den zwei östlichen Jochen, wo der Brunnen gleich hinter der Trennwand im Mauerwerk der Südwand eingebaut ist, geschieht durch einen nachträglich durchbrochenen unregelmäßig ausgeführten Umgehungsgang an der Nordseite). Das aufgefüllte Areal zwischen den beiden Längsgalerien, dem Langhaus- und Langchor-Mittelschiff (einschließlich der Vierung) entsprechend, ist bis auf wenige nur schlecht überlieferte Probegrabungen unerforscht geblieben.

Formal scheint der Hauptzugang zu dieser Unterkirche durch zwei Treppen gegeben zu sein, die, jeweils am Westende der Längsgalerien angebracht, in die Westtürme der Oberkirche münden (das jeweils westlichste der zwölf Joche der heutigen Längsgalerien

* Die Bezeichnung der Bauteile folgt dem System Kunze-Hamann, vgl. unseren schematischen Grundriß am Schluß des Werkes.

[WVI NI und WVI SI] ist offenbar erst in Zusammenhang mit den Türmen ausgeführt worden). Jedoch bildet ein skulpiertes Säulenportal am Ostende der Südgalerie (hart an dem Mauerwerk, das den Ansatz der Ummantelung der Apsidialkapellen bildet) einen Eingang von ausgeprägter öffentlicher Bedeutung; sein Gegenstück an der Nordseite ist schlichter und dient ausschließlich der Geistlichkeit und den Kirchendienern als Zugang von der Sakristei her. Zwei Joche westlich vom letztgenannten Treppenaufgang (EII n2) führte bis gegen Ende des vorigen Jahrhunderts eine breite Treppe neben dem gotischen Querhaus direkt in die Kapelle vor dem Altar Notre-Dame-sous-Terre. Schließlich gibt es im Norden wie im Süden jeweils noch ein schlichtes Portal, dessen Funktion heute durch je einen stollenartigen Gang unter dem westlichen Seitenschiff des gotischen Querhauses aufrechterhalten wird (WI n1 und WI s1); diese Portale lagen ursprünglich in der Mitte der Langhaus-Außenwände (zwischen dem ursprünglichen Westabschluß, w5, und den zweijochigen Anbauten an der Ostseite der Koordinate e2). Östlich von diesen Langhaus-Eingängen sind die anschließenden zwei Kryptafenster durch die Füllerde des höher gelegenen gotischen Querhauses verschüttet, das jeweils dritte Fenster aber wiederum durch Stollen (unter den östlichen Seitenschiffen des Querhauses) frei gehalten — wenn auch heute kein Licht von außen das Fenster erreicht.

Die beschriebenen Bauteile dienten offenbar schon dem Vorgänger des gotischen Kathedralbaus als Unterkirche; sie wurden durch ihr Gewölbe vor dem Feuer von 1194 geschützt und konnten so in den Neubau mit aufgenommen werden.

Die einzige wesentliche räumliche Erweiterung, die die beschriebene Unterkirche durch die späteren Umbauten erfuhr, ist die erwähnte Ummantelung des »Chor«runds, bei der die drei Radialkapellen zusammengeschlossen und das Gebilde — wenn auch etwas unregelmäßig — vereinheitlicht wurde. Die Fensteröffnungen in diesem ummantelten Mauerwerk haben schwere, markante Spitzbogen im Gegensatz zu den rundbogigen Überfangbögen vor den Kryptafenstern im Langhaus und Langchorbereich.

Auch der nachträgliche Bau zweier Türme vor der zu denkenden Westfassade der ursprünglich zugehörigen Oberkirche muß a priori in bezug auf die Krypta betrachtet werden (die dadurch die erwähnte Erweiterung um ein Joch nach Westen erfuhr). Der ältere der beiden Türme, der nördliche, muß frei vor der Westfassade der Kathedrale gestanden haben, da sich ein Fenster in der Ostwand seines Erdgeschosses befindet, darunter einer der beiden (formalen) Hauptzugänge zur Krypta (Abb. 2 und 3). Der Haupteingang in den Turm selber befindet sich an der Südseite — eine Sachlage, die der Absicht einer Fassadenwirkung beim Entwurf dieses Turmes von vornherein widerspricht. Da der Kult in der Unterkirche und der Zugang dazu (soweit wir dies verfolgen können) sich offenbar stets auf den nördlichen Bereich konzentrierten — was sich ebenfalls in den heute überlieferten Stellen des Altars und des Brunnens wiederspiegelt — bekommt dieser ungewöhnliche, freistehende Turm als monumentaler Portalbau der Unterkirche auch seine liturgische Begründung. (Die südliche Längsgalerie der Krypta diente zur Bauzeit des Turms als Taufkapelle und dürfte von dem Kult der Notre-Dame-sous-Terre getrennt gewesen sein.) Diese Überlegungen bilden die Voraussetzung für die Betrachtung des Südturms, der in symmetrischer Anlehnung an den Nordturm später errichtet wurde und, im Gegensatz zu seinem nördlichen Nachbarn, einen steinernen Helm bekam. Mit der Errichtung eines zweiten Turmes ist zwangsläufig die Absicht einer Fassadenbildung verbunden und folglich auch eine Bezugnahme auf die Oberkirche. Dies wird noch dadurch bestätigt, daß der zweite Turm in baulichem

Zusammenhang mit dem oberen Kirchenraum ausgeführt wurde: Es fehlt nunmehr das Ostfenster im Erdgeschoß, woraus geschlossen werden muß, daß, auch wenn die alte Westfassade der Oberkirche nicht schon abgebaut worden war, der Kirchenbau mittlerweile nach Westen erweitert wurde. Zwischen den beiden Türmen wurde während der Ausführung des Südturmes das berühmte dreiteilige *portail royal* eingebaut, das aber schon vor dem Bau des Südturmfundamentes für eine andere Stelle ausgeführt gewesen sein muß, wahrscheinlich für die alte Westfassade. Über dem Westportal befinden sich drei entsprechende Spitzbogenfenster.

Unsere Beschreibung der Westtürme und des *portail royal* mußte schon hier eine gewisse Stellungnahme einschließen, weil in der vorliegenden Untersuchung die weiterführende, äußerst komplizierte Problematik des Westbaus so weit wie möglich ausgeklammert werden soll. Es genügt zu unserem Zweck, wenn festgestellt wird, daß der Westbau der Kathedrale, zu der die Krypta gehörte, nachträglich zugefügt wurde, daß er die Feuersbrunst von 1194 überstand und im gotischen Neubau schließlich wiederverwendet wurde. Zu dieser Zeit wurde dann auch der Giebelabschnitt zwischen den Türmen abgetragen, und an seiner Stelle wurde eine große Rose eingefügt, deren Axialbezug auf den dahinterliegenden Neubau zu einer asymmetrischen Stellung gerade dieses dominierenden Elements geführt hat. (Schließlich wurden im frühen 16. Jahrhundert die Freigeschosse und der Helm des Nordturmes in Stein erneuert.)

Die Seitenschiffe des dreischiffigen, siebenjochigen Langhauses der gotischen Oberkirche lehnen sich ohne Form- oder Maßabstimmung an die erhaltenen Westtürme an, während das Mittelschiff sich mit zwei weiteren Jochen zwischen die Türme schiebt und so bis an die erhaltene Westfassade des 12. Jahrhunderts reicht. Nur die vier östlichen Joche des Langhauses sind gleich breit, von dort (w4) nehmen die Jochbreiten nach Westen zunehmend ab.

Ebenfalls dreischiffige, aber in allen Schiffen schmälere, dreijochige Querhausarme trennen das Langhaus vom fünfschiffigen, vierjochigen Langchor, so daß das Querhaus jeweils um ein Joch vor die Flucht der Langchoraußenwände ausladet. Der $^7/_{14}$-Chorschluß wird von einem etwas unregelmäßigen doppelten Chorumgang mit Kapellenkranz begleitet, dessen Form und Anlage weitgehend von der Unterkirche bestimmt sind. Ja, blicken wir auf den Grundriß der Unterkirche zurück, so sehen wir, daß auch die Fünfschiffigkeit des Langchores schon durch die ausladenden Anbauten am Ansatz des »Chor«-Umganges der Unterkirche vorbestimmt war; ferner, daß sich die gesamte Jocheinteilung des gotischen Neubaus nach der Jocheinteilung der Krypta richtet — die Raumbreite war von vornherein durch die Beibehaltung der Krypta vorgegeben. Damit sind sogar die Proportionen des Neubaus festgelegt, und zwar in so wichtigen Punkten wie den verschiedenen Breiten der Langhaus- und Querhausschiffe (woraus sich queroblonge Seitenschiffsjoche und eine queroblonge Vierung ergeben). Nur in der ungewöhnlichen Ausdehnung der Querhausarme befreit sich die neue Planung von diesen Vorbedingungen. Es liegt auf der Hand, dieses Merkmal in Zusammenhang mit den einzigartig reich skulpierten Dreiportalanlagen zu bringen, die die beiden Querhausfassaden schmücken und — ebenso ungewöhnlich — durch reich skulpierte Portal-Vorbauten ergänzt sind. Die monumentalen Portale und der monumentale Querraum stehen in Beziehung zueinander, ganz anders als das ausgesprochen schmalbrüstige, beibehaltene Westportal und der dahinterliegende Längsraum.

Der unausgeglichene Dualismus, der durch die Akzentverlagerung auf den Querraum entsteht, überrascht vor allem angesichts der »klassisch« ausgeglichenen Gestaltung des Hauptraumes, die der Kathedrale von Chartres wahrscheinlich mit Recht ihren Ruhm als »Gründungsbau« der Hochgotik eingetragen hat. Die großzügige Raumvereinheitlichung, die — um nur einige Beispiele aufzugreifen — in der Gesamtstruktur durch den dreiteiligen Aufbau, im Detail durch die kantonierten Pfeiler erzielt wird, ist wohlbekannt. Mit ungewöhnlicher Konsequenz werden sowohl das System wie auch die Grundformen der Ornamentik im gesamten Bereich des Innenraumes eingehalten. Aber nicht nur die beschriebenen Grundriß- und Portalverhältnisse passen nicht zu diesem Eindruck, sondern auch der gesamte Außenbau steht im Gegensatz dazu: Von einem einheitlichen Zusammenhang zwischen innerer und äußerer Gesamtstruktur kann nur am Langhaus gesprochen werden. Dort ist das wuchtige Strebewerk in seiner gesamten baukünstlerischen Struktur ein voll integrierter Teil des Querschnittes (Abb. 4): Nicht nur sind die Vertikalen und Horizontalen des Raumes (Innenaufriß) und des Strebewerks (Außenaufriß) mit bewundernswerter Konsequenz in einem reizvollen Wechselspiel miteinander verknüpft, nicht nur — um ein Detailbeispiel aufzugreifen — spiegeln sich die Formen der großen Westfassadenrose in der Strebebogenarkade wider, sondern (und hier muß sich die objektive Beschreibung einen Rückgriff auf die entwicklungsgeschichtlichen Voraussetzungen erlauben) das Strebewerk hat sich erst durch den Verzicht auf Emporen zu einem so ungemein durchdachten Gebilde entwickelt, und der Strebebogen ist möglicherweise sogar erst dadurch entstanden. Sieht man den halben Querschnitt an, so erscheint der Raum förmlich in die mächtige Konstruktion »eingehängt« zu sein, er ist ihr jedenfalls untergeordnet. Weder die frühgotischen Emporenkirchen noch die nachfolgenden hochgotischen Kathedralen weisen solche krassen Verhältnisse auf, schon am Chartreser Chor wird das Strebewerk (und auffallenderweise sogar die Außenwand des Langchores) leichter gebildet und entschieden abgewandelt (seinem Beispiel folgend, wurde der obere Strebebogen im Langhausbereich erst nachträglich hinzugefügt). Die Neuerungen am Chor bestimmen dann auch die oberen Teile der Nordquerhausfassade, während das südliche Querhaus — trotz aller Übereinstimmung der Portalzone mit ihrem nördlichen Gegenstück — in gänzlich unchartresischen Formen vollendet wurde (die Strebepfeiler und Mauerflächen werden von einem Stabwerk dünner Kolonetten überzogen).

Die Beschreibung hat gezeigt, wie weitgehend der hochgotische Neubau den Vorbedingungen unterworfen war, die aus der Übernahme der Kryptentradition der Vorgängerbauten folgten. Ferner täuscht alle Einheitlichkeit des Innenraumes nicht über den unglücklichen Anschluß des integral durchdachten Langhauses an den beibehaltenen, in sich schon zusammengestückelten Westbau hinweg, ebenfalls nicht über die fortschreitende Zerstückelung, die dem ersten architektonischen Leitgedanken in allen übrigen Teilen des Außenbaus, bis hin zu den unregelmäßigen Anbauten vor den Querhausportalen, widerfuhr.

Das erhaltene Bauwerk trägt in sich das beredte Zeugnis seiner Baugeschichte. Schon die sachliche Beschreibung seiner heutigen Erscheinung beweist, daß es zwei Voraussetzungen für seine Erforschung gibt: erstens einen genauen Überblick über Baugeschichte und Tradition der Krypta, welche die Feuersbrunst überstand; zweitens ein Verständnis des Urprojektes, dessen Abwandlungen offensichtlich zu den beschriebenen ästhetischen Unregelmäßigkeiten im Gesamtbauwerk geführt haben. Obwohl die Kathedrale von Chartres schon längst ihren festen Platz im Entwicklungsbild der Gotik hat, sind diese beiden Voraussetzungen von der bisherigen Forschung nicht genügend berücksichtigt worden.

Stand und Methoden der Forschung

Il y avait plus de six cents ans que l'on n'avait pratiqué d'aussi considérables (fouilles), et il est probable qu'on attendra longtemps encore pour en recommencer de resemblables. Clerval (*La Voix de Notre-Dame, 1894, p. 13*)

Dans les édifices les plus connus, il y a toujours des découvertes à faire pour les explorateurs. de Caumont (*Bull. mon. XXII, 1853, p. 513*)

Il faillait donc appliquer à Notre-Dame de Chartres la méthode usitée en histoire naturelle. Didron ainé (*Annales Arch. XXVII, 1870, p. 21*)

Die ab 1194 erbaute Kathedrale Notre-Dame de Chartres gilt in ihrer »klassischen« Zusammenfassung der vorausgegangenen architektonischen Formentwicklung als Gründungsbau der Hochgotik[1]. Ihren Ruhm verdankt sie auch nicht zuletzt der Vollständigkeit ihrer ursprünglichen bildlichen Ausstattung: Sie besitzt nicht nur die weitläufigsten erhaltenen skulpierten Portalanlagen, sondern auch ihre Farbfenster haben die Zerstörung der religiösen Bürgerkriege und der Französischen Revolution am glücklichsten überstanden. Als eine Art Gesamtkunstwerk nimmt die Kathedrale von Chartres in der kunsthistorischen Forschung eine Schlüsselstellung ein, doch ist diese Forschung schon zweimal zum Teil gerade deswegen auffallend erstarrt, weil sie eine einheitliche Aussage dieses Gesamtkunstwerkes voraussetzte.

Jüngst führten abweichende Thesen zur Stilentwicklung der Glasmalereien eine vermeintlich weittragende Auseinandersetzung über die Bauchronologie der gotischen Kathedrale herbei[2]. Es handelte sich dabei um die Frage, ob der Neubau im Osten oder im Westen angefangen sei. Auffallend war aber, daß es dabei gelang, die Datierung der Skulpturen nicht in Frage zu stellen: Gleichgültig, wo das Gebäude begonnen sein sollte, trafen sich die streitenden Parteien sozusagen in der Mitte und waren sich über die Datierung der Querhausfassaden einig[3]. Es überrascht deswegen nicht, daß jüngere Untersuchungen der Skulpturen sich kritiklos auf die vermeintlich gesicherten baugeschichtlichen Ergebnisse stützen[4] — ohne in Erwägung gezogen zu haben, daß diese anscheinend baugeschichtlichen Ergebnisse an erster Stelle aus den Glasmalereien und für sie gewonnen worden sind[5]. Die Baugeschichte muß von solchen Zirkelschlüssen eine Prostituierung ihrer Disziplin, die Kunstgeschichte insgesamt jedenfalls eine Kreislaufstörung ihrer Grundsätze und Methoden fürchten — und zwar gerade weil wir es in Chartres mit einem gut erhaltenen (wenn auch keinesfalls *einheitlichen*) Gesamtkunstwerk zu tun haben.

Da auch die vorliegende Untersuchung aus einem Versuch hervorgegangen ist, die hochgotische Skulptur kunsthistorisch zu erfassen, muß zu diesem Stand der Dinge im Hinblick auf die Plastik kurz Stellung genommen werden. Auch Grodecki — dessen erster Aufsatz 1951 die Baurichtungs-Kontroverse ausgelöst hat — ging grundsätzlich davon aus, daß Theorien, die auf rein stilistischen Überlegungen gegründet sind, von vornherein hypothetisch bleiben — insofern sie nicht materiell gestützt sind (»supported by material evidence«)[6]; daher plädierte er für die Rückkehr zur archäologischen Analyse

13

der Architektur. Dennoch sah Sauerländer gerade den Aufsatz, der unter diesem deutlich ausgedrückten Prinzip stand, als grundlegend an und baute seine eigenen Untersuchungen auf dem Prinzip der universellen stilistischen Vergleichbarkeit der Skulpturen verschiedener Kathedralen (die jede für sich keine gesicherte Chronologie besitzt) auf[7]. Was Grodecki richtig ahnte und worauf Sauerländer sich gestützt zu haben glaubte, ist eine exakte Kunstwissenschaft, die von einem im erhaltenen Baukörper nachvollziehbaren archäologischen Sachverhalt ausgeht. Das materielle Zeugnis der Bauarchäologie ist nachprüfbar — und zwar für jedermann, die Interpretation der Stilentwicklung jedoch stets vom subjektiven Urteil gefährdet. Hierin liegt das Bedenkliche an Sauerländers Methode und schließlich an seinen Ergebnissen[8]. Der Anspruch, eine Kunst*wissenschaft* aufzubauen, setzt den kritischen Nachvollzug früherer Aussagen voraus. Im vorliegenden Fall bedeutet dies z. B. die Erkenntnis, daß es zwecklos ist, Tiefenmaße dort anzuführen, wo es um den Nachweis von Breitenverhältnissen geht, oder, als zweites Beispiel, daß der Nachweis einer »perfekten Übereinstimmung« durch Maßangaben belegt werden kann und muß[9]. Sauerländers Versuch, die Chartreser Skulpturen mit denen anderer Bauwerke in Beziehung zu setzen, haben den Wert von Beobachtungen, wie sie sich seit Vöge über Aubert, Vitry, Medding, Schlag und Lipman (um nur einige zu nennen) angesammelt haben. Aber die zwei Generationen von Vöge bis Sauerländer haben auch die Grenzen der Interpretation der Stilentwicklung offenbart: Die Grundfrage der Priorität — d. h. ob gewisse Skulpturen die Vorstufen oder Nachfolgearbeiten anderer sind — ist in manchem französischen Schlüsselfall bis heute ungelöst, eben weil die Stilgeschichte, wie sie bis heute betrieben wurde, einerseits von vermeintlichen chronologischen Fixpunkten ausgeht, andererseits aber die Stichhaltigkeit derselben Fixpunkte zu erhärten glaubt. Die erstrebte relative Chronologie wird also nicht mit eigenen Kriterien gewonnen, sondern mit Hilfe vermeintlicher absoluter Anhaltspunkte aufgestellt. Mit zwei Unbekannten operierend, wird die Stilgeschichte nie zu einem wissenschaftlichen Ergebnis gelangen; es entsteht eine Forschungsatmosphäre, in der Ansichten geteilt oder verworfen werden, jedoch nichts oder wenig als nachgewiesen gelten kann. Die Lösung der Prioritätsfrage ist als *Voraussetzung* für die Stilgeschichte auzusehen, nicht als ihr *Ergebnis* — so reizvoll mancher der vielen Gedankengänge auch sein mag. Was sich infolge der autochthonen Entwicklung der antiken Skulptur dem klassischen Archäologen als Methode anbietet, darf nicht auf den verworrenen Bestand der dauernd dem Austausch unterworfenen, zum Teil eklektischen mittelalterlichen Portalskulptur angewandt werden. Eine konsequente relative Chronologie der Stilentwicklung ohne absolute Datierung wäre denkbar, aber gerade für die Skulptur fehlt fast jeder eigenständige Quellenbeleg, der die Brücke zu einer absoluten Chronologie schlagen könnte. Die literarischen Quellen, die für die Skulptur herangezogen werden können, beziehen sich fast ausschließlich auf die Bauwerke. Außer einigen fest datierten Manuskripten — an denen der Stilvergleich zur Skulptur nur mittelbar vollzogen werden kann — bieten also die Bauwerke die einzigen Fixpunkte für eine absolute Chronologie, deren Schlüssel jedoch zunächst noch in den relativen Chronologien der Einzelbauwerke verborgen bleibt.

Sowohl die stilgeschichtliche Bestimmung der mittelalterlichen Kunst, wie sie in Deutschland betrieben wird, als auch die vermeintliche »histoire exacte« der französischen Quellenauslegung beruhen auf einer übertriebenen Gutgläubigkeit gegenüber den sichtbar erhaltenen Kathedralen als einheitlichen Gesamtkunstwerken. Bei aller Divergenz der Meinungen über chronologische Fragen erlaubte die erstarrte Übereinstimmung

14

der »großen Kunstgeschichte« in dieser methodischen Grundsatzfrage keine wirklich lebendige Entfaltung der Wissenschaft[10]. So blieb auch der bedeutendste Impuls zu einer Erfassung der Planänderungen, und damit der relativen Chronologie der Kathedralen, ohne entscheidende Wirkung auf die Forschung: Hans Kunzes »Fassadenproblem« vom Jahre 1912[11]. Gerade die skulpierten Querhausfassaden und -portale von Chartres sind einem ungemein verwickelten Werdegang unterworfen, den zu entwirren nicht nur ein Verständnis der hochgotischen Baugeschichte nach 1194 voraussetzt[12], sondern auch einen begründeten Einblick in die vorausgehende Entwicklung der vorgotischen Kathedral-bauten an diesem Ort. Aber im Zusammenhang mit der vorgotischen Baugeschichte zeigt sich die zweite Erstarrung des Forschungsbildes: Die Vorstellung von den Vorgänger-bauten (außer der Westfassade) ist seit Erscheinen der Petite Monographie 1906 nicht in Frage gestellt worden[13].

Dadurch ist auch das Ziel, mit der vorliegenden Publikation eine haltlose Überpro-duktion der Forschung zumindest für die Kathedrale von Chartres einzudämmen, hin-ausgeschoben worden. Die Vorarbeiten zur Veröffentlichung der ersten drei Teile waren schon weitgehend abgeschlossen, als sich bei der Niederschrift des ersten Teils heraus-stellte, daß der Stand der Forschung nicht die nötigen Voraussetzungen für jene Be-schreibung der Umstände beim Baubeginn 1194 bot, die als erster Teil vorgesehen war[14]. Der Erhaltungzustand des Vorgängerbaus bildet nämlich den Ausgangspunkt für jede Überlegung zur Planung und Ausführung des Neubaus. Erstens betreffen diese Über-legungen die Grundfrage, ob erhaltene Teile in den Neubau miteinbezogen werden soll-ten, wodurch sie den Entwurf maßgeblich beeinflußt hätten. Zweitens müßten brauchbar erhaltene, aber allmählich zu ersetzende Bauteile die chronologische Folge der Neubau-Ausführung weitgehend mitbestimmt haben: Man hätte nach einer Brandkatastrophe wahrscheinlich nicht damit angefangen, die verschonten Kirchenräume, die eine Weiter-führung der Gottesdienste ermöglichten, abzubrechen. Die Hauptergebnisse dieser Über-legungen sind schon in unserem Vorbericht bekanntgemacht worden: Nach 1194 sollte eine neue Fassade die zunächst beibehaltenen Westtürme ersetzen, ihre schon fertig-gestellten Werkstücke wurden jedoch später an die südliche Querhausfassade versetzt, was zu einer Verlängerung der Querhausarme um je ein Joch führte[15]; die relative Chronologie der Bauausführung läßt sich nur im Zusammenhang mit diesem Vorgang verstehen[16]. Die Zeugnisse zur Planung und Ausführung der Querhäuser sind jedoch in erster Linie im Sockelgeschoß, d. h. im Kryptabereich, zu finden. Eine Auseinander-setzung mit der Krypta jedoch brachte zutage, daß diese kein einheitliches, etwa vom Bischof Fulbert in einem Zug zwischen 1020 und 1024 als Krypta ausgeführtes Gebilde ist. Es läßt sich vielmehr nachweisen, daß die heutige Krypta den schon vorher durch die natürliche Bodenhebung teilweise »verschluckten«, von Fulbert künstlich weiter zu-geschütteten Rest eines Vorgängerbaus darstellt, dessen Seitenschiffe heute als Längs-galerien der Krypta dienen, wahrscheinlich sogar unter Benützung ihrer ursprünglichen Gewölbe. Diesem dreischiffigen Vorgängerbau war nachträglich eine Ostanlage (Mar-tyrium oder Confessio) hinzugefügt worden deren Mauern die heutigen Grundmauern der Ringkryptaanlage mit den drei tiefen Radialkapellen bilden und die bis 1020 nicht gewölbt gewesen sein kann. Dies ist der Nachweis, den die vorliegende Untersuchung bringt. Schließlich ergab sich aus der Untersuchung des Sockelgeschosses, daß die Um-mantelung dieser Kryptakapellen nicht wie das übrige Ummantelungsmauerwerk nach 1194 zu datieren ist, sondern erheblich früher (gegen Anfang des Jahrhunderts?). Die

Ringkrypta ist somit der erhaltene Rest eines vereinheitlichten Chorprojektes, das wahrscheinlich dem Umbau von Saint-Denis unter Suger als Vorbild diente.

Es gibt kaum eine Unregelmäßigkeit der hochgotischen Grundrißanlage (einschließlich des Wechsels der Pfeilerformen etc.), die nicht auf die Bedingungen des Vorgängerbaus zurückzuführen wäre. Die hochgotische Planung steht nicht als unabhängige persönliche Leistung des führenden Baukünstlers da, sondern muß innerhalb der gesamten Bautradition der Kathedrale gesehen werden.

Zur Erforschung der Vorgängerbauten sind wir wegen der genannten Erstarrung des Forschungsbildes um 1906 zunächst weitgehend auf die ältere Literatur angewiesen. Unsere Bibliographie und die kurze Einführung sollen nur einen Ausblick auf die Möglichkeiten dieser Hilfsmittel geben[17]. Die vorliegende Arbeit stellt keineswegs die Frucht einer jahrelangen systematischen Verzettelung der gesamten angeführten Literatur dar. Diese alte Literatur ist nur insoweit verwendet worden, als sie zur Legitimation neuer methodischer Ansätze gebraucht wird. Selbstverständlich sind jüngere Arbeiten besonders im Hinblick auf die Schriftquellen präziser und zuverlässiger. Es läßt sich aber nicht leugnen, daß vor 70 bis 140 Jahren noch eine ursprünglichere, weniger voreingenommene Annäherung an manche der Probleme möglich war, mit der die heutige Generation konfrontiert werden soll[18]. Das 19. Jahrhundert hat — trotz des Hauches einer Naïvété, welche die heute festgefahrene Forschung erfrischen, ihre Kriterien aber nicht mehr gefährden kann — so manches im einzelnen besser gesehen und richtiger interpretiert. Es gibt eine gewisse Verbindung zwischen dem naiven Pragmatismus des 19. Jahrhunderts und der unaufhaltsamen Pragmatisierung des Denkens, die uns in diesem Jahrhundert von den Computern bevorsteht. Die Kunstwissenschaft ist demgegenüber oft durch eine introvertierte Selbstgenügsamkeit des Denkens gefährdet: Manche Interpretation oder »Analyse« von heute, die sich an Denkgebäude anderer Disziplinen anlehnt, entpuppt sich in Wirklichkeit als ein leerer Selbstzweck. Die mißbrauchten Gegenstände der Kunstgeschichte müssen wieder selbst zum Sprechen gebracht werden.

Wir wollen also aus dem Bauwerk selber neue Ansätze für die Forschung freilegen. Unter Verzicht auf manche liebgewordenen Kriterien sollen strengstmöglich die Grenzen der unmittelbar zugänglichen Bauarchäologie respektiert werden. Der Befund kann zunächst vom Einzelforscher ohne Gerüste und Grabungen so weit wie möglich ermittelt werden. Das Ziel dieser Methode ist es, die »vorletzte« monographische Analyse des Befundes mit Hilfe einer technischen Apparatur einfachster Art zu bieten. (An Hand der gesammelten Kriterien könnte dann mit einer großangelegten Einrüstung und mit Ausgrabungen ein »schöneres«, abschließendes Ergebnis erzielt werden.) Dementsprechend sind unsere Zeichnungen lediglich als Texterklärungen zu verstehen und nur als solche verwendbar; sie sind Lehrgerüste, in denen die topographische Anordnung gewisser Maßzusammenhänge veranschaulicht ist. Unserer Methode entsprechend können nur ungenaue Teilbestandsaufnahmen der dem Einzelforscher zugänglichen Teile erzielt werden[19]. Die Zeichnungen sind deswegen auch absichtlich skizzenhaft gehalten worden (die Erfahrung hat gezeigt, daß sauber gezeichneten »Abbildungen« durch die Wissenschaft eine dem Inhalt meistens ungebührende Geltung beigemessen wird)[20]. Dadurch soll nicht nur ihr Geltungsbereich veranschaulicht, sondern auch ihre Geltungsdauer als möglichst kurz bestimmt werden — Ziel der Methode bleibt es, endgültige Aufnahmen seitens einer größeren Organisation anzuregen. Darüber hinaus spiegelt die Unfertigkeit der Zeichnungen noch einen Forschungsgrundsatz wider: Säße der Kunsthistoriker und

16

zeichnete, so käme er zu keiner wissenschaftlichen Arbeit; setzt er sich aber nicht persönlich durch Aufmessen mit den Gegebenheiten am Bau auseinander, dann fehlt ihm die gesamte »Eigenautomatik«, die (zunächst unbewußt im Spiel) zum Bewußtwerden der baugeschichtlichen Probleme und Vorbedingungen führt, die aus dem Baubefund sprechen.

Die erstrebte Vermittlung des Befundes besagt an sich nichts weiter als eine (maßgerechte) Beschreibung des Kunstwerkes, mit der jede kunsthistorische Analyse beginnen sollte. So überflüssig dieses methodische Bekenntnis auch anmutet, so zeigt der Stand der Kathedralenforschung doch seine Notwendigkeit: Keiner der Hauptbauten ist in unserem Jahrhundert bauarchäologisch durchgreifend erfaßt worden. Die Kunstwissenschaft muß vor der mittelalterlichen Architektur klar entscheiden, ob sie sich den objektiven Sätzen der historischen Wissenschaften unterwerfen oder ob sie weiterhin von der weit verfrühten subjektiven Interpretation ausgehen will. Manche der als legitim angesehenen kunstwissenschaftlichen Methoden, nämlich die Prinzipien von Analyse und Interpretation, die nicht auf gesicherten Chronologien aufgebaut sind, gehören in den Bereich der subjektiven Urteilsbildung, allenfalls aber in die Kunstakademie, und können schwerlich von den objektiven historischen Schwesterdisziplinen anerkannt werden. Diese Art der Kunstgeschichte manifestiert überhaupt gewisse Erscheinungen ihres Gegenstandes: Sie fängt an, generationsweise von Interpretationen zu Interpretationen zu wandern, wie der »ismus« in der Kunst[21]. Diese Erscheinung, die bei der Kunst eine notwendige subjektive Regeneration darstellt, spiegelt in den Wissenschaften den Verzicht auf die notwendige objektive Grundlage. »Verzicht« sagen wir, weil die wissenschaftlichen Kriterien zur Aufstellung einer relativen Chronologie der Kathedralen durchaus gegeben sind, wenn auch ihre Herausschälung vorerst als keine glanzvolle Tätigkeit erscheint, sondern als stumpfe Arbeit. Die Alternative zu dieser Arbeit besteht aber nur in manchmal anmaßenden persönlichen Interpretationsversuchen, die bis zur bauarchäologischen Erfassung der Kathedralen stets von zwei Unbekannten ausgehen müssen — eine subjektive Kunstausübung oder journalistische Tätigkeit, die lediglich parallel *neben* der historischen Erfassung der Bauwerke einherläuft.

Dieses Problem ist durch den traditionellen Anspruch entstanden, sowohl die gut dokumentierte moderne Kunst als auch das historisch schwer erfaßbare Mittelalter in Personalunion zu bewältigen. Das formulierte Empfinden, legitim im kunst*kritischen* Umgang mit der modernen Kunst, hat im Bereich der kunst*historischen* Erfassung des Mittelalters nur dann einen Wert, wenn es dem *historischen* Gegenstand entspricht.

Selbstverständlich ist es Aufgabe der Kunstgeschichte, das historische Bild schließlich zu interpretieren. Dabei werden unterschiedliche Interpretationen entstehen und oft auch berechtigt sein, weil sie verschiedene Aspekte des Kunstwerkes widerspiegeln. Zunächst jedoch müssen die historischen Kriterien zur Erfassung der mittelalterlichen Kunst ausgschöpft werden. Die Interpretation ist nicht selbst eines dieser Kriterien, sie darf zunächst kein *Mittel* sein, sondern muß *Ziel* bleiben. Sie ist auch das Ziel der vorliegenden Arbeit.

Die Quellen

Wie oben und in unseren früheren Veröffentlichungen gezeigt worden ist, muß zuerst die *relative* Chronologie einer Kathedrale geklärt werden, bevor die *absolute* Datierung

ihrer Teile aufgestellt werden kann. Die absolute Datierung hängt von einer Zufalls-
dokumentation der bruchstückhaften Überlieferung ab, deren unmittelbarer Bezug auf
das Einzelbauwerk angesichts seiner differenzierten Entstehungsgeschichte zunächst unmöglich ist: Ohne ein möglichst gesichertes Bild der relativen Chronologie ist es nicht
möglich zu wissen, auf welchen Zustand der Planung oder Ausführung sich die einzelnen
Quellen beziehen. Die Quellen sind daher sinnvollerweise erst am Ende der Arbeit her-
anzuziehen. Dieser methodische Grundsatz ist bisher von der Forschung nicht beachtet
worden, vielmehr sind die Quellenaussagen stets als ein Hauptkriterium schon bei der
Aufstellung der *relativen* Chronologien — sowohl bei der Architektur wie auch bei den
Skulpturen — herangezogen und mit stilistischen Beobachtungen zu einer verfrühten
absoluten Chronologie verquickt worden. Das ist gerade wegen der bisherigen Über-
bewertung des Stils als Forschungskriterium bedenklich und inkonsequent. Denn wenn
dem Stil eine eigenständige Aussage über die Chronologie beigemessen werden könnte[22],
dann müßte zunächst diese Aussage konsequent für sich ausgewertet werden, während
die historischen Anhaltspunkte als Hilfswissenschaft nachträglich heranzuholen wären.
Dies besagt wieder nur, daß eine relative Chronologie der Kunstwerke deren absoluter
chronologischer Bestimmung konsequent vorausgehen muß. Ein zuverlässiger Beitrag
der Kunstwissenschaft zu der allgemeinen Kulturgeschichte wird nur geleistet werden
können, wenn ihre spezifische Basis klar abgesteckt ist. Da es der Stilgeschichte nicht gelungen ist, ihre Begriffsbildung unabhängig, nur aus dem Gegenstand ihrer Forschung
zu erzielen, muß eine sicherere wissenschaftliche Grundlage gesucht werden. Sie wird
zunächst nur von der *archäologischen* Analyse der Einzelbauwerke geboten, die die Aufstellung der relativen Chronologie aller mit dem Bau verbundenen Einzelkunstwerke
erlaubt.

Das läßt sich am Beispiel der Kathedrale von Chartres veranschaulichen: Obwohl
ihre Bedeutung für die Kunst des 12. und 13. Jahrhunderts schon früh subjektiv erkannt
und in groben Zügen auch richtig analysiert wurde, ist der Bau noch nie einer vollständigen kunsthistorischen Untersuchung unterzogen worden. Trotzdem bildet die Kathedrale von Chartres seit langem nicht nur einen zentralen Ausgangspunkt für die Erforschung der Stilentwicklung aller drei Hauptgattungen der mittelalterlichen Kunst, sondern
auch einen der beliebtesten Gegenstände für manche voreilige Analyse des Wesens dieser
Kunst. Diese Unternehmungen setzen einen vereinfachten Überblick über die in Wirklichkeit sehr differenzierten Bauphasen voraus. Der Vorstellung von nur wenigen, scharf
voneinander abgegrenzten Bauvorgängen wird durch die äußerst bruchstückhafte Überlieferung der Baunachrichten Vorschub geleistet: Allzuoft wird der erhaltene Baubestand
genau nach den zufällig überlieferten Quellen interpretiert, und etwa verlorengegangene
Dokumente werden nicht in Erwägung gezogen. In Chartres bilden die Branddaten
1020 und 1194 die für die bisherige Forschung unerschütterlichen chronologischen Fixpunkte[23]. Aus der relativen Chronologie geht jedoch hervor, daß es komplette Bau-
anlagen jeweils schon *vor* diesen Daten gab (Chorsockelgeschoß und Westbau, zusammen
vor 1194; die gesamte Kryptaanlage vor 1020). Durch die bekannten Quellen werden
der Forschung diese Anlagen nicht erschlossen, andererseits erschwert es von vornherein
die Erkenntnis der differenzierten relativen Chronologie, wenn diese Quellen verfrüht
auf den erhaltenen Bau bezogen werden.

Erst wenn der Bau archäologisch untersucht ist, kann die Kunstgeschichte ihre dabei
gewonnenen Ergebnisse in das Gesamtgefüge der historischen Wissenschaften einzuglie-

dern versuchen. Dann jedoch stehen gleichbedeutend neben den üblichen Geschichtsquellen auch die lokale Liturgiegeschichte und Kirchentradition und, damit verbunden, nicht zuletzt die mittelalterliche Theologie und Philosophie (und zwar nicht nur in bezug auf die Ikonographie im üblichen Sinne, sondern als notwendiges Hilfsmittel zur Auslegung des Inhalts und Datierung der verschiedenen Bauteile). Die Verwendung der Quellen setzt nicht nur eine strenge Überprüfung ihres Aussagewertes voraus, sondern auch ihres Verhältnisses zu den übrigen Kriterien. Allzuoft werden die historischen Quellen lediglich als ein Gerüst benutzt, in das die Formentwicklung eingefügt wird. Dieser überstürzte Versuch, die mittelalterlichen Kunstwerke historisch zu »fixieren«, hat weitgehend dazu geführt, daß die Formen nicht als »gerichtete Aussage« erkannt werden konnten; soll »das Kunstwerk nicht nur Zeugnis wechselnden unbewußten Ausdrucks« sein[24], so müssen an erster Stelle nach der bauarchäologischen Untersuchung die liturgischen Voraussetzungen eines Kirchenbaus weitmöglichst geklärt werden[25]. Erst eine enge Zusammenarbeit der verschiedenen Disziplinen kann zu der Interpretation der mittelalterlichen Kunst führen, welche die Kunstgeschichte von Generation zu Generation allein gewonnen zu haben glaubt. Die Grenzen der Kunstgeschichte werden bei der Betrachtung der Quellen zur Kathedrale von Chartres deutlich. Wie bei der kunsthistorischen Untersuchung wird auch hier ein Einblick in die frühere Literatur manche bisher unverständliche Auslegung der historischen Quellen aufklären[26]. Und hier ergibt sich wieder, daß die Lokalforschung zusätzliches wertvolles Quellenmaterial aus dem Bereich der bisher als Hilfswissenschaft vernachlässigten Kult- und Theologiegeschichte erschließt. So wie es möglich ist, allein von den zugänglichen Bauteilen ausgehend, eine vorläufige Grundlage für die endgültige, steingerechte bauarchäologische Aufnahme zu bilden, so bieten auch auf dem Gebiet dieser Quellen schon allein die zugänglichen veröffentlichten Unterlagen Material genug, neue Wege im Ansatz zu erschließen. Der Kunsthistoriker ist letzten Endes auf eine gemeinschaftliche, vollständige Übersetzung der mittellateinischen Quellen angewiesen; am Ende dieser Gesamtuntersuchung ist ein solches Vorhaben in bezug auf Chartres vorgesehen. Die Autodidaktik der bisherigen personell-autarken Baugeschichte in bezug auf die essentiellen Hilfswissenschaften muß in offener Gemeinschaft abgebaut werden; den Elfenbeintürmen muß dadurch ein Heer von zusätzlichen sachlichen Fähigkeiten erschlossen werden.

Beinahe ein halbes Jahrhundert ist verflossen, seit der große Maurice Jusselin auf die Probleme der Quellenforschung allein fürs 16. Jahrhundert hinwies: »Il faut avoir vu passer devant ses yeux près de trois millions de documents pour recueiller les renseignements qui concernent l'histoire de la cathédrale de Chartres au XVIe siècle[27].« Nicht einmal der schon damals abgeschlossene (dem 16. Jahrhundert gewidmete) Band seiner geplanten »sources de l'histoire de la Cathédrale de Chartres« ist erschienen[28]. Seine Hoffnung, daß in einem Vierteljahrhundert die Kunstgeschichte Frankreichs den Archiven entrissen sein könnte, hat heute niemand mehr.

Chartreser Beispiele

Die herkömmliche Forschung wird sich nur schwer von ihrer Voreingenommenheit hinsichtlich der herkömmlichen Quellen lösen. In unseren Vorpublikationen wird deswegen zu den unmittelbar betreffenden Quellen stets Stellung genommen[29]. Um auch die Kritik an der vorliegenden Untersuchung zu erleichtern, sollen hier einige Ergebnisse der Quellenforschung vorweggenommen werden. Es handelt sich dabei um zwei Hauptresultate, aus denen Schlüsse auf den Bauzustand in der Zeit jeweils *vor* 1020 und *vor* 1194 gezogen worden sind. Dazu muß bemerkt werden, daß nicht die betreffenden Quellen unzuverlässig sind, sondern ihre bisherige Auslegung, die auf falschen Vorstellungen über die Bauzustände und Bauvorgänge fußte. Deutliche Aussagen über Brände, wie die von 1020 und von 1194, bilden auch für uns Fixpunkte im Bild übergeordneter Epochen[30]: Vorromanik, Romanik und Gotik bilden termini, die auch wir der Übersicht halber verwenden (obwohl wir dabei zunächst nur mit Vorbehalt über gesicherte Beispiele wie die Aachener Pfalzkapelle, Cluny III und die Kathedrale von Chartres hinausgehen wollen. Sogar die Bezeichnungen »Früh«- und »Hochgotik« werden zunächst benutzt, obwohl gerade die Kathedrale von Chartres manche geläufigen Anschauungen darüber in Frage stellt.) Der Brand von 1194, im 17. und 18. Jahrhundert geleugnet und im 19. Jahrhundert noch heiß umstritten, ist Thema des einleitenden Kapitels unserer Untersuchung am gotischen Bau; die betreffenden Quellen brauchen hier nicht ausführlich behandelt zu werden. Hinsichtlich unser unmittelbaren Fragestellung genügt es darauf hinzuweisen, daß die Quellen zwar vieles über eine totale Zerstörung, aber nichts über erhaltene Teile schreiben[31]. Im Gegenteil wird nur betont, daß: Anno . . . (1194) . . ., cum ecclesia Carnotensis III° idus junii mirabili ac miserabili fuisset incendio devastata, (ita) ut conquassatis et dissolutis postmodum parietibus et in terram prostratis, necessarium foret eam *a fundamentis reparari* et novam denuo edificari ecclesiam . . . Diese Quelle und ähnliche wurden durchweg in mehr oder weniger engem Zusammenhang mit dem Lob des Wiederaufbaus verfaßt, die Zerstörung dementsprechend hervorgehoben. Aber schon die frühe Chartreser Forschung erkannte, daß der Westbau und insbesondere die Krypta die Feuersbrunst — entgegen den Quellen — überstanden hatten und wiederverwendet wurden. Also: Noch in der fortgeschrittenen Chartreser Geschichtschreibung des 13. Jahrhunderts müssen »parietes in terram prostrati« nachweisbar *cum grano salis* verstanden werden, während »a fundamentis reparari« durchaus die Wiederverwendung des Sockelgeschosses einschließt. Sind die Quellen zum Brand 1020 und zum darauffolgenden Wiederaufbau etwa eindeutiger als die von 1194? Die Frage muß gestellt werden, weil wir keine direkten Quellen zu den Bauarbeiten vor 1020 besitzen und aus den Nachrichten zum Bau Fulberts weittragende Schlüsse zum Bauzustand und zur Ausdehnung der vorromanischen Kathedrale bisher gezogen worden sind.

Wie 1194 ist 1020 von einer totalen Zerstörung die Rede: Anno (1020) . . . non solum ecclesia combusta sed etiam tota destructa est[32], und im Nekrologium der Kathedrale wird zum Todestag des Bischofs Fulbert gelobt, er habe zum Wiederaufbau der Kathedrale, die er »post incendium *a fundamento reedificare* ceperat« viel beigetragen[33]. Wir haben es hier also mit einem — sogar jährlich in die Erinnerung gerufenen — Chartreser Vorbild für die Formulierung zum Brand von 1194 zu tun, der ebenfalls angeblich eine »Reparatur« von den Fundamenten auf verursachte, bei der aber tatsächlich das gesamte erhaltene Kryptageschoß unverändert beibehalten und lediglich durch ummantelndes Mauerwerk geschützt wurde. Das bauarchäologische Ergebnis, Fulbert habe lediglich die bis in halbe Höhe zugeschütteten Grundmauern des Vorgängerbaus zur Krypta umgestaltet, wird auch nicht durch seine eigene Erwähnung von Bauarbeiten an seinen »Krypten« eingeschränkt[34]: Die Umgestaltung der erhaltenen Untergeschoßmauern zur Krypta — oder, besser gesagt, zur Unterkirche — verursachte selbstverständlich weitläufige Bauarbeiten, neben den Sicherungsarbeiten (der Zumauerung der Hauptarkaden des Mittelschiffs und dem Zuschütten selbst) und der durchgreifenden Vergrößerung sämtlicher Fenster der früheren Seitenschiffe nicht zuletzt die Neueinwölbung der gesamten Ostanlage[35]. Da Fulbert also gewissermaßen die Reste des Vorgängerbaus zum Sockelgeschoß seines Neubaues umgestaltete — er spricht selber wiederholt von der Reparatur seiner Kirche, nur die Lobreden von einer reaedificatio[36] —, überliefern die Geschichtsschreiber des 11. Jahrhunderts mit gewissem Recht einen Neubau »von den Fundamenten auf«. So gesehen, wurde nämlich die alte Kirche zum Fundament von Fulberts Neubau. Schließlich darf auch das Lob der Quellen für die »überraschende Größe und Schönheit« des Neubaus keineswegs von vornherein auf die Grundausdehnung bezogen werden, wie dies bis heute der Fall gewesen ist[37]. Überraschung und Größe lagen vielmehr in der vorbildlosen Kühnheit einer gewaltigen zweigeschossigen Kirche, die denn auch, ihrer Entstehung entsprechend, in der Entwicklungsgeschichte des Kirchenbaus einmalig geblieben ist. Übertriebene technische Kühnheit dieses Chorhaupts war vermutlich der Grund dafür, daß dieser Bauteil schon nach weniger als hundert Jahren ummantelt und umgebaut wurde. Es ist diese Ummantelung des Chorhauptes, die unter anderem den Brand von 1194 überstand und als technisches Vorbild für den hochgotischen Neubau diente. Aber, wie oben gesagt, auch die zwei Türme, die Westfassade und mit weitgehender Sicherheit auch eine gewölbte Vorhalle (bis zur Achse w5, an der die Fassade des Fulbertbaus vermutlich stand) blieben erhalten.

Diese Sachlage konfrontiert uns mit dem Hauptergebnis der bisherigen Erforschung der Quellen, an dem wir die methodischen Schwächen aufzeigen wollen. Es gibt mehr Baunachrichten aus der Zeit zwischen der Weihe des Fulbertbaus 1037[38] und dem Jahr 1194 als für die Errichtung der 1260[39] geweihten hochgotischen Kathedrale. Bisher wurden diese Quellen alle auf die Westteile bezogen, weil man in den Chorpartien einfach keine Arbeiten vermutete (es sei erwähnt, daß die Bezugnahme auf zwei weitere seitliche Vorhallen[40] sich bauarchäologisch durch nichts hat bestätigen lassen). Es ist zu früh, sich mit diesen Quellen befassen zu wollen, weil noch weitere bauarchäologische Beweise erforderlich sind, um Klarheit in die Terminologie zu bringen. Die zwei termini »frons« und »turris« beispielsweise, von der bisherigen Forschung ausschließlich auf die Westfassade bezogen, können ebensogut auch die Chorpartien betreffen. So beklagte Gabriel Plat 1930, daß Mortets ständige Übersetzung der Worte »frons ecclesiae« als Fassade der Kirche in der heutigen Forschung Schule gemacht habe, obwohl keine Geringerer als Dom Charpentier, der Nachfolger Du Canges, unter diesen Worten nichts anderes als das Chorhaupt verstand: Altare capitaneum sic nuncupatur, quod in capite absidae, seu fronte ecclesiae, primum est[41]. Am eindeutigsten ist Plats Beispiel aus der Beschreibung der Kathedrale von Canterbury nach 1175, in der es heißt: Murus paululum circinande procedens et in fenestram se eriens, ad capellam sibi proximam pervenit, quae *in fronte ecclesiae ad orientem porrecta*, summae cathedrae episcopi erat opposita. Capella extra murum posita eidem tamen conjuncta et ad orientem porrecta, altare habebat sancte Trinitatis[42]. Daß mit »frons ecclesiae« hier nichts als das Chorhaupt gemeint sein kann, etwa synonym mit »caput«, darf wohl mit Sicherheit aus der eingehenden Beschreibung der Kathedrale und der nach Osten ausladenden, der Trinität geweihten Axialkapelle entnommen werden. Plat ist gewiß zu weit gegangen, wenn er sich ausschließlich auf diese Auslegung der Worte festlegen wollte. Jede Quelle verliert jedoch Aussagekraft, sobald die Möglichkeit einer entgegengesetzten Auslegung besteht — zumindest bis ein weiteres Kriterium zur Untermauerung herangeholt werden kann. Abgesehen von der berühmten Todeseintragung Teudos gegen Ende des 10. Jahrhunderts, die wir hier nicht näher erörtern wollen[43], begegnet uns in der Chartreser Literatur die Wendung »frons ecclesie« noch im 13. Jahrhundert ebenfalls in zweideutiger Form[44]. Ein festes Kriterium scheint das Wort zu keiner Zeit vor 1300 bieten zu können. Auch der ikonographische Zusammenhang (bis zur Übereinstimmung) zwischen den Westportal- und Apsisprogrammen der Frühzeit erschweren eine Lösung der aufgeworfenen Probleme. Unser Verständnis der Gesamtikonographie der Bauwerke setzt jedoch auf diesem Gebiet einen noch viel sichereren Überblick über die jeweiligen Gesamtpläne und deren Realisierung voraus.

Wie steht es dagegen mit Hinweisen auf die Westtürme? Viele Nachlässe aus der Zeit zwischen 1020 und 1194 beziehen sich auf das »opus turris« oder die »aedification turris«, eine bezeichnenderweise sogar »ad restaurationem turris«; eine zweite Gruppe weist auf das »opus turrium«[45]. Wenn die bisherige Forschung diese Quellen überhaupt heranzieht, setzt sie seit Bulteau als sicher voraus, die erste Gruppe beziehe sich auf den nördlichen Westturm (der offensichtlich zunächst als Freiturm ausgeführt wurde und älter ist als der südliche Turm, der aber keinesfalls, wie üblich, mit dem Datum 1134 in Zusammenhang gebracht werden darf)[46], die zweite Gruppe auf den späteren Baubeginn des südlichen Turmes, der gleichzeitig mit der Weiterführung des nördlichen Turmes in Angriff genommen worden sein soll, daher »Türme«. Daß 1145 mehr als ein Turm in Arbeit stand, geht aus Robert de Thorignys Erwähnung von »turres« hervor[47]; zu dieser Zeit war die Bevölkerung aktiv am Kathedralbau beteiligt[48]. Jedoch wenn z. B. um 1037 die neue Westapsis des Trierer Doms »turris« genannt wird, geschieht dies nicht in bezug auf einen architektonischen Turmaufbau, sondern, nach Bandmann, weil in den mittelalterlichen Quellen Zentralbauten allgemein die Bezeichnung »turris« tragen, an erster Stelle die Anastasis der Grabeskirche in Jerusalem[49]. Es spricht alles dafür, daß mit der Trierer Westapsis ein dem Grabbau Christi nachgebildetes Heiligtum geschaffen werden sollte[50]. Wir werden sehen, daß die Genesis der Chartreser Ostanlage ebenfalls in einer Grab-Confessio zu suchen ist; in allen Fällen aber wissen wir, daß die *corpora* der Chartreser Märtyrer seit der frühesten Überlieferung in der Apsis des Chores aufbewahrt wurden[51]. In liturgischer Anlehnung an das Jerusalemer Vorbild war die vorgotische Chartreser Ostanlage wie ein halbierter Zentralbau an die Basilika herangeschoben worden — (nicht zuletzt in liturgischer Übereinstimmung auch mit der Peterskirche in Rom). Als dieser Bauteil dann in frühromanischer Zeit in den Hauptbau einbezogen wurde, bestätigte sein architektonischer Ausdruck jedenfalls die Tradition der *turris:* Um 1030 zeigt die Miniatur des André de Mici eindeutig einen stattlicheren Turm auf dem Chorrund des Fulbertbaus als am Westbau der Kathedrale[52].

Weder das Wort »frons« noch »turris« kann also in Chartres eindeutig auf den Westbau bezogen werden.

Unter den reichlichen Baunachrichten aus der Zeit zwischen 1020 und 1194 gibt es eine bedeutende Quelle, die als abschließendes Exemplum sowohl für den Stand als auch für die zukünftige Bedeutung der Chartreser Quellenforschung herausgegriffen werden soll:

Am 26. August 1092 starb der Dekan Adelardus[53]. Im Nekrolog der Kathedrale heißt es dazu: Obiit Adelardus, decanus, hujus ecclesie amator precipuus, qui hoc capitulum construxit, et ad edificationem turris plurimum profuit, atque ecclesiam istam magnis et necessariis ornamentis decoravit . . .[54]. Die Tatsache, daß Adelardus den Kapitelsaal in Stein ausführen ließ und daß dieses Gebäude in baulichem Zusammenhang mit dem Chorhaupt stand[55], stützt die Vermutung, daß in diesem Fall mit »turris« am ehesten das Chorhaupt gemeint sein könnte. (Wie dem auch sei, von Sugers späterem Umbau von St. Denis wissen wir, daß dort Westbau und Chorhaupt unmittelbar nacheinander aufgeführt wurden; in Chartres sind die entsprechenden Arbeiten quellenmäßig noch nicht voneinander zu unterscheiden.) Bezeichnend für das bisherige Forschungsbild dagegen ist, daß nicht nur diese Quelle (nach der vor 1092 eindeutig an einer »turris« gebaut wurde) zugunsten der falsch interpretierten Quelle von 1134[56] abgetan oder unterschlagen wird, sondern daß auch drei weitere Stiftungen für den Bau einer »turris« vor 1120 nie berücksichtigt werden[57]. Wie gesagt, wird kein anderes Einzelbauteil der Kathedrale so oft mit Stiftungen der Chartreser Priesterschaft bedacht wie diese »turris«: zwischen 1120 und 1180 nicht weniger als noch elfmal, insgesamt also 15mal[58]. Dagegen wird nur dreimal »ad opus turrium« gestiftet[59]. Erst tief im 13. Jahrhundert (ab 1244) ist es möglich, diese termini durch die Bezugnahme auf Glocken eindeutig mit Türmen im heutigen Sinne in Zusammenhang zu bringen[60], zu einer Zeit also, als schon mit dem Bau einiger der Querhaus-Fassadentürme und Chorflankentürme durchaus begonnen worden sein kann. Für die Quellenauslegung ist aber von besonderer Bedeutung, daß, obwohl 1194 ein mächtiger Vierungsturm geplant war, dieses Projekt noch vor dem Bau des Chorobergadens aufgegeben wurde und statt dessen Querhaus-Fassadentürme geplant wurden[61]. Obwohl diese Stiftungen sich auch im Sinne der herkömmlichen Vorstellung auf die Westtürme beziehen lassen[62], ist es beim heutigen Stand der Quellenforschung ebensogut möglich, daß alle Stiftungen »ad opus turris« vor 1180 dem Neubau des Chores in der ersten Hälfte des 12. Jahrhunderts gelten[63].

Auch in diesem Fall muß es also der Bauarchäologie (einschließlich der vollständigen Stilvergleiche) überlassen werden, der inhärenten Zweideutigkeit der Quellen feste Bezugspunkte zu bieten. Wenn die Quellenkunde eingesetzt wird, dann muß sie sich aber mit den vollständigen Originalquellen, oder zumindest deren Abdruck, auseinandersetzen. Die Quellen dürfen nicht lediglich als Gelegenheitskriterien herangezogen werden. Wir haben schon auf die Gefahr der wechselnden Kriterienwahl bei der Beurteilung der einzelnen Kunstgattungen hingewiesen[64]; dieselbe Gefahr besteht bei der selektiven Verwendung mittelbarer Quellen[65]. Ein Beispiel unter vielen bietet die oben erwähnte Kapitelsaal-Stiftung des Adelardus: René Merlet zitiert die Todeseintragung nur bis zum Wort »construxit«[66]. Begnügte sich die Forschung mit Merlets Vermittlung, statt dies in der vollständigen Originalquelle zu überprüfen, so wäre der essentielle *Zusammenhang* mit der »turris« nicht festzustellen gewesen.

DIE KULTGESCHICHTE

Der folgende Abriß der Entwicklung des Lokalkultes soll einen allgemeinen Hintergrund zur Baugeschichte der Kathedrale bieten und als eine Einführung in künftige Möglichkeiten der Baugeschichte dienen. Die einzelnen Fragen werden dann möglichst im Anschluß an den jeweils betreffenden bauarchäologischen Befund eingehend behandelt. Obwohl die Kunstgeschichte zunächst von ihrem unmittelbaren Gegenstand aus operieren muß, um einen zuverlässigen Beitrag zum Gesamtbild zu leisten, setzt das doch eine einleitende Stellungnahme zum Stand der Forschung auf diesem Gebiet voraus. Die beispielhaften theologischen und archivalischen Untersuchungen Delaportes und Jusselins ermöglichen es uns, diesen Überblick zu gewinnen. Die ergänzenden Gedanken, die sich aus dem Baubefund ergeben, sind nur mit Vorbehalt vorgetragen. Sie bilden einen Vorstoß über die engeren Grenzen unserer Disziplin hinaus, jedoch keinen Verstoß gegen sie. Ihre Aussagekraft wird erst an der Stellungnahme der Theologen zu messen sein.

Die Kathedrale von Chartres, Institution wie Bauwerk, ist das geschichtliche Ergebnis der Begegnung und Kreuzung zweier mächtiger Kulte. Wie weit dieser Vorgang auch in der übrigen gallischen Provinz bestimmend war, soll dahingestellt bleiben. Beide Kulte stellen sich aber gerade in Chartres in einer besonders deutlichen, möglicherweise vorbildlichen lokalen Ausprägung dar und werden in ungewöhnlicher Klarheit auch durch den erhaltenen Baukörper überliefert: Die Krypta birgt nicht nur Brunnen und Altarstätte als materielle Zeugnisse des vorchristlichen Muttergottheitskultus[67], sondern als Unterkirche der Notre-Dame-sous-Terre bewahrt dieses Bauwerk auch einigermaßen die kultische Tradition. Die Oberkirche, die Kathedrale von Chartres, ist dagegen, in Form und ikonographischer Aussage, der monumentale Ausdruck jener christozentrischen »Schule von Chartres«, deren an die antike Philosophie anschließende Lehre kaum Gemeinsamkeiten mit der lokalen Kultüberlieferung aufzuweisen hat. Obwohl diese Bischofskirche seit der frühesten Überlieferung der heiligen Maria geweiht war und schon im 9. Jahrhundert offenbar die bedeutendste Marienkirche Frankreichs war, scheint die Mariologie keinen entscheidenden Impuls aus Chartres bekommen zu haben; die Ikonographie der Hl. Maria ist im Vergleich zu den übrigen großen Marienkirchen auffallend zurückhaltend. Erst mit Hilfe der im späteren Mittelalter einsetzenden Mystik scheint sich die Synthese der christlichen Philosophie mit dem lokalen Kult vollzogen und die Kirche von Chartres auch literarisch mit der vorchristlichen Tradition identifiziert zu haben.

Den entscheidenden Ausgangspunkt dieser Überlegungen bildet die Übernahme der vorchristlichen Kultstätte durch die neue Religion. Die wichtigen Ansätze zu einer Erfassung der vorromanischen Baugeschichte, die gegen Ende des vorigen Jahrhunderts gemacht worden sind, scheiterten gerade an ihrer Verquickung mit den damaligen theologischen Streitfragen zur »apostolicité« der gallischen Kirche[68]. Wir wissen heute, daß Mittel- und Nordgallien in konstantinischer Zeit noch kaum vom Christentum erfaßt waren. Chartres gehört nicht wie Sens, Poitiers, Tours zu den bekannten Trägern des frühen Christentums. Ist das Quellenheiligtum ein Hauptzentrum des gallo-römischen Kultus, dann dürfen unter den historischen Umständen der 4. und 5. Jahrhunderte die Anfänge des Christentums nicht gerade an dieser Stelle gesucht werden. Die früheste christliche Gemeinde hätte ihr Zentrum gewiß nicht gleich in der heidnischen Hochburg gehabt, sondern in außenliegenden Häusern oder Gebetskapellen. Die römischen Kult-verordnungen zugunsten des Christentums um 400 dürften in diesem Gebiet wenig Wirkung gehabt haben, und es gibt keinen Grund, anzunehmen, daß der heutige Kathedralbezirk vor der Bekehrung Chlodwigs von der christlichen Kirche übernommen wurde (vgl. unser Kapitel zur liturgischen Bestimmung).

In der jüngeren Literatur wird einer früher oft zitierten Stelle aus Caesars *Commentarii* nur wenig Wert beigemessen. Dies ist auf den Mißbrauch des Zitats durch die Humanisten zurückzuführen: Sie hatten — ihrer Zeit entsprechend — mit Hilfe dieser Quelle die sonst glaubwürdige Überlieferung durch Bezug auf die Druiden verunklärt[69]. Was wir aber der Quelle bei allem Vorbehalt gegenüber Caesars religionsgeschichtlichen Angaben entnehmen können, ist die Tatsache, daß das Land der Carnuten für die Mitte Galliens gehalten wurde und daß sich an einem geweihten Orte dort die Menschen einmal im Jahr von allen Seiten einfanden, um hier sakral bestimmte Gerichtsverhandlungen abzuhalten[70]. Der Gedanke liegt nahe, daß das Gericht dort abgehalten wurde, wo die jährliche Wallfahrt die Menschen an der Kultstätte zusammenbrachte. Auch wenn Chartres nicht die gemeinte *Haupt*kultstätte sein sollte[71], spricht vieles aus seiner Tradition für eine ähnlich bedeutende Rolle.

Die jüngere Forschung ist sich jedenfalls einig, daß es in Gallien während der Römerzeit Kulte gab, in deren Mittelpunkt Muttergottheiten Chartreser Typs und Brunnen standen[72]. Das frappierendste Beispiel des Madonnentyps bot 1871 die Entdeckung einer Figur in der Gemeinde Bernard in der Vendée, die durch Münzfunde vor das 4. Jahrhundert datiert werden konnte[73]. Und schon im 17. und 18. Jahrhundert weckten wunderwirkende Brunnen in der Apside von Saint-Germain-des-Prés, in der Krypta von St.-Denis, in Straßburg und in St.-Benoît in Paris das Interesse der Autoren[74]; auch in Sainte-Geneviève in Paris, Saint-Similien in Nantes, Saint-Pierre-le-Vif in Sens und Saint-Irénée in Lyon gibt es vergleichbare Brunnen[75]. Die Bedeutung des Chartreser Brunnens für den Volksglauben und gleichzeitig die Übertragung eines christlichen Glaubensinhalts auf diesen Brunnen sind um 1082 von dem frühesten lokalen Geschichtsschreiber bezeugt: In der zweiten Redaktion des Aganon Vetus des Mönches Paul heißt es, die Normannen hätten nach der Einnahme der Stadt im Jahre 858 den Bischof Frotbold und seine Begleitung in der Kathedrale ermordet. Nach dem Rückzug der Piraten hätten die Gläubigen die sterblichen Reste in einem Brunnen in der Kathedrale bestattet. Aus diesem Grunde, sagt Paul, habe der Brunnen die Kraft zu wiederholten Wunderwirkungen bekommen und sei von der Bevölkerung Lieu-Fort benannt worden[76]. Die baldige Umdeutung, die diese Schilderung schon Ende des 11. Jahrhunderts infolge der frühesten Vorstellungen von einer gallischen apostolicité bekam, braucht uns hier nicht zu beschäftigen[77]. Weit wichtiger ist die Tatsache, daß der *Sanctus locus fortis* im 13. Jahrhundert in Zusammenhang mit der Feier Allerheiligen wohl eine gewisse liturgische Rolle spielte, der betreffende Chartreser Märtyrer Frotbold jedoch nie heiliggesprochen wurde und auch sonst keine Rolle in der Chartreser Tradition spielte (im Gegensatz z. B. zu den ebenfalls nicht kanonisierten Bischöfen Fulbert und Yves)[78]. Gerade in solch eklatanten, wenn auch negativen Beweisen erkennen wir den Zwiespalt zwischen der vorchristlichen Kultstätte und späteren Volkswallfahrtstätte einerseits und der christlichen Liturgie andererseits. Wie dem auch sei, die Wirkung der Brunnen führte zu einer derartigen Massenwallfahrt (man spricht heute von Chartres als dem Lourdes des 12. Jahrhunderts), daß seit dem Anfang des 12. Jahrhunderts eine Pflegestätte in der Unterkirche eingerichtet wurde, die sich zumindest als Tradition bis zur Französischen Revolution halten konnte[79]. Dieser Gegensatz konnte offenbar nur stufenweise abgebaut werden: Erst Ende des 15. Jahrhunderts war es den Domherren möglich, den Brunnen aufzufüllen und abzusperren und schließlich 1645 durch Umgestaltung der gesamten Kultstätte (einschließlich des Altar-Standorts) endgültig zu tilgen[80]. Aber auch dabei scheinen dem Volksglauben notwendige Zugeständnisse gemacht worden zu sein: Es wurde nämlich gesagt, der Brunnen befinde sich unter der Stufe vor dem Altar, obwohl das wahrscheinlich nicht zutraf[81]. Der Kultus lebte jedoch in der Verehrung des Madonnenbildes (Virgini Pariturae Notre-Dame-sous-Terre) fort. Daß die Umwandlung der Kultstätte überhaupt gewagt wurde, dürfte auf die wachsende Bedeutung von nicht mehr an eine bestimmte Stelle gebundenen Kultbildern im Volksglauben zurückzuführen sein — eine Versetzung des Kultobjektes ist auch in der Oberkirche zu verzeichnen.

Damit sind wir zu dem zweiten Hauptgegenstand der Chartreser Tradition gelangt: Gab es auch in Chartres in vorchristlicher Zeit ein Muttergottheitsbild, das hier anschließend als Gottesmutter Maria verehrt wurde? Die Holzstatue der Notre-Dame-sous-Terre, die während der schlimmsten Tage der Französischen Revolution vor der Kathedrale verbrannt wurde, schien, der Überlieferung nach, erst aus dem 11. Jahrhundert zu stammen[82]. Entscheidender ist die Frage nach den Ursprüngen des *virgo paritura*-Kultus selbst. Daß Chartres im 9. Jahrhundert schon eines der bedeutendsten Marienheiligtümer des Karolingerreiches war (wenn nicht das bedeutendste), geht aus Karls des Kahlen Schenkung der *sainte tunique* oder »*chemise*« *de Notre-Dame* hervor; diese Bevorzugung bescherte der Kathedrale ihre bedeutendste Reliquie, die nicht nur den liturgischen Mittelpunkt bildete, sondern als offizielles Ziel der berühmten mittelalterlichen Wallfahrt galt. Maurice Jusselin hat überzeugend dargestellt, wie seit dem 10. Jahrhundert das Marienpatronat der Kathedrale von Chartres urkundlich bezeugt ist, wie man seit 1322 von der Gründung der Kirche zu Lebzeiten Marias spricht, um dann schließlich 1389 in der Vieille Chronique zu einer Datierung vor die Geburt Christi überzugehen[83]. Damit bekam der Lokalkultus schon im Mittelalter seine entscheidende angeblich prophetische Tradition; seine *Identifizierung* mit der vor-christlichen Tradition war damit ermöglicht — im Gegensatz zu dem gewissen *Nebeneinander*, das seit der Übernahme der Kultstätte durch das Christentum geherrscht haben muß und noch ein halbes Jahrtausend später durch Fulberts Errichtung einer Doppelkirche anerkannt worden zu sein scheint[84]. (Schon 1322 waren trotz der vorauszusetzenden Neigung, die eigene Stiftung vorzuziehen, alle Kapitel der gallischen Provinz bereit, vor dem Heiligen Stuhl das Vorrecht von Chartres als ältester Kirche Frankreichs zu bezeugen; ab 1432 erwähnen auch die französischen Könige Chartres als die älteste Kirche ihres Reiches[85].)

Damit ist eine Frage angeschnitten, die von grundlegender Bedeutung für die Bauforschung wird: die topographischen Beziehungen zwischen den Hauptkultstätten in den verschiedenen Bauteilen. Seit dem frühen 16. Jahrhundert bildet die Holzfigur der Notre-Dame-du-Pilier den Mittelpunkt der populären Verehrung in der Oberkirche; sie hat sogar die Revolution überstanden und ist für den heutigen Touristen Notre-Dame de Chartres schlechthin. Sie befindet sich an der nördlichen Außenwand im ersten Joch des Langchores, im Joch EI NII — also in unmittelbarer topographischer Beziehung zu der Kapelle Notre-Dame-sous-Terre, EI/II NI. Aber keiner von beiden Altären befindet sich an seiner ursprünglichen Stelle. Es ist oben erwähnt worden, daß der heutige Puits-des-Saints-Forts wahrscheinlich nicht der ursprüngliche ist, er bestimmt also keineswegs die Lage des unterirdischen Marienaltars. Mehrere Beschreibungen aus der Zeit vor der Umgestaltung dieser Kapelle 1645 helfen kaum zu einer eindeutigen Fixierung der ursprünglichen Lage; die Frage muß als offen gelten[86]. René Merlet selber rechnete mit der Möglichkeit, daß der Hauptaltar in unmittelbarer Beziehung zum Altar Sous-Terre gestanden habe[87]. Es sei daran erinnert, daß der Hauptaltar bis 1520 in der Mitte des Chorraumes, etwas östlich der Achse e2 stand[87 a]. Diese Versetzung bildet einen Teil der Umgestaltung des Chorraumes, zu der auch der Bau der Chorschranken von Jean de Beauce gehört. Im Mittelalter war der Hauptaltar mit dem Mariengewand und einer vergoldeten Statue der Madonna mit dem Kinde den Pilgern noch zugänglich. Schon vor der Umgestaltung des Chorraumes wurde aber eine Ersatzfigur der Madonna mit dem Kinde geschaffen (bezeichnenderweise aus Holz, wie das Bild der Notre-Dame-sous-Terre) und vor dem Lettner an der Nordseite auf einer Säule aufgestellt[88]. Damit wurde die Figur dem Volke zugänglich gemacht, ohne daß dieses die Chordienste der Domherren zu stören brauchte. Um 1610 berichtet Roulliard von der regen Verehrung, die die Statue genoß, und 1645 konnte die untere Kapelle den erwähnten durchgreifenden Änderungen unterworfen werden. Es dürfte kein Zufall sein, daß nach der Revolution die topographische Beziehung wiederhergestellt wurde.

Beim heutigen Stand der Forschung scheinen solche Überlegungen zunächst mehr Fragen aufzuwerfen, als positive Anhaltspunkte zu bieten. Wir werden aber sehen, daß die Klärung der Bauarchäologie eine neue Grundlage für die Ausnützung mancher brachliegenden Quellen bieten kann.

DIE ERHÖHUNG DES BODENNIVEAUS

Jede Untersuchung der vorgotischen Baugeschichte der Kathedrale muß eine Kenntnis von der sukzessiven Erhöhung des Bodenniveaus voraussetzen. Denn das jeweilige Niveau gehört zu den Bedingungen, die den Entwurf eines Neubaus mitbestimmten. In Chartres, wie bei den meisten Bischofskirchen, sind die aufeinanderfolgenden Neubauten von Form und Ausmaß der jeweiligen Vorgängerbauten bestimmt. Diese Überlegungen sind vor allem im Zusammenhang mit der sogenannten Krypta von Bedeutung. Die Vorstellung nämlich, daß dieser Bauteil eine eigentliche, durch Aushub in den Boden gesenkte Krypta sei, verkennt die natürliche allmähliche Hebung des Bodenniveaus in einer mittelalterlichen Stadt (wie sie beispielsweise das gut bekannte Baptisterium Saint-Jean in Poitiers anschaulich macht, das heute nur durch eine gemauerte Wanne vor dem allmählich angehäuften Erdreich geschützt wird). Es zeigt sich vielmehr, daß diese »Krypta«, die in der Entwicklungsgeschichte weder Vorläufer noch Nachfolger aufzuweisen hat, nur deswegen die »größte Frankreichs« ist, weil sie nichts Geringeres als eine Unterkirche, einen teilweise zugeschütteten Vorgängerbau darstellt. Ihre Eingänge lagen denn zunächst auch außerhalb der Oberkirche und sind noch jetzt von deren Innenraum getrennt; sogar liturgisch hatte die Krypta als »Notre-Dame-sous-Terre« eine gewisse Eigenbedeutung gegenüber der Kathedrale.

Nach 90 Jahren besteht Lecoqus Tadel, daß die Art und die Tiefe der Fundamente der Kathedrale von Chartres keinen amtlichen Untersuchungen unterzogen worden sind, noch immer zu Recht[89]; Jean Maunourys Probegrabung 1938 beweist nur die Existenz von innerem Sichtmauerwerk in 4,50 m Tiefe unter dem heutigen Erdreich, auch sie wurde aber nicht bis zur Fundamentsohle getrieben[90].

Ohne die Möglichkeit zu eigenen archäologischen Grabungen ist der Einzelforscher auf die bruchstückhafte Überlieferung früherer Beobachtungen angewiesen. Abgesehen von René Merlets Ausgrabungen im Bereich des Puits des Saints-Forts und einigen mehr oder weniger »wilden« Grabungen, konnten solche Beobachtungen meist nur im Zuge verschiedener Bauarbeiten gemacht werden. Das Ergebnis reicht aber aus, gewisse Sachverhalte zu erkennen, die in einen Zusammenhang mit der relativen Chronologie der betreffenden Baubefunde gebracht werden können.

Folgende Grabungen sind überliefert (von Westen nach Osten):

1. Lecocqs Beobachtungen beim Abbruch der Salle Saint-Côme, südwestlich des südlichen Westturmes, 1868 (Paul Durands Bericht, 1869, enthält keine Höhenangaben)[91].

(Keine der 1901—1937 durchgeführten Grabungen im westlichen Bereich des Langhauses ist tief genug getrieben worden, um für unsere Fragestellung von Nutzen zu sein.)

2. Lassus' »Schatzgräberei« an verschiedenen nicht näher verzeichneten Stellen, 1849, zu denen nur einiges über die Grabung unter dem Labyrinth überliefert worden ist (w4).

3. R. Merlets Bericht zu Moutons Ausgrabung des Heizungsraumes unter dem nördlichen Querhausmittelschiff, 1891—1893 (NII/III).

4. Clervals abweichender Bericht zur selben Grabung.

(Moutons Vorarbeiten im südlichen Querschiff und in der Vierung sowie auch seine Aufnahme von Merlets Ausgrabung unter dem Chor betreffen nicht die vorliegende Fragestellung.)

5. Lecomtes und Pierreaux' Suche nach dem *puits des Saints-Forts* vor dem Altar Notre-Dame-sous-Terre, 1843 (EII NI).

6. Lassus' und Paul Durands Grabungen an derselben Stelle, 1849 bzw. 1855.

7. Merlets Ergrabung des *puits des Saints-Forts*, 1901 (EIII NI).

8. Lecocqs entscheidende Beobachtungen zum Aushub einer Sickergrube im Hof der Sakristei, 1877 (AI »NIII«).

9. Die Aufzeichnungen des chanoine Estienne zum Aushub einer Kühlkammer rund 20 m nördlich der Sickergrube (vgl. Nr. 8 oben), im Vorhof des bischöflichen Palastes, 1702.

10. Jean Maunourys Grabung in der Axialkapelle der Krypta, 1938 (AmIII).

Die Ergebnisse dieser zehn Grabungen sind auf den Grabungsschemata S. 127 ff. aufgezeichnet. Genaue Literaturangaben befinden sich auf den Tafeln; aber die eingetragenen Zitate geben schon einen Überblick über die unsere Fragestellung betreffenden Aussagen der Berichte; die beigegebenen Kommentare fassen die jeweiligen Aussagen zusammen.

Die Verwendung einer derart verstreuten Überlieferung setzt voraus, daß alle Angaben auf einen gemeinsamen Nenner gebracht werden. Dafür haben wir unsere Null-Ebene in der Höhe der Schwellenoberkante des mittleren Westportals gewählt. Da aber seit den betreffenden Grabungen im Außenbereich viele Erdarbeiten in der unmittelbaren Nähe der Kathedrale (im Zuge der Restaurierungsarbeiten des 19. und 20. Jahrhunderts) ausgeführt worden sind, muß erst das Bodenniveau zur Zeit der jeweiligen Grabung ermittelt werden. Über diese rein zweckmäßige Vorarbeit (zur Verwendung der alten Grabungsberichte) hinaus steht die Beschäftigung mit dem neuzeitlichen Bodenniveau jedoch auch im Zusammenhang mit der Frage nach dem Niveau zur Bauzeit der gotischen Kathedrale. Die gotische Kathedrale, bzw. ihr unmittelbarer Vorgängerbau (wegen der beibehaltenen Kryptenfenster), stellt den endgültigen Bauzustand dar, der keine größeren Änderungen des Bodenniveaus mehr zuließ. Wir können heute nach den Türschwellen und den Fenstersohlbänken der Krypta beurteilen, auf welchem Niveau der Boden außerhalb der Kathedrale zur Zeit dieses endgültigen Bauzustandes lag[92]. Doch bedeutete der endgültige Bauzustand nicht auch schon exakt das endgültige Außenniveau. Dieses wurde nämlich erst durch die Pflasterung der Straßen bzw. des Kathedralbezirks fixiert, was in Chartres erheblich später geschah: *Der cloître Notre-Dame*, d. h. der im 14. Jahrhundert nach jahrhundertelangem systematischem Ankauf erzielte geschlossene Kathedralbezirk der Domherren, bekam seine endgültige Pflasterung offenbar teils gegen 1469, teils sogar erst im Jahre 1483[93]. Die Entwicklung des Außenniveaus an der Kathedrale seit der Errichtung des erhaltenen Bauwerks bildet also einen geschlossenen Fragenkomplex. Obwohl ein Überblick hierüber auch eine Voraussetzung für die Beurteilung der alten Grabungsberichte bildet, bringen wir die betreffende Untersuchung erst am Ende dieses Kapitels, damit sie nicht von unserem eigentlichen Ziel, der Ermittlung der vorromanischen Niveauentwicklung, ablenkt.

In Chartres liegt das Straßennetz der gallo-römischen Stadt zwischen 5,00 m und 7,00 m unter dem heutigen Straßenpflaster[94]. Doch auch die Bodenniveauhebung, die schon durch die vorgeschichtliche gallische Siedlung verursacht wurde, sollte bedacht werden. Lecocqs Aussage zufolge unterscheidet sich nämlich der Chartreser Hügel von den benachbarten natürlichen Erhöhungen der Beauce-Ebene dadurch, daß er über dem üblichen Kreide- oder Mergelkern eine 8 m tiefe »Ton«schicht aufweist[95]. Im Nordostbereich der Kathedrale stößt man sogar erst in über 20 m Tiefe auf die »Mergel«schicht[96]. Das deutet auf eine lange Siedlungsgeschichte, die bei der Bedeutung des vorgeschichtlichen Kultus, der sich in Chartres konzentrierte, ohnehin vorausgesetzt werden darf. Überlegungen zum vorrömischen Befund haben allerdings bei den älteren Ausgrabungen leider nur eine untergeordnete Rolle gespielt, weil diese Grabungen meist im Zuge von Bauarbeiten durchgeführt und selten tiefer als die sehr erhebliche post-antike Schicht getrieben wurden[97]. Es ist freilich nicht von unmittelbarer Bedeutung für unsere Fragestellung, ob die an verschiedenen Stellen rund 1 bis 15 m tiefe Schicht zwischen den ältesten römischen Bauresten und dem Mergelkern des Hügels auf vorrömische Besiedlung zurückzuführen ist. Aber bei dem Versuch, für die relative Chronologie der Bodenniveauhebungen festen Boden unter den Füßen zu gewinnen, muß von vornherein beachtet werden, daß die Erwähnung von »terre vierge« in der älteren Literatur keineswegs einen sicheren Anhaltspunkt bietet. Da wir indessen auf diese älteren Grabungsberichte angewiesen sind, muß generell ein Wort zu ihrer Terminologie vorausgeschickt werden: Es verringert unsere Schuldigkeit an die scharfsinnigen und selbstlos interessierten Beobachter keineswegs, wenn wir erkennen, daß sie auf dem Gebiet der Bodeninterpretation Laien waren. (Darüber hinaus gibt es manchen Widerspruch in der konkreten Berichterstattung, sobald zwei Mitteilungen vorliegen.) Ferner waren sie in dem jeweiligen Stand der Forschung befangen — was selbstverständlich auch für jüngere Untersuchungen zutrifft[98]. Ausdrücke wie »terre vierge« und »sol naturel« müssen deswegen stets *cum grano salis* verstanden werden. Die drei Grabungsberichte im Bereich nördlich bzw. nordöstlich der Vierung (NII/III und EII NI) sprechen z. B. von »sol naturel« (Nr. 3), »sol vierge et naturel« (Nr. 4) und »terre vierge« (Nr. 6) und »on était sur la glaise« (Nr. 5, auch als »terre vierge« interpretiert[99]), in rund 7,05 m bis 7,50 m Tiefe unter der Schwelle des Westportals, derselben Tiefe, in der man weit östlich davon, in der Axialkapelle (AmIII), von »terre franche« spricht (Nr. 10). Aber zwischen diesen beiden Grabungsbereichen war der »sol naturel« erst bei —12,00 m erreicht, der »banc de marne« sogar erst bei —22,00/24,00 m (Nr. 7) und gleich nordöstlich bzw. nördlich davon war man bei —6,53 m (Nr. 9) bzw. —9,50 m (Nr. 8) noch nicht tiefer als auf deutlich erkennbare Füllschichten gekommen. Nach den Beschreibungen zu urteilen, wurde bei den betreffenden Grabungen nicht über —7,50 m bzw. —7,05 m hinaus tiefer gegraben; man beurteilte also den »sol vierge et naturel« offenbar nur nach seiner Oberfläche. Der auffallende Wechsel der Bodenbeschaffenheit würde aber ebenso durch eine künstliche Aufschüttung zustande kommen.

Wie gesagt, lag das Niveau der Stadt in gallo-römischer Zeit 5,00 m bis 7,00 m tiefer als heute[100]. Allerdings liefern die bruchstückhaften Quellen noch keine festen Kriterien, nach denen römische, spätantike und früh- oder hochmittelalterliche Schichten unterschieden werden könnten. Die rue des Changes unmittelbar südlich der Kathedrale dient als Beispiel: Dort liegen die römischen Wasserkanäle in 6,00 m Tiefe[101]; aber das »gallo-römische Straßenniveau« wird in rund 4,00 m Tiefe angetroffen[102], während die »Aufschüttung« oder Niveauhebung dieser Straße mit rund 3,00 m angegeben wird (die der Straßen westlich mit 2,70 m und nördlich mit 2,00 m[103]); 1913 wurde noch die allgemeine Erhöhung in diesem Stadtviertel mit 3,50 m bis mehr als 5,00 m angegeben[104]. Erst durch die allgemeine Pflasterung der Straßen um den Anfang des 16. Jahrhunderts wurde der Hebung des Bodenniveaus endgültig Einhalt geboten[105], obwohl (a) eine frühere Befestigung vieler Straßen zwischen 1368 und 1390 überliefert ist[106] und (b) eine deutliche Kieselstein-Beschottung verschieden tief unter dem heutigen Straßenpflaster festzustellen ist: 50 bis 90 cm in der Oberstadt, 1,00 bis 2,50 m tief in der Unterstadt[107]. Diese beiden Zeugnisse können sich gewiß nicht auf ein und denselben Vorgang beziehen: Zwar könnte eine Niveauhebung von 50 cm in 140 Jahren durchaus normal sein, ein Zuwachs von 2,50 m in 100 Jahren dagegen kaum. Es kommt noch hinzu, daß die Pflasterung des 14. Jahrhunderts in einem gewissen Bereich endgültigen Charakter gehabt zu haben scheint[108]. Nach Lecocq zu urteilen, setzte sogar schon im 12. Jahrhundert eine Befestigung der Straßen ein[109]. Bezieht sich diese Angabe stellenweise vielleicht auf die Schotterschicht? Wir wissen es nicht, und aus der spärlichen Überlieferung ist hier kein geschlossenes Bild zu gewinnen — das wäre nur von einer systematisch durchgeführten Untersuchungsserie zu erwarten. Hier soll auch nicht eine genaue Chronologie der Bodenhebungen in der Stadt angestrebt, sondern nur die in der Chartreser Forschung seit geraumer Zeit verlorengegangene Vorstellung wiedererweckt werden, daß die frühmittelalterliche Stadt ständig aus ihrem eigenen Schutt heraufklettern mußte[110]. Während die Häuser — im Mittelalter von noch vergänglicherer Konstruktion als die besser bekannten Fachwerkhäuser aus dem 16. und 17. Jahrhundert[111] — im Zyklus der Neubebauung stets auf Straßenniveau gehalten werden konnten, waren die in Stein gebauten kirchlichen Denkmäler durch die Bodenhebung einer ernsten Gefährdung ausgesetzt[112]. Wie der mittelalterliche Mensch darauf reagierte, mutet heute wohl erstaunlich an; aber zwei Chartreser Beispiele können uns diese Reaktion veranschaulichen:

Die Schwelle des Nordportals der Abteikirche Saint-Pierre wurde beim hochgotischen Neubau beinahe einen Meter höher als das innere vorgotische Bodenniveau in der neuen Außenmauer angelegt; Treppen führen innerhalb der Kirche auf das beibehaltene Fußbodenniveau hinunter[113]. Dasselbe Problem wurde im Falle unseres zweiten Beispiels, der Kapelle SS. Sergius und Bacchus, die in baulichem Zusammenhang mit der Sakristei der Kathedrale stand, noch radikaler gelöst. Die äußere Hebung des Bodenniveaus wurde nicht ausgeglichen, sondern das Innere der Kirche bis auf das neue Niveau zugeschüttet: Ein Augenzeuge des Abbruchs von 1702 berichtet, daß der Fußboden der Kirche im Laufe der Zeit um 1,20 m erhöht worden war, so daß die Säulenbasen nicht mehr sichtbar waren[114]. Solche Überlegungen zu frühmittelalterlichen Bauproblemen sind in den meisten Fällen fruchtbarer als Mutmaßungen über Proportionen und Zahlenmystik, zumindest im Falle der großen Kathedralen des europäischen Westens, die stets von einem über tausendjährigen Baubefund mitbestimmt wurden. Die Krypta von Chartres, insbesondere die Lubinusgruft, bietet deutliche Zeugnisse von einem ähnlichen Klettern des Bauwerkes über seine im Verhältnis immer tiefer liegenden Fundamente hinaus.

Wenden wir uns den Grabungsberichten zu: Vor der Außenmauer im jetzigen Querhausbereich NII/III der Kathedrale lag das Erdreich früher zumindest zeitweilig auf dem Niveau —7,50 m (Grabungsberichte 3 und 4). Im Innenraum entspricht dem das Niveau, das sich als auffallender Bodenschichtwechsel im Bereich des Altares Notre-Dame-sous-Terre EII NI bemerkbar macht (—7,05 m, Berichte 5 und 6), auf dem ferner auch ein Joch östlich davon (in EIII NI) die Fundamentsohle des die Arkade abschließenden Mauerwerks steht (—7,50 m, Bericht 7) und das schließlich in der Axialkapelle AmIII sowohl durch Bodenschichtwechsel wie auch im Mauerwerk markiert ist (—7,09 m, Bericht 10). Das Erdreich zwischen diesem Niveau (—7,05 m bzw. —7,50 oder —7,09 m) und dem heutigen Fußbodenniveau der Krypta, ca. —4,10 m, wird einstimmig als Füllerde oder Aufschüttung (remblai) beschrieben (im Joch EIII NI reicht diese Aufschüttung sogar noch fünf Meter tiefer bis auf ein Niveau von —12,00 m, aber durch die Zuschüttung des Brunnens und die Grabungsarbeiten dürfte die Bodenschichtung gerade in diesem Bereich erheblich gestört worden sein. Andererseits geht aus dem Bericht 5 hervor, daß eine Treppe von EII NI nach EIII NI herunterführte, so daß mit einem früheren Niveauunterschied doch gerechnet werden muß — wenn auch wohl nicht von vollen fünf Metern. Auch außerhalb des Gebäudes, im erwähnten Querhausbereich NII/III, wird das Erdreich von dem erwähnten Niveau —7,50 m bis auf die heutige Bodenoberfläche aus Füllerde oder der natürlichen Bodenaufschüttung gebildet. Das gleiche gilt sowohl für den Bereich südwestlich der Kathedrale, wo ein bedeutungsvoller Bodenschichtwechsel bei —5,35 m zu konstatieren ist (Bericht 1), als auch nordöstlich, außerhalb der ersten Radialkapelle AI NII (d. h. im Bereich AI »NIII«), wo auf —9,50 m, 7,30 m unterhalb der heutigen Erdoberfläche, die Sohle der Füllerde noch nicht angetroffen wurde. (Dieses Gefälle von Westen nach Osten ist sehr bezeichnend und entspricht den eben gemachten Beobachtungen innerhalb der Krypta.) Nun besteht die jeweils tiefste Schicht dieser Füllerde außerhalb der Kathedrale durchweg aus römisch anmutendem Bauschutt, aus Ziegelsteinen und Marmorplatten-Resten (Berichte 1, 4 und 8). Aus der einheitlichen Beschreibung der grünen Farbe einer Art campanischen Marmors darf mit einiger Sicherheit geschlossen werden, daß wir es dabei durchweg mit ein und demselben Bauwerk zu tun haben. Diese Reste tauchen im Westen zwischen ca. —3,00 m und —5,35 m, auf der Achse w4 zwischen —2,40 m und —4,40 m (vielleicht auch noch tiefer, da die Grabung nicht weiter getrieben wurde), im nördlichen Querhausbereich über —7,50 m und nördlich des Chorhaupts zwischen —6,20 m und tiefer als —9,50 m auf.

Der Gesamtzusammenhang dieser Boden- und vorläufigen Baubefunde erlaubt erstens den bescheidenen, aber sicheren Schluß, daß zu der Zeit, als ein mit Ziegel und Marmor verziertes Bauwerk ganz oder teilweise abgebrochen wurde (nach Bericht 4 zu urteilen, nach einem Brand), das Bodenniveau im Westen bei —5,35 m, im Osten etwas tiefer als —9,50 m lag (im Querhausbereich —7,50 m), und daß es über die darauffolgende Planierung des Schutts bis ins 13. Jahrhundert (vgl. Anhang) an verschiedenen Stellen bis zu vier Meter durch Aufschüttung, natürliche Bodenhebung oder beides zusammen weiter angestiegen ist, und zwar ohne daß der Schutt einer nochmaligen Großkatastrophe dazu beitrug. Ferner dürfen wir vermuten, daß es sich bei dem zerstörten Bau um eine (mit grünem geädertem Marmor verzierte) einheitliche Anlage mit der annähernden Ausdehnung der heutigen Kathedrale handelte (nicht unbedingt um eine einheitliche Basilika). Im Innenraum spiegelt eine drei Meter starke Aufschüttung einen ähnlichen Prozeß. Daß jedoch Innenraum und Außenbereich nicht gleichzeitig aufgeschüttet wurden, geht aus der verschiedenen Beschaffenheit der Füllerde hervor: Im Innenraum ist kein Bauschutt gefunden worden. Die chronologische Folge ist eindeutig: Zuerst draußen, danach im Innenraum. (Technisch gesehen hätte die äußere Aufschüttung möglicherweise dem Gewölbedruck der Seitenschiffe entgegengewirkt, die innere Aufschüttung der folglich entstehenden Feuchtigkeitsbildung Einhalt geboten.)

Ein genauerer chronologischer Zusammenhang zwischen der Bodenhebung und den erhaltenen Resten des vorromanischen Bauwerks wird in den anschließenden Kapiteln durch die genauere Analyse der Lubinusgruft und durch weitere zufällig überlieferte Grabungen, die das Bauwerk selber näher betreffen, gewonnen werden.

Heutiges und gotisches Außenniveau

Die Schwelle des mittleren Westportals (Abb. 2), deren Oberkante wir als Nullebene für sämtliche Höhenmessungen der Kathedrale genommen haben, bildet auch zum Innenraum hin eine erhöhte Stufe. Dieser Zustand — wohl nicht das Steinmaterial selbst — ist offenbar ursprünglich und scheint auch seinerseits das Vorbild für die späteren Querhausportale abgegeben zu haben[115]. Heute bildet die Schwelle des mittleren Westportals die oberste von fünf Stufen, die von den Flanken der Westtürme eingefaßt sind und auf ein Niveau von —0,60 m vor der Westfassade herunterführen. Sowohl nach Félibien als auch nach den Unterlagen von Lassus muß das Niveau früher etwa bei —0,85 m gelegen haben, da eine zusätzliche Stufe zu erkennen ist, die in der Flucht oder vor der Stirnseite der Westturmstrebepfeiler lag[116]. Nur ungefähr 1¹/₂ Stufenhöhen sind also durch das heutige höher liegende Vorplatzpflaster verlorengegangen.

Wir fangen unsere Betrachtung an der SÜDSEITE der Kathedrale an (Abb. 1). Das Niveau des südlichen Bereiches vom Westportal bis zur Piatkapelle nämlich hat sich offenbar seit dem 16. Jahrhundert kaum geändert. Im Gegensatz dazu ist das Niveau des Bereiches unmittelbar nördlich der Kathedrale — auf das die wichtigsten Grabungsberichte bezogen werden müssen — von 1850 bis 1910 verschiedentlich eingreifenden Änderungen unterworfen worden.

An der Zahl der 17 Stufen der Treppenanlage vor dem (im letzten Viertel des 13. Jahrhunderts hinzugefügten?) südlichen Portalvorbau[117] scheint sich nichts geändert zu haben[118], und die weitgehend erhaltenen Schwellenverhältnisse der Stolleneingänge in den Stirnseiten der Flankenstrebepfeiler (s3 WII Schwelle [Abb. 2, rechts]: —1,37 m;

s3 EII Schwelle: —1,44[5] m)[118a] bestätigen die Vermutung, daß das Bodenniveau hier wie heute schon zur Bauzeit der Kathedrale um —1,70 m gelegen haben muß[119]. Auch die Sohlbänke der älteren Fenster in der Längsgalerie der Krypta liegen in diesem Niveaubereich[120].

Östlich des Querhauses, im Langchorbereich, liegt das Erdreich gleichfalls durchschnittlich in etwa —1,70 m Höhe vor dem Mittelfenster der Krypta; das frühere Niveau jedoch wird durch die Schwelle des kleinen »romanischen« Säulenportals angegeben, das im östlichen Langchorjoch EIV s2 früher einen Prunkeingang in die Krypta bildete[121]. Die flache Sockelplatte der Basen liegt bei —2,16 m, 70 cm tiefer als die Schwelle des westlich benachbarten Stolleneingangs s3 EII, eine Differenz, die zum Teil auf die Bodenhebung während der rund 100 oder mehr Jahre zwischen den beiden Ausführungen zurückgeführt werden muß[122]. Die Fenstersohlbänke der südöstlichen Radialkapelle AII SIII liegen wieder bei rund —1,78 m; danach steigt der Boden bis vor die zwei Stufen zum Eingangspflaster des 1324 erbauten Kapitelsaales etwas an (—1,29 m). Die vier Fenster, die sich in diesem Bereich gegenüber dem Kapitelsaal befinden, liegen dementsprechend tiefer als das Bodenniveau und sind, wo erforderlich, durch Wassersperren geschützt. In der 2. Hälfte des 17. Jahrhunderts wurden die beiden unmittelbar betroffenen Kapellen (AmIII und AIII SII) als »obscure« beschrieben — was so zu deuten ist, daß ihre Fenster gänzlich vermauert waren, obwohl das nicht nötig gewesen wäre[123].

An der NORDSEITE liegt der Gewölbescheitel der Kryptalängsgalerien im Langhausbereich 30 bis 60 cm höher als im Süden. Dementsprechend (die Fenster sind alle nahe der Scheitelhöhe angebracht) liegt heute auch der Erdboden vor dem nördlichen Kryptenfenster rund 30 cm höher als im Süden. Wie im Süden bildet die Einfriedigung vor dem Langhaus eine Art Wanne, hier auch rund 0,65 m tief. Vor 1850 lag die Straße hier sogar noch höher: Um eine Schilderung Viollet-le-Ducs richtigzustellen, erwähnt Bulteau, daß »depuis 1850 le sol de la place qui le (porche nord) précède a été baissé de telle façon qu'il fallu ajouter cinq marches aux neuf qui existaient déjà«[124]. Diese Senkung des Straßenniveaus erstreckte sich über den Bereich nördlich der Westjoche der Kathedrale[125], wirkte sich aber offenbar nicht auf dem Bereich unmittelbar vor der Westfassade aus[126]. Der frühere Zustand der Treppe am nördlichen Portalvorbau ist nicht nur dem Plan André Félibiens aus dem Jahre 1678 zu entnehmen[127], sondern läßt sich auch aus den Veröffentlichungen von Lassus (Abb. 5)[128] und Gailhabaud[129] feststellen und wird sogar von alten Photographien bestätigt[130]: Es waren vor 1850 nur acht Setzstufen[131]. Demnach muß das Erdreich 1850 bei ca. —0,71 m gelegen haben, statt, wie heute, bei durchschnittlich —1,44 m (im Osten ca. —1,61 m, im Westen ca. —1,28 m). Bei dieser Berechnung können wir nicht von den Steigungsverhältnissen der heutigen Treppenanlage ausgehen, weil ihr jetziger Zustand erst von einem vollständigen Umbau während der Restaurierung Anfang dieses Jahrhunderts stammt. Beim Umbau wurde die ganze Treppenanlage abgetragen und ihr Verlauf parallel zum Portalvorbau gerichtet[132]; die ursprüngliche Zahl der Stufen wurde beibehalten, die Pflasterung des Portalvorbaus aber um eine Stufe gesenkt[133]. (Daß das Steigungsverhältnis der bei der Restaurierung ersetzten Treppenanlage demjenigen der ursprünglichen 8 Stufen entsprach, geht aus Bulteaus Beschreibung der Vorgänge als *Hinzufügung* zusätzlicher Treppen hervor — ein Sachverhalt, der sich wiederum durch einen Vergleich mit den alten Photographien bestätigen läßt[134].)

Die Türschwellen des 13. Jahrhunderts lassen vermuten, daß das Niveau in diesem

Bereich zur Bauzeit der Kathedrale auf —1,00 bis —1,10 m Niveau gelegen haben muß: Die Schwelle des kleinen Eingangsportals in der Stirnseite des nördlichen Flankenstrebepfeilers an der Westseite des Querhauses (n3 WII), das heute als Zugang zu den Morgenmessen in der Kapelle Notre-Dame-sous-Terre dient (Abb. 2, links), liegt bei ca. —0,86 m und war vor 1850 unter dem Erdreich verborgen[135]. (Zu der Zeit bildete dieses Portal offenbar auch keinen Eingang in die Hauptkrypta, da der Querhausstollen durch eine Quermauer in der Mitte geteilt war[136].) Eine ähnliche Verschluckung der Schwelle scheint bei dem nordwestlichen Eingang in die unterirdischen Räume der Sakristei vorgekommen zu sein (Abb. 5, links)[137]. Eine Niveauhebung von ca. 0,35 m (von —1,00/1,10 m auf —0,71 m) würde durchaus der Zeit zwischen dem 13. Jahrhundert und 1483, als der Kathedralbezirk *cloître Notre-Dame* gepflastert wurde, entsprechen[138].

Das gesamte Erdreich zwischen der Sakristei und dem Kapitelsaal bis hin zum Eingang des bischöflichen Palastes liegt heute zwischen —0,60 m und —0,80 m. Das Verhältnis dieses Niveaus zur Kathedrale bietet jedoch ein sehr kompliziertes Bild. Die Sohlbänke der Kryptenfenster liegen nämlich alle ungefähr 1,00 m unter diesem Niveau, die Schwelle des nördlichen Krypteneinganges EIV n2 sogar noch 0,40 m tiefer, nämlich bei —2,13 m. Heute läuft von der Ostseite der Sakristei bis hin zu dem Apsidenscheitel der Axialkapelle (neben dem Ansatz des sich östlich anschließenden Kapitelsaales) eine 1,50 m bis 3,50 m hohe Stützmauer, die eine tiefe Wanne um die Nordost-Kapelle der Krypta bildet (vgl. Anm. 55, Abb. 4—8). Ihr unregelmäßiger Verlauf ist geschichtlich bedingt:

Der leicht nach innen geknickte Verlauf von der Nordost-Ecke der Sakristei bis hin zum nördlichen Scheitelbereich der nordöstlichen tiefen Radialkapelle der Krypta (Anm. 55, Abb. 5) — wo die Stützmauer bis auf 1,06 m an der äußeren Kapellenwand heranragt (Anm. 55, Abb. 6) — entspricht dem Verlauf einer massiven Trennmauer, die von 1414 bis 1906 an dieser Stelle stand und den sogenannten Sakristeihof abgrenzte. Ihre Geschichte wird in unserem Aufsatz über die angrenzenden Gebäude in Zusammenhang mit der früheren Chambre des comptes behandelt (vgl. dort Abb. 1 und 2, die Bauaufnahme Moutons[139]). Vor 1414 verlief die Mauer wahrscheinlich als Stützmauer entlang dem bis 1906 erhaltenen 1,02 m hohen Mauerwerksabsatz, der vom Mittelpfosten der Chambre bis hin zum rechtwinkligen Absatz im Osten verfolgt werden kann. Vor 1906 lag die tiefste Stelle des Sakristeihofes in der Schwellenhöhe des nördlichen Krypteneinganges EIV n2 bei —2,20 m, nur etwa 0,47 m unter der Sohlbank des Kryptenfensters. Heute liegt sie etwas tiefer als —3,00 m[140]. Zusammenfassend kann also rekonstruiert werden, daß im 13. Jahrhundert ein kleinerer Sakristeihof in der Höhe des Krypteneinganges von dem höher gelegenen Vorhof des bischöflichen Palastes ausgespart blieb. 1414 wurde dann die Grenzmauer auf bischöfliches Gelände versetzt und so die Errichtung der Chambre ermöglicht. Der Stumpf der ursprünglichen Stützmauer teilte danach den vergrößerten Hof in zwei Höhenlagen, bis er 1906 bei der Senkung des gesamten Hofes auf das heutige Niveau entfernt wurde. Dadurch entstanden auch erst die heutigen Höhendifferenzen von 1,50 bis 2,60 m an der neuen Stützmauer. Daß das Bodenniveau in der vorgotischen Zeit noch rund einen Meter tiefer lag als heute (bei ca. —3,50 m), geht aus der früheren Existenz einer Tür in der Jochfläche EIII n2 hervor[141].

Die östliche Hälfte der Wanne ist dagegen überhaupt erst 1860 entstanden, nachdem die 1788 erfolgte Aufhebung des Friedhofs Saint-Jérome eine Senkung des Niveaus in diesem Bereich zur Trockenlegung der Krypta ermöglicht hatte (Anm. 55, Abb. 6 und 7)[142]. Die Fenstersohlbänke der drei nordöstlichen Kryptenkapellen (AII NIII—AmIII) liegen zwischen 0,80 m und 1,30 m tiefer als das Erdreich der bischöflichen Gartenterrasse, und Bulteaus Beschreibung beweist, daß die Fenster bis 1860 zumindest zum Teil vermauert waren[143]. Hier lag das Erdreich im 13. Jahrhundert gewiß in der Höhe der Sohlbänke (—1,52 m bis —1,96 m), aber in der 2. Hälfte des 17. Jahrhunderts wurden die zwei nordöstlichen tiefen Radialkapellen (AII NIII und AmIII) beide als »obscure« beschrieben[144]. Ob eine Erhöhung auf das Niveau des 1324 erbauten Kapitelsaals (—1,28 m) schon bei der Neugestaltung und Weihe des Friedhofs 1358 erfolgte, läßt sich kaum mehr feststellen. Möglicherweise wurden die Fenster erst 1788, nach der Aufhebung des Friedhofs und seiner Zusammenlegung mit den bischöflichen Gartenterrassen, zugemauert, d. h. daß erst zu dieser Zeit das Niveau in diesem Bereich erhöht worden wäre. Die nördliche Stützmauer dieser Wanne (Anm. 55, Abb. 6) — wahrscheinlich sogar in ihrer heutigen Gestalt — entstand erst 1906, als der erhöhte Laufgang zum bischöflichen Palast abgebrochen wurde, der bis dahin bis hart an die Kryptenwand AII NIII gereicht und die zwei Wannenteile voneinander getrennt hatte[145]. Die Stützmauer bildet heute das Fundament der erhaltenen Bogenläufe der nördlichen Arkade. Wir sehen also, daß die heutige leicht abgestufte Brüstungswand unter dem Kapellenfenster ursprünglich einen Teil der gotischen Fundamente bildete, und erst seit 1860 bzw. 1906 sichtbar geworden ist.

Wir fassen zusammen. Das Bodenniveau zur Zeit der Errichtung der gotischen Kathedrale kann annähernd durch die Türschwellen der kleinen Stolleneingänge in den Flankenstrebepfeilern der Querhäuser festgestellt werden: Bei —1,40 m Schwellenhöhe lag das Niveau im Süden rund 0,50 m tiefer als im Norden (Schwellenhöhe —0,86 m). Der Neubau scheint sich damit nach den vorgefundenen Niveauverhältnissen gerichtet zu haben, da die Fenster des Vorgängerbaus ebenfalls einen Unterschied von 0,30 m zwischen Norden und Süden bezeugen. Daß die früheren Kryptafenster 0,60 m bis 0,70 m tiefer liegen als die Stollentüren der gotischen Querhäuser, muß wohl weitgehend auf die Hebung des Bodenniveaus in der Zwischenzeit zurückgeführt werden. Noch 1850 wurde mehr als ein halber Meter Erde an der Nordseite abgetragen. Der südliche Krypteneingang EIV s2, der dem gotischen Querhaus rund einhundert Jahre voraus gegangen war, liegt auch volle 0,70 m tiefer als die südwestlich davon nahegelegene gotische Stollentür. Daß wir hier mit Bodenhebungen zu rechnen haben, geht aus der späteren Verbauung der Schwelle und den Laibungsbasen dieses Portals hervor. An der entsprechenden Stelle im Norden einschließlich der benachbarten Kapellenfenster behalf man sich offenbar schon zur Zeit des gotischen Neubaus mit einer Stützmauer gegen das erhöhte Erdreich; östlich davon fielen die Kapellenfenster im Laufe der Zeit dem Bodenausgleich zum Opfer. Die südöstlichen Kapellenfenster gegenüber dem 1324 höher angelegten Kapitelsaal müssen heute durch Wassersperren geschützt werden.

DER BAUBEFUND DER LUBINUSGRUFT UND DAS INNERE MAUERWERK DER RADIALKAPELLEN DER KRYPTA

Die Lubinusgruft: Westwand

Die vorhergehende Untersuchung über die allmähliche Hebung des Bodenniveaus im Bereich der Kathedrale hat gezeigt, wie das Bauwerk gewissermaßen über seine im Verhältnis immer tiefer liegenden Fundamente hinaus kletterte. In dem ältesten sichtbaren Teil der Kathedrale, der sogenannten Lubinusgruft, kann man diesen Vorgang in dem offen liegenden Mauerwerk noch deutlich verfolgen. In den äußeren Teilen der Krypta ist dagegen der Mauerbefund durch die Restaurierung des 19. Jahrhunderts weitgehend verunklärt. (Die Unterkirche wurde während der Revolution 1793 profaniert und zum Teil beschädigt. Erst 1855 konnte sie wieder ihrer Urbestimmung zugeführt werden; die Altäre wurden 1860 zur Sechshundertjahrfeier der Hauptweihe der Kathedrale neu geweiht, und die Neuausmalung Paul Durands wurde erst Mai 1873 fertiggestellt[146].)

Die Lubinusgruft ist heute ein segmentförmiger Raum, der direkt unter der Mittelschiffsapside der gotischen Kathedrale liegt, eingeschlossen von dem Halbkreis des Ostumgangs der Krypta (Abb. 6 und 7)[147]. Die Westwand der Lubinusgruft wird von sehr verschiedenartigem Mauerwerk von unregelmäßigem Verlauf gebildet. Der südliche Abschnitt dieser Wand wurde durch den späteren Einbau einer Treppe gestört und verstellt und muß von vornherein aus der Betrachtung ausgeklammert werden (vgl. Abb. 9). Nach einstimmiger, sicherlich zutreffender Auffassung der Forschung ist das Mauerwerk der Westwand gallo-römisch und die Lubinusgruft in vorromanischer Zeit östlich herangebaut worden[148]. Nur wird das Vorromanische übergenau »karolingisch« genannt. Da jedoch beim heutigen Stand der Forschung keineswegs eindeutig zwischen Gallo-römischem und Merowingischem einerseits und Merowingischem und Karologischem andererseits unterschieden werden kann, und da ferner die obere chronologische Grenze der karolingischen Epoche in den verschiedenen Sprachgebieten noch nicht einstimmig festgelegt ist, verzichten wir auf diese Epochen-Bezeichnungen und nehmen ausschließlich auf die Mauerbeschaffenheit in ihrer relativen Chronologie Bezug.

Ein Aufriß der Westwand wurde schon 1874 von Lecocq auf seinem in manchen Punkten leider nicht sehr genauen Schnitt des Raumes gegeben[149]. Unsere Abb. 8 bietet einen skizzenhaften Überblick über die Niveauverhältnisse dieser Wand; die Photographien Abb. 8 a, 9, 10, 12, 15 und 18 zeigen den heutigen Zustand von Süden nach Norden. Den Ausgangspunkt der Betrachtung bildet die Erkenntnis, daß das heutige Fußbodenniveau (—5,74 m) durch künstliche Aufschüttung entstanden ist und etwa 1,72 m über dem ursprünglichen Niveau des Raumes in seiner heutigen Form liegt (Abb. 8)[150]. Dieses ursprüngliche Niveau von —7,46 m, das heute durch ein ausgemauertes Grabungsloch wahrnehmbar ist, muß als Bezugsebene der Beschreibung dienen, obwohl das Mauerwerk der Westwand mindestens noch rund 0,70 m bis 0,90 m tiefer verfolgt werden kann[151].

Der um rund 1,76 m vorspringende mittlere Teil der Westwand (Abb. 8, die zwei mittleren Abschnitte = Abb. 10 und 12) besteht bis etwa zu dem Niveau —2,85 m (d. h. rund 4,60 m sichtbare Höhe) aus Gußmauerwerk mit befestigenden horizontalen

Ziegelsteinbändern von je vier Ziegelschichten. Nur das oberste Ziegelsteinband besteht aus sechs Schichten und liegt 0,75 m von dem nächstunteren entfernt — statt 0,51 m bis 0,57 m wie zwischen den übrigen vier sichtbaren Bändern. Die Ziegelsteine greifen 0,55 m in das Mauerwerk hinein, dessen Gesamttiefe ist jedoch nie erkundet worden[152]. Die drei oberen Ziegelsteinbänder der südlichen Hälfte sind heute von einem rohen Spritzbewurf verdeckt; daß aber die in der Nordhälfte sichtbaren Schichten sich auch hier fortsetzen, geht aus der Existenz der beiden unteren (im Grabungsloch sichtbaren) Bänder hervor[153]. Der Spritzbewurf ist auch überall sonst derart intakt, daß die Struktur des Gußmauerwerks nur zwischen den oberen beiden Ziegelsteinbändern der Nordhälfte (und in der horizontalen Sondierung »M«[154]) erkannt werden kann (Abb. 13): Feuersteinbrocken und sonstige Kleinbruchteile liegen schichtweise in dicken Mörtelbetten; die Anordnung scheint eine bewußte »Legung« und nicht lediglich eine schichtweise erfolgte Aufschüttung der gröberen Zuschlagstoffe wiederzugeben[155]. Die Form der Steine und das Überwiegen des Mörtels verbieten jedoch die Bezeichnung »Verband« *(petit appareil):* Wir haben es hier eindeutig mit Gußmauerwerk zu tun[156].

Der zurückliegende nördliche Seitenabschnitt (Abb. 8, rechts und Abb. 15, 18 ff.) besteht bis in dieselbe allgemeine Höhe (auf rund —3,04 m) ebenfalls aus Gußmauerwerk der beschriebenen Art, jedoch ohne Ziegelstein-Binderschichten (die Struktur ist heute durch den 1904 erfolgten groben Durchbruch an dieser Stelle leicht zu erkennen, Abb. 18)[157]. Über diesem Niveau befinden sich dann vier bis fünf Lagen unregelmäßig geschichteter Ziegelsteine (Abb. 19 und 20), gefolgt von 10 Schichten echtem *petit appareil,* d. h. römischem Kleinquader-Schalungsverband. Im Bereich des Gewölbescheitels folgen dann in —1,41 m Höhe nochmals drei (ursprünglich möglicherweise auch vier oder fünf) Lagen Ziegelsteine[158]. Der Wechsel der Mauertechnik deutet mit Sicherheit auf eine spätere Erhöhung des nördlichen Abschnittes hin. Die unregelmäßige Schichtung der Ziegelsteinlagen schließt eine künstlerische Absicht bei dem Materialwechsel aus, das Mauerwerk muß verputzt oder verkleidet gewesen sein.

Obwohl wir es bei allen drei beschriebenen Mauerabschnitten ziemlich eindeutig mit original römischem Baumaterial zu tun haben, ist bei der absoluten Datierung des Erhöhungsabschnittes äußerste Vorsicht geboten. Gleich hier am Anfang unserer Betrachtungen sind wir nämlich mit einem Problem konfrontiert, das bei der Bestimmung einer absoluten Chronologie für die frühmittelalterlichen Bauteile ständig bedacht werden muß: Das Material könnte wiederverwendet und dadurch auch die Technik des Neubaus beeinflußt sein. Das gilt ohne weiteres für die dauerhaften Kalksteinquader. Doch auch römische Ziegel lagen in Chartres im Überfluß zur Wiederverwendung bereit — bis in die Neuzeit, wie aus Paul Durands Nachricht hervorgeht, daß bei Straßenarbeiten um 1850 mehrere Fuhren römischer Ziegel aus einer »beträchtlichen Anhäufung« an der Nordseite des nördlichen Westturms weggeschafft werden mußten[159]. Beispiele für die Wiederverwendung von römischem Baumaterial gibt es in ganz Frankreich, nicht zuletzt in Chartres selbst. (Dagegen waren der gelöschte Kalk, das abgebundene Gußwerk und weitgehend sogar auch die vermörtelten groben Zuschlagstoffe des Gußmauerwerks als Baumaterial kaum wieder verwendbar.) Im Hinblick auf die Westwand der Lubinusgruft sind solche Überlegungen allerdings nur bedingt relevant: Nur bei der Interpretation der Erhöhung im nördlichen Abschnitt bleibt ein gewisser Spielraum; die beiden unteren Abschnitte sind dagegen in Schichtguß-Mauerwerk ausgeführt — einer typisch römischen Technik, die im Mittelalter nicht nachgeahmt wurde.

Die beschriebenen Mauerreste gehören aller Wahrscheinlichkeit nach verschiedenen vor- oder frühchristlichen Kultbauten in der Nähe des puits des Saints-Forts an. Doch muß hier, vor allem im Hinblick auf René Merlets Petite Monographie, nochmals vor zwei verwirrenden Irrtümern gewarnt werden: Erstens wird dieses Mauerwerk, trotz der auffallenden Unterschiede der beiden Abschnitte, gemeinhin als homogen dargestellt und einem einzigen Entstehungsvorgang zugeschrieben — eine Interpretation, die offenbar aus dem Wunsch hervorgegangen ist, der ungemein komplizierten frühen Baugeschichte eine Vereinfachung aufzuzwingen[160]. Zweitens stellt Merlet auf seinem Grundriß der Petite Monographie das nördliche, zurückliegende Teilstück mit einem Durchgang dar, obwohl erst er selbst es 1904 durchbrach (Abb. 18)[161].

Die übrigen Ergebnisse von Merlets Grabung werden in anderem Zusammenhang später behandelt. Sein Durchbruch durch die Westmauer der Lubinusgruft aber legte das Zeugnis eines noch älteren Bauzustandes und noch tieferer Bauschichten frei, die schon aus der Existenz einer bis in —8,14 m (möglicherweise —8,43 m) Tiefe reichenden gewölbten Kammer (Abb. 8, unten rechts) in diesem Bereich unter dem Fußboden der Lubinusgruft zu vermuten waren. Die von Lecocq, Durand und Mayeux nur unzureichend beschriebene »Schatzkammer«[162] ist dem Einzelforscher heute nicht zugänglich; aber auch ohne ihre genauen Ausmaße und ihre Konstruktion zu wissen, kann man vermuten, daß sie ihre Entstehung keineswegs einem Aushub verdankt, sondern vielmehr einer Aussparung bei einer früheren künstlichen Zuschüttung dieses Bereiches. Diese Vermutung scheint nun ihre Bestätigung im anstoßenden Mauerwerk hinter (südwestlich) dem Merletschen Durchbruch zu finden: Bis in etwa 0,60 m Höhe ist der einseitig abgeschrägte Mauerfalz einer Türöffnung (weniger wahrscheinlich eines Fensters) zu sehen, dessen in dickem Mörtel gebettete Quader (mit Ziegelsteinlagen) Formmauerwerk einfassen (Abb. 18, Detail Abb. 21, Grundriß Abb. 22). Darüber bilden unregelmäßige Hausteine eine Art Ecke, die offenbar den ursprünglichen Sturz an dieser Stelle ersetzt hat[163]. Die Türöffnung wäre demnach rund drei Meter hoch gewesen, wenn der ursprüngliche Fußboden wie angenommen bei —8,14 m lag. Die Stelle der Abschrägung an der Nordflucht des Mauerwerks läßt auch vermuten, daß die Mauer, in der sich die Öffnung befand, in Ost-West-Richtung und nicht in der Nord-Süd-Richtung verlief; aber ohne weitere Grabungen ist bei einem so kleinen Rest Vorsicht geboten. Es tut nichts zur Sache: Das Vorhandensein eines Anschlages an dieser Stelle beweist eindeutig, daß der nördliche Abschnitt der Lubinusgruft-Westmauer nicht den ersten Bauzustand in diesem Bereich darstellt. Mehr soll hiermit nicht bewiesen werden. Unsere schematische Zeichnung Abb. 22 gibt die Verhältnisse der zwei Mauern zueinander wieder[164].

Damit gehen wir zu der Betrachtung des Raumes über. Vorweg muß jedoch gesagt werden, daß die »gerade« laufenden Westwände keine geometrisch ausreichende Basis für eine genaue Aufnahme des komplizierten Raumes bieten: Alle bisherigen Architektenaufnahmen der Lubinusgruft von Félibien über Lassus bis Mouton sind an den Unregelmäßigkeiten dieses Raumes gescheitert[165], und die Polemik Lefèvre-Pontalis' gegen Mayeux, die sich anscheinend nur auf Merlets Achseneintragungen gründet, wäre in Anbetracht der tatsächlichen Verhältnisse besser unterblieben[166]. Auch mit Hilfe einer idealen Grundlinie könnte der Einzelforscher nur Teile des Raumes richtig erfassen, nicht aber die entscheidenden Zusammenhänge mit dem Chorhaupt feststellen. Die von einer derartigen Teilzeichnung erfaßten Unregelmäßigkeiten können aber auch mit Hilfe einfacher optischer Fluchtlinien ausreichend dargestellt werden.

Das innere Stützensystem

Vor dem vorspringenden Mittelteil des beschriebenen Gußmauerwerks sind fünf Stützen eines nachträglich vorgelagerten konzentrischen Stützensystems erhalten. (Da es zunächst nur auf die geometrischen Verhältnisse ankommt, wird das saubere Quaderwerk der Stützen erst nachher eingehend beschrieben.) An anderer Stelle haben wir schon darauf hingewiesen, daß die östliche Apsidialwand des Raumes weder der Form noch dem Material nach diesem Stützensystem zugerechnet werden darf[167]. Wir gehen auf diese Frage nachher noch ein. Seit 1773 trägt der erhaltene Rest des Stützensystems gemeinsam mit der Ostwand ein der Steinschnittechnik der Zeit entsprechend kompliziertes Trichter- und Ringgewölbe mit Stichkappen[168].

Den Halbkreis-Mittelpunkt des Stützensystems bildet eine Wandsäule, die an den äußeren Ecken der Gußmauer von zwei mächtigen rechtwinkligen Wandvorlagen begleitet wird. Vor diesen antenartigen Mauerpfeilern befinden sich zwei ähnliche rechtwinklige Freistützen, die trotz ihrer kantigen Form schlecht und recht halbkreisförmig angeordnet sind. Es fällt aber auf, daß die zwei Anten-Mauerpfeiler (obwohl in sich rechtwinklig) leicht schräg nach innen gewinkelt sind, so daß sie der Führung des Halbkreises entgegenkommen. Frühere Versuche, diesen Sachverhalt zeichnerisch zu erfassen, sind nicht gelungen[169]; auch ohne den Aufwand einer trigonometrischen Aufnahme werden aber die Forderungen unserer Fragestellung durch zwei Beobachtungen erfüllt:

a) Die Stirnflächen der beiden Mauerpfeiler liegen nicht in der gleichen Flucht.

b) Die Nordflanke des nördlichen Mauerpfeilers verläuft von der Vorderkante gerade bis auf den *zurückliegenden* nördlichen Abschnitt der Gußmauer zurück.

Zu a) verweisen wir auf die Zusatzskizze unserer Abb. 7, aus der zu ersehen ist, daß die inneren Ecken schon 7,6 cm bzw. 5,6 cm hinter der Geraden zwischen den beiden äußeren Ecken liegen und daß die optische Fluchtlinie der Stirnseiten die gegenüberliegende Flanke jeweils 28 cm bzw. 49,5 cm hinter der Vorderkante trifft. Aus dieser Feststellung der Anordnung ergibt sich zunächst die Frage nach dem Verhältnis der Wandvorlagen zu dem Abschnitt der antiken Wand, der sie hinzugefügt wurden. Ist die Schrägstellung tatsächlich, wie oben vermutet, als Planungsvorsatz aufzufassen (ihrer Funktion in der Halbkreiskomposition entsprechend), oder ist sie dem Plan durch die äußeren Bedingungen des Anbaus an bestehendes Mauerwerk auferlegt worden, etwa durch eine schräge Führung der Flanken der mittleren Gußmauer. Das nämlich würde bedeuten, daß das Mittelstück des Gußmauerwerks polygonal gebrochen verlief, etwa als eine dreiseitig polygonale Ummantelung einer Apside. Eine Antwort auf diese Frage sollte in der Untersuchung des Befundes b) gefunden werden. Aber leider ist der Baubefund hier wieder derart kompliziert, daß zunächst eine eindeutige Aussage nicht gemacht werden kann:

Abb. 17 bietet eine Ansicht des Mauerwerks der Nordflanke des betreffenden Mauerpfeilers (die nach Osten zu durch Abb. 16 ergänzt wird). Es muß vorweggenommen werden, daß das ursprüngliche Quadermauerwerk des Pfeilers, wie auch das der anderen rechteckigen Pfeiler des betreffenden Stützensystems, in —2,95 m Höhe aufhört (bzw. in —3,01 m bis —3,29 m)[170]. Nun sehen wir, daß nur die oberen drei Quaderschichten des vorgelagerten Mauerpfeilers den geraden Verlauf dieser Flanke bilden. Unterhalb einer unterbrochenen unregelmäßigen vierten Schicht bildet das Quaderwerk nur den Vorderteil des Gesamtverlaufs der Flanke, und zwar auf rund 1,37 m. Dahinter besteht der westliche Teil aus rauhem Mörtelbewurf. Daß wir es hier mit der Seitenflanke des mittleren Gußmauerwerks zu tun haben, geht mit ziemlicher Sicherheit aus dem Maß 1,37 m hervor: Die innere (südliche) Flanke des Mauerpfeilers mißt zwischen 1,28 und 1,33 m, was bei der Polygonalbrechung der Nordflanke gegenüber der Stirnseite ungefähr den geringen Unterschied zur Nordseite ausmachen würde[171]. Demnach ist der Mauerpfeiler über seine ganze Breite *vor* den Gußmauerkern vorgebaut; nur an der Nordseite wurde das Gußmauerwerk ungefähr 1,00 m von oben abgearbeitet, um den Verband mit dem Mauerpfeiler in diesem strukturell entscheidenden oberen Bereich zu ermöglichen. Dabei muß der tatsächliche Fußpunkt des Mauerpfeilers in rund —7,46 m Tiefe immer im Auge behalten werden: D. h., von einer Gesamthöhe des erhaltenen Quadermauerwerks von rund 4,50 m wurden nur die Schichten des obersten Meters mit dem Gußmauerwerk verbunden. Demnach folgt die Schräge der Nordflanke des Mauerpfeilers der Nordflanke des Gußmauerwerks. Oder aber umgekehrt — weil wir nämlich einer eventuellen Abarbeitung der vorderen Ecke des Gußmauerwerks Rechnung tragen müssen, werden beide Deutungen der Schrägstellung der Mauerpfeiler bis zu ausführlichen Ausgrabungen als möglich betrachtet werden müssen. Es ist aus dem Gesamtzusammenhang nicht anzunehmen, daß das vorhandene Gußmauerwerk, das wahrscheinlich den Brennpunkt der baulichen Entwicklung dieses Ortes bildet, den zufälligen Rest einer nach Norden verlängerten Mauer darstellt; mit der Möglichkeit muß allerdings gerechnet werden.

Ungeachtet der Bedeutung dieser Überlegung für den endgültigen Gesamtzusammenhang ist die Analyse der fünf Stützen unter sich weitaus wichtiger. Bei diesen Ausmaßen kann von einer Halbkreisanordnung rechtwinkliger Pfeiler nur bedingt die Rede sein (Abb. 7). Die Pfeilerecken, insbesondere die der Innenseite, weichen zu weit von der geometrischen Kreislinie ab, als daß dies in der darüberfolgenden Konstruktion unauffällig ausgeglichen werden könnte. Aber um hierüber nähere Überlegungen anstellen zu können, ist es zuerst nötig, mehr über die getragene Konstruktion zu wissen. Wir werden zu gegebener Zeit diese Frage erneut aufgreifen (vgl. p. 51).

Die vier rechteckigen Stützen weisen trotz der sauberen Rechtwinkligkeit des Steinschnittes[172] auffallend unterschiedliche Abmessungen auf. Das kann nicht von vornherein wie es bei ähnlichen Unstimmigkeiten allzu oft versucht wird, auf eine Unbeholfenheit der Planung oder Aufsicht zurückgeführt werden. Wir haben es nämlich mit einem Bauwerk zu tun, das (den Quellen nach zu urteilen) zu keiner Zeit als »primitiv« gelten konnte. Die Abweichungen müssen also ernsthaft analysiert werden. Die inneren Flanken der als Anten angeordneten Mauerpfeiler messen 1,31 m (1,28 m—1,33 m) im Norden, 1,50 m (1,49 m—1,51 m) im Süden[173], die entsprechenden Flächen des nordöstlichen Freipfeilers 1,12 m, des südöstlichen 1,38 m (1,37 m). Dieser Unregelmäßigkeit stehen sehr regelmäßige Zwischenabstände, 1,76/1,77 m, gegenüber. Daß die südlichen Stützen bei gleichem Zwischenraum auf Kosten der nördlichen vergrößert sind, scheint auf einen Ausgleich einer Achsenverschiebung nach Norden hinzudeuten (deren Festlegung erst im Gesamtzusammenhang der Langhausfluchten erhofft werden kann). Weitaus wichtiger jedoch ist der sehr bedeutende Unterschied zwischen den beiden Freipfeilern, 1,12 m zu 1,38 m. Der Breitenunterschied von 0,26 m macht beinahe ein Viertel (mehr als 23 %) der Sichtfläche des kleineren Freipfeilers aus, woraus hervorgeht, daß dieselbe Anordnung niemals genau als Chorschlußarkade auf ein Obergeschoß übertragen werden kann, wie Merlet dies tut[174]: Im Unterschied zur Lubinusgruft (wo sie sich östlich der älteren blinden Gußmauer befinden) wären die beiden unterschiedlichen Pfeiler im Chorschluß mit einem Blick wahrnehmbar. Die Unregelmäßigkeiten dieses Stützensystems lassen sich keinesfalls aus einer Entsprechung von Unter- und Obergeschoß erklären. Da aber das Stützensystem sonst sehr sorgfältig ausgeführt ist, muß es einen anderen vernünftigen Grund für die Unregelmäßigkeiten geben. Und tatsächlich sprechen die Dimensionen des Stützensystems eine deutliche Sprache: Die unregelmäßigen konstruktiven Glieder bei sehr einheitlichen Zwischenräumen lassen nur den Schluß zu, daß es beim Entwurf auf den Durchblick bzw. die Spannweite ankam, und daß die Breitseiten der beiden Pfeiler nicht nebeneinander sichtbar waren oder, zumindest, wirken konnten[175].

Bevor wir uns der Frage der äußeren, östlichen Eingrenzung dieses Stützensystems zuwenden, ist es nötig, das Mauerwerk der genannten Pfeiler bis in die erhaltene Höhe zu beschreiben (vgl. auch Abb. 24). Es besteht aus sauber behauenen Tuff- und Kalkquadern mit sehr dicken, scharf abgesetzten Fugen. Der Verbandausgleich wird gelegentlich durch die Einfügung von Ziegelsteinen in die senkrechten Fugen erzielt. Eine besondere ästhetische Absicht für diese geringfügige Bereicherung des Verbandes ist nicht anzunehmen (allenfalls in dem unteren Teil der Wandsäule [Abb. 8 und 12], wo die Ziegelsteine in jeder zweiten der ersten zwölf Schichten symmetrisch um die Mittelachse der Säule angebracht sind und dann wieder zu dritt symmetrisch in der 21. Schicht erscheinen)[176].

Die östliche Raumgrenze und die Nischen

Das Mauerwerk des heutigen Ostabschlusses des Raumes hat mit diesem sauber gefugten Quaderverband nichts gemein (Abb. 16 und 24). Es besteht aus Gußmauerwerk, bei dem unregelmäßige Kopfsteine schichtweise, aber locker an der Schalungswand eingelegt worden sind, so daß beim Guß des Mauerkerns der Mörtel zwischen Schalung und opus incertum oft bis zur völligen Verdeckung des Steines hereingelaufen ist. Diese rauhe, durch Zufallsmusterung gefleckte Oberfläche zeigt keine Spur von späterer Verkleidung. Allerdings muß eine nachträgliche Abglättung stattgefunden haben, da (einer Beobachtung Konrad Hechts zufolge) die Stoßfugen der einzelnen Schalungsbretter nicht mehr auszumachen sind.

Beim Guß des Mauerkerns sind fünf Rundbogen-Nischen mit rechtwinkligen Laibungen ausgespart worden (Abb. 25—29, von Norden nach Süden). Die großen Quadersteine ihrer vorderen Laibungskanten (großenteils Tuff) scheinen ähnlich sorglos in die Schalung gesetzt worden zu sein: Die dicken Mörtelbetten sind oft über die Vorderkante des Steines hinaus auf die Schalungsfläche gepreßt; eine nachträgliche Ausfugung ist nicht vorgenommen worden. Dieser Vorgang kann besonders deutlich an den Laibungen festgestellt werden, weil man sich der Sichtfläche wegen beim Setzen der Quadersteine offensichtlich nach der vorderen Schalung richtete: Man sieht, wie der Mörtel der Quaderbetten bei gleichzeitiger Ausführung sich auf der Schalungsfläche mit dem Gußmörtel des Mauerkerns vereinigt, der auch hier vor die die Oberfläche befestigenden Kopfsteine wieder hervorquillt. Die rückwärtige Laibung und die Rückwand der Nischen bilden eine homogene Masse aus demselben Gußmauerwerk — ja, demselben Guß! — wie die eben beschriebene Mauerfläche. Man erkennt noch die Kastenschalung, mit der die Nischen-Gewände ausgespart wurden. Bei den Nischenbögen ging man etwas bedachter, manierlicher vor und tat dem guten Maurerhandwerk insofern Genüge, als die Bögen oberhalb der Laibungsschalung zuerst gemauert wurden. Hier sind die Kalkstein-Keilsteine regelmäßiger bearbeitet und die Fugen der Stirnfläche säuberlich abgekantet. Das Lehrgerüst der Bogenkonstruktion diente, nach hinten verlängert, als Schalung für den somit als Halbtonne verlaufenden oberen Nischenabschluß. In der nördlichsten Nische ist noch zu sehen, wie die Halbtonnen-Schalung auf einem Absatz des unteren Mauerwerks aufgesetzt wurde[177]. In den nach Süden folgenden Nischen ist dieses technisch einfachere, den ästhetischen Erfordernissen gegenüber aber rücksichtslose System zugunsten einer von unten bis oben glatt durchlaufenden Gesamtschalung aufgegeben worden.

Seit 1887 werden diese Nischen als die zugemauerten Fenster der karolingischen Krypta beschrieben — und zwar über alle anderen Meinungsverschiedenheiten hinweg einmütig[178]. Beim Anbau des Chorumganges sollen sie demnach von außen verblendet worden sein. Diese Interpretation setzt sich einfach über den Baubefund hinweg. Dabei war es dem weniger voreingenommenen früheren 19. Jahrhundert noch möglich gewesen, diese Nischen als solche zu erkennen[179]. Diese Erkenntnis wurde dann aber als Naivität abgetan, und die Nischen wurden als karolingische Fenster in das Entwicklungsbild der Architektur einbezogen.

Selbst auf die Gefahr hin, an dieser Stelle zu sehr das Technische der Ausführung hervorzuheben, muß auf eine Unregelmäßigkeit der Materialverwendung eingegangen werden, der sonst übermäßiges Gewicht beigemessen werden könnte: Als Schlußstein und neben dem Schlußstein sind in der ersten, zweiten und fünften Nische in die ohnehin dicken Mörtelbetten Ziegelsteine eingefügt worden. Bei der beschriebenen unsorgfältigen Ausführung dieses Mauerwerks überrascht eine derartige billige Nothilfe nicht. An eine ästhetische Absicht kann von vornherein nicht gedacht werden, weil die Ziegel nicht symmetrisch angeordnet sind und überdies in der Axialnische fehlen. Wenn die vereinzelten Ziegeleinlagen noch über nachlässige Arbeit hinaus etwas aussagen, so können sie höchstens als Hinweis auf die Wiederverwendung vorhandener Keilsteine dienen: Die Keilsteine wären dann möglicherweise überhaupt nicht für diese Nischen geschnitten worden, sondern dort, wo beim Setzen der Bögen die Steinzahl nicht aufging, hätte man sich lieber mit diesen schmalen Einfügseln geholfen, statt einen neuen Keilstein zu schneiden. Von sachgemäßen Schlußsteinen kann bei der Schluderkonstruktion der Nischen ohnehin kaum die Rede sein.

Dieses Beispiel ist prinzipiell wichtig. Es beweist nämlich noch einmal deutlich, daß bei der Beurteilung der früheren mittelalterlichen Baugeschichte (bzw. bei der Beurteilung möglicher Hilfskonstruktionen, bei denen Qualität unbedacht als Argument für die Chronologie ausgewertet werden könnte) jeder Einzelfall nach dem Grundsatz der abgestuften Kriterien für sich beurteilt werden muß. Überall dort, wo die Wiederverwendung früheren Baumaterials — sei es Schuttmaterial als Zusatzstoff, seien es Bauornamente wie Gesimsstücke oder Kapitelle — eher die Regel als die Ausnahme bildet, müssen die eindeutigen »geometrischen« Kriterien bei der Bestimmung der relativen Chronologie den Vorrang vor der Beurteilung des Materials genießen. D. h. die Vorbedingungen beim Abstechen des Neubauvorhabens, die sich in Achsen- oder Radienverschiebungen usw. niederschlagen, bieten stets eindeutigere Kriterien als die Verwendung des Materials, das sich manchmal oder sogar meistens vom Vorgängerbau her auf der Baustelle billig anbietet.

Kehren wir nach unserem Überblick über die Struktur der Mauer zu ihren geometrischen Voraussetzungen zurück. Eine sachliche Analyse des Grundrisses widerlegt die Theorie, die Nischen seien ursprünglich Fenster in der Ostwand des vorromanischen »Chorumgangs« gewesen. Keiner der Forscher, die in dem schmalen, teilweise nur 0,96 m breiten Durchgang zwischen den rechtwinkligen Freistützen und der Ostwand einen rudimentären Chorumgang (sei es auch als Übertragung vom Oberbau her) sehen wollen[180], hat beachtet, daß der Mittelpunkt des von der östlichen Apsidialwand des heutigen Raumes beschriebenen Kreisbogens entscheidend von dem des Stützensystems abweicht. Die Meßmöglichkeiten des Einzelforschers reichen nicht aus, um diese geometrischen Beziehungen genau festzustellen — weder die der Bahnbrecher wie Félibien und Mayeux noch die unseren. Jedoch genügt schon die gröbste Messung, um die Abweichung als solche zu erfassen; und diese Abweichung genügt, um die Zugehörigkeit der beiden Teile zu verschiedenen Bauausführungen nachzuweisen. Die radialen Lichtmaße der konzentrisch angeordneten Rechteckstützen sind den Bedingungen der Verbindung des Anten-Anbaues mit einer halbkreisförmigen Anlage unterworfen. Wie wir gesehen haben, mußte bei dem Bau des Stützensystems eine geringe Achsenabweichung nach Norden berücksichtigt werden. Unter Berücksichtigung dieser beiden Voraussetzungen beweisen die Maße, daß die zwei Freistützen bedingt regelmäßig als Halbkreis um die mittlere Wandsäule vor der antiken Westmauer abgesteckt und ausgeführt worden sind[181]. Dagegen beweisen die radialen Lichtmaße zwischen den vier rechtwinkligen Stützen und der äußeren Apsidialwand, daß der Mittelpunkt ihres kreisförmigen Grundrisses weit westlich von demjenigen des Stützensystems liegen muß: Die äußeren Ecken der Anten-Mauerpfeiler liegen, radial gemessen[182], beinahe doppelt so weit (1,84 m bzw. 1,91 m) von der Peripheralmauer entfernt wie die Freistützen (0,96 m bzw. 0,98 m), und dies obwohl die Anordnung der Anten bei einer konzentrischen Anlage beider Elemente ein Hinausragen von deren äußeren Ecken über die regelmäßige Peripherie der inneren Halbkreisanordnung (die der Freistützen) verursacht hätte. Daraus kann zunächst geschlossen werden, daß die heutige Ostwand der Lubinusgruft als aufgehendes Werk des Chorunterbaus zu einer Zeit eingezogen wurde, als der Mittelpunkt eines neuen Chorschlusses im Oberbau weiter westlich angelegt wurde[183]. Unsere schematische Skizze (Abb. 30) gibt die Sachlage approximativ wieder: Die innere gestrichelte Linie zeigt die Peripherie der Freistützenanordnung; der äußere gestrichelte Halbkreis zeigt einen idealen konzentrischen Verlauf der Innenfläche der Apsidialwand mit Ansatz in der Flucht der Nordwand. Da die heutige Wandoberfläche ununterbrochen bis zur Nordwestecke durchläuft und dort eine gewisse Stärke voraussetzt, ist es wichtig zu bemerken, daß die von uns gewählte Linie keinesfalls die innere Peripherie der zweiten konzentrischen Trägerfolge des ursprünglichen Stützensystems darstellt. Diese muß in unbestimmter Tiefe in dem nachträglich eingezogenen Mauermassiv eingebettet liegen. Aus der Skizze geht nun deutlich hervor, daß die heutige (fein gestrichelte) Apsidialwand wegen der Lage ihres Kreismittelpunktes westlich von dem des Stützensystems als Fremdkörper in das vorhandene System segmentförmig einschneidet. (Nach den Aufnahmen sowohl Félibiens (Lassus'!) wie auch Lecocqs ist anzunehmen, daß der Radius der eingezogenen Wand noch größer war als der halbe Durchmesser der Lubinusgruft. Dies beeinflußt unsere Fragestellung nicht.) Der Raum wurde nicht (wie immer behauptet wird) von *außen* her zugemauert, sondern durch die später eingezogene, rein funktionelle rohe *innere* Schale des Umgangs-Mauermassivs verstellt. So können wir aus dem Material und aus der Ausführung dieses Fremdkörpers schließen, daß es sich um aufgehendes Fundamentmauerwerk handelt, das, im Gegensatz zu dem sauber gefügten Quaderwerk des älteren Stützensystems, nie für einen repräsentativen Kultraum bestimmt gewesen sein kann. Die ursprüngliche »öffentliche« Funktion des Raumes, zu dem das Stützensystem gehörte, wurde also aufgegeben. Daß er nicht völlig zugeschüttet wurde, verdankt er der Umbestimmung in einen abgeschlossenen Zweckraum, der roh ausgeführt bleiben konnte. Diesen Wandel werden wir im nächsten Kapitel mit Hilfe der Quellen näher bestimmen können (das ursprüngliche Martyrium wurde zur Schatzkammer). Er fand gewiß zu dem Zeitpunkt statt, zu dem auch dieser Raum zur Erhöhung der allgemeinen Stabilität *teilweise* zugeschüttet wurde. Um in dem neu entstandenen engen Raum ein wenig zusätzlichen Platz zu schaffen, wurden die Nischen beim Ausgießen der Mauer als »armoires« ausgespart. Daß ihre Sohlbänke dabei dem neuen Bodenniveau angeglichen wurden, spricht wieder für die Gleichzeitigkeit der beiden Vorgänge. Schließlich nimmt auch der (wie wir sehen werden, neue) Treppenansatz zu diesem Zusammenhang Bezug auf die erste südliche Nische.

Ferner geht aus der Skizze hervor, daß die Nischen genau in dem Bereich ausgespart worden sind, in dem die exzentrische Führung der eingezogenen Mauer die größte Tiefe hat. Die Vertreter der Fenstertheorie bieten keine Erklärung für die auffallend unartikulierte Anordnung der fünf Rundbogenöffnungen, die ohne äußeren Bezugspunkt auf der östlichen Peripherie »schwimmen«[184]. Die Öffnungen nehmen nicht einmal Rücksicht auf die zwei Freistützen. Auch wenn die sinnwidrige Anordnung zweier von fünf Fenstern hinter Pfeilern (und das in nur rund einem Meter Entfernung) hingenommen werden könnte, stände noch die Erklärung für die unregelmäßige Anordnung dieser Fenster aus (Abb. 7): Die Südflanke des nördlichen Freipfeilers fluchtet 0,07 m *innerhalb* der mittleren Nische der Nordseite, die Nordflanke des südlichen Freipfeilers dagegen 0,11 m *nördlich* der mittleren Nische der Südseite. Dieses optisch wahrnehmbare Fluchtverhältnis spricht noch stärker als die aktuelle Achsenverschiebung von rund 0,10 m (gleich 5,6 % des 1,77 m breiten Durchblickes) gegen eine Gleichzeitigkeit der Ausführung der beiden Bauelemente. Während die mittlere südliche Nische zumindest beidseitig, wenn auch nicht symmetrisch (0,28 m : 0,11 m) hinter dem Pfeiler liegt, bewirkt die Achsenverschiebung der zwei Bauelemente eine unmögliche Verrutschung der nördlichen Nische gegenüber dem Pfeiler. Auch Rücksicht auf die Außengliederung kommt als Motiv dafür nicht in Frage, da durch geringfügige Abschrägung der Laibungen ein Ausgleich leicht zu erzielen gewesen wäre[185].

Der Umgang und die Radialkapellen

Damit ist hinreichend nachgewiesen, daß die heutige Ostwand der Lubinusgruft nicht die äußere Eingrenzung des ursprünglichen Stützensystems darstellt. Die Analyse des Baubefundes an der Außenseite desselben Mauermassivs bietet dagegen genügend Anhaltspunkte, um die Fortsetzung des Stützensystems auch heute noch zu verfolgen. Im Gegensatz zu den durch breite, flach hervortretende Wandvorlagen gegliederte Hauptgalerien der heutigen Krypta läuft die innere Wandfläche des mit ihnen verbundenen Apsidialumganges heute glatt herum (Abb. 31). Dementsprechend trägt der Umgang ein Tonnengewölbe (Abb. 32) im Gegensatz zu den Kreuzgratgewölben der Längsgalerien.

Von den Eingängen in die vier *später angebauten* Zwischenkapellen schneiden Stichkappen in diese Tonne ein (Abb. 32, links); die gleich hohen Gewölbe-Einmündungen der drei tiefen, älteren Radialkappen in dieses Tonnengewölbe stoßen dagegen bis an die gegenüberliegenden Widerlager durch und bilden somit regelrechte Kreuztonnen (Abb. 32 und 33). Diese an sich sinnlose Konstruktion wirkt sich, wie näheres Zusehen zeigt, auch in der Wandgliederung der Innenseite oberhalb der Kämpferhöhe aus (der erste Eindruck und die veröffentlichten Grundrisse haben uns getäuscht[186] — und findet dort auch ihre Erklärung: Die Schildflächen der drei Kreuztonnen sind um rund 0,40 m in die Wand versenkt, so daß gegenüber der jeweiligen Kapellen eine Art ausgestanzter Vertiefung in der sonst glatt umlaufenden Wandfläche entsteht (Abb. 33 und 34). Es wird somit deutlich, daß das glatte Herumführen der inneren Wandfläche nur durch Zumauerung der zurückspringenden Flächen zwischen den breiten Gewölbeträgern erreicht worden ist. Es könnte umgekehrt argumentiert werden, daß der sohlbankartige Absatz, der damit in Kämpferhöhe gebildet wird, das eigentliche Entwurfsziel darstellt: Durch die mit diesem Absatz erzielte Artikulierung der Schildfläche bzw. des Gewölbeansatzes (beim Fehlen einer Kämpferplatte) gibt der Absatz dem Gewölbe tatsächlich einen gewissen Halt an der inneren Wandfläche, jedenfalls im Falle des mittleren Gewölbes, wo der Absatz gegenüber der Axialkapelle zur Aufnahme einer Skulpturgruppe dient (Abb. 34). Aber daß diese sohlbankartigen Absätze keinesfalls als gliedernde Momente aus eigenem Recht gelten dürfen, beweisen die beiden anderen Beispiele: Über der Kämpferhöhe wird das verblendende Füllmauerwerk notdürftig abgeschrägt (Abb. 33). Einerseits wäre ein nachträgliches Aufsetzen einer derartigen Mauermasse kaum zu begründen, andererseits entspricht ein so unartikulierter oberer Abschluß durchaus einer nachträglich angebrachten Mauerwerkfüllung. Es ist anzunehmen, daß mit der Tilgung der Wandvorlagen ein verbesserter Fluß des Pilgerstroms erzielt worden war.

Aber auch die damit nachgewiesene frühere Gliederung der Innenwand des Umganges erklärt noch nicht die Kreuztonnen selbst — anstelle technisch zureichender Stichkappen vor den Kapellmündungen. Die langen, stollenartigen westlichen Ansätze des Umganges, 5 m bis 6 m lang (man denke sich bei der Betrachtung die späteren Zwischenkapellen-Eingänge und ihre Stichkappen weg, Abb. 32, links), sowie auch die absolute Breite der kämpferlosen Gewölbeträger selber (3,55 m bzw. 3,27 m, Abb. 31), belassen Wand und Tonne als bestimmende Elemente. Die geringe Gliederung im Bereich der Radialkapellen führt zu keiner Jochbildung, wie sie die Wandvorlagen und Kreuzgratgewölbe der Längsgalerien bewirken; im Endeffekt »schwimmen« die Kapellen im inartikulierten Lauf des Umgangsstollens, ihre Lage ist von innen nicht wahrnehmbar. Der Axialbezug, der aus dem Grundriß hervorgeht, wird dem Besucher beim tatsächlichen Betreten des Umganges nicht anschaulich[187]. Sinn und Halt bekommt das Ganze erst, wenn wir das zuerst beschriebene »Durchstoßen« der Kapellengewölbe als Kreuztonne konsequent *durch die Mauer* bis in die Lubinusgruft fortgesetzt denken.

Vergegenwärtigen wir uns zunächst wieder die Sachlage in der Lubinusgruft. Die beiden Freipfeiler sind durch die gleichmäßigen Abstände und durch das Material auf die Anten bezogen. (Diese Anten wiederum sind nach Westen hin als konstruktive Fläche — heute nur im Norden sichtbar — länger durchgezogen als die Abstände zwischen den Pfeilerstellungen.) Das Regelmäßige an der Stellung der beiden Freistützen, d. h. ihre Abstände (im Gegensatz zu ihren unterschiedlichen Stärken) setzten wir folgerichtig in Beziehung zum Durchblick bzw. zum Einwölben. Denken wir uns nun das später eingezogene Mauerwerk weg (Abb. 6), dann sehen wir, daß die Anordnung des Stützensystems mit der äußeren Wandgliederung dieses Mauermassivs und damit mit der Radialkapellenanlage übereinstimmt. Die Freipfeiler der Lubinusgruft liegen in Radialbezug auf die Wandvorlagen des Umganges; ihre unregelmäßige Stärke ist hinter den äußeren Gewölbestützen nicht wahrnehmbar. Gerade das Moment des Durchblicks (und der Einwölbung?) verbindet die drei Raumfluchten von dem inneren Martyrium bis in die tiefen Radialkapellen zu je einer Raumeinheit (vgl. Abb. 36). (Dabei bemerkt man auch, daß die nach Westen verlängerten Anten-Mauerpfeiler auf der Grundlinie des Chorhauptes fußen, ein Moment, das für die langen, blinden, stollenartigen Ansätze des Kryptenumganges mitbestimmend ist — oder zumindest im wechselseitigen Bezug damit steht.)

Bis jetzt haben wir nur den Gesamtzusammenhang des Grundrisses erkannt. Bevor wir zu der Höhenentwicklung des Baukörpers aus diesem Grundriß übergehen können — das Wort Einwölbung ist schon gefallen —, muß noch dieser Gesamtzusammenhang bauarchäologisch bestätigt und seine Anlage präzisiert werden, nämlich im Hinblick auf die konzentrische Abfolge der Raumteile und auf die Radialkapellenanlage selber. Obwohl beide Fragen auch mit der Untersuchung der eventuellen Einwölbung verknüpft sind, sollen zuerst weitmöglichst ihre Grundrißbedingungen geklärt werden.

Was den konzentrischen Raumzusammenhang betrifft, geht aus Félibiens Grundriß bei Lassus (Abb. 6) hervor, daß die Kapellen und der Umgang, an dem sie angeordnet sind, auf einen Mittelpunkt (B) bezogen sind, der westlich des Mittelpunktes (A) der inneren Stützenordnung (der Freistützen in der Lubinusgruft) liegt. Durch die Übertragung unserer diagrammatischen Angaben von Abb. 30 auf eine Pause der konzentrischen Führung des Kapellenumgangs haben wir die Verhältnisse verdeutlicht (Abb. 35). (Der Umgang, sahen wir, erfaßt auf seiner inneren Wandfläche die äußeren Freistützen des vorromanischen Stützensystems.) Nun konnte zwar Félibien, dessen Grundriß von Lassus ohne genaue Überarbeitung übernommen wurde[188], die Lage der Lubinusgruft im Verhältnis zum Umgang nur schwer einmessen, da der heutige Zugang (gegenüber der Sakristei sous-Terre AI NII) erst 1768 geöffnet und 1860 ausgebaut wurde[189]; es wäre also möglich, daß auf dem Lassus-Grundriß die gesamte Lubinusgruft etwa zwei Meter zu weit östlich eingezeichnet ist, zumal auch Félibiens Angaben zur konzentrischen Führung der beiden Umgangswände einen Fehler von 10 Prozent enthalten (der Mittelpunkt der inneren Wandfläche liegt in Wirklichkeit etwa 0,30 m westlich von dem der äußeren Wandfläche)[190]. Aus gewissen Angaben Moutons (siehe Band 2) geht aber hervor, daß Félibien den Befund, der uns hier beschäftigt, richtig wiedergibt[191], und auch von Gilbert wissen wir, daß eine ungefähre Orientierung nach dem heutigen Eingang gegenüber der Sakristei sous-Terre auch schon vor dessen Durchbruch möglich war[192].

Die innere Freistützenanlage und der Umgang, in dessen Westwand die äußeren Glieder derselben Gesamtstützenordnung wahrnehmbar sind, haben demnach tatsächlich keinen gemeinsamen Mittelpunkt. Fehlende Konzentrizität wiederum hatten wir oben, bei den Freistützen in der Lubinusgruft und deren östlicher Peripheralwand, als Beweis gegen die Zusammengehörigkeit dieser Elemente gewertet. Doch unter verschiedenen Bedingungen gibt dasselbe Moment nicht auch dasselbe Kriterium ab: Die Abweichung der Mittelpunkte voneinander bedeutet für die weitläufige Confessio-Ringkrypta-Anlage nach Ursache und Wirkung etwas ganz anderes als für den von der älteren Forschung angenommenen geschlossenen (und angeblich auf eine karolingische Oberkirche bezogenen) Raum der heutigen Lubinusgruft (man vergegenwärtigt sich die Lage am besten an Merlets Krypta-Grundriß in der Petite Monographie). In einer Oberkirche wäre es möglich gewesen, eine konzentrische Führung der inneren und äußeren Elemente zu erreichen, da über dem Niveau des antiken Gußmauerwerks nichts gehindert hätte, die beiden Mittelpunkte zusammenzulegen. Anders jedoch verhielt es sich bei der Anlage der Confessio, die zu ebener Erde östlich an einen existierenden Hauptbau angefügt wurde. Der aus antikem Gußmauerwerk bestehende Ostabschluß des Hauptbaus gab die Grundlinie für den herangeschobenen halbierten Zentralbau ab; der vorspringende Mittelteil dieses Mauerwerks wurde zwar von dem Anbau »geschluckt«, trat also nach außen nicht in Erscheinung, er wirkte sich aber auf die Gliederung des inneren Stützensystems aus: Dieser mittlere Vorsprung drückte die innere Freistützen-Ordnung östlich aus der Mitte des Halbkreises, näher an die äußere Reihe. Die dadurch entstehende Unregelmäßigkeit des »inneren Umganges« war von geringer Bedeutung: Dieser Raumteil war nicht konzentrisch betretbar, er wirkte lediglich radial, raum- und abstandschaffend (zwischen dem äußeren Umgang und dem inneren Heiligtum). Der heute erhaltene nördliche Abschnitt der antiken Westwand der Lubinusgruft gibt offenbar die Linie des ursprünglichen Ostabschlusses der frühesten christlichen Kirche an. Nach Moutons Aufnahme (siehe Band 2) fluchtet er genau mit der Mauer am nördlichen Ansatz des Chorumganges[193]. Die vorläufige Rekonstruktion der Anlage (nach den gesicherten Teilen fett gezeichnet) ist aus den Abbildungen 36 und 37 zu ersehen (die Unterschiede der beiden Grundrisse betreffen die Frage der Einwölbung, der wir uns anschließend zuwenden).

Abschließend soll bemerkt werden, daß die Beibehaltung des vorspringenden Mittelteils trotz aller Auswirkungen auf die Anlage des Anbaus auf eine besondere örtlich gebundene Bedeutung der westlich davon liegenden Stätte hindeutet. Eine Grabung an dieser Stelle in der Achse der Kathedrale wäre gewiß aufschlußreicher für die Ursprünge der Kathedrale gewesen als der kultisch abgelegene Ort, an dem Merlet seine Grabung durchgeführt hat.

Damit können wir zur Lagebestimmung der vorromanischen Radialkapellen übergehen. Die rundbogigen Kryptenfenster, die heute unter den Überfangbögen des ummantelnden »gotischen« Sockelgeschosses von außen sichtbar sind, stellen nicht den ursprünglichen Zustand des Mauerwerks dar. Diese Frage wird in Band 2 eingehend behandelt, sie muß aber hier teilweise vorweggenommen werden. Ursprünglich waren die Fenster kleiner, sowohl im Langhaus als auch in den Ostpartien; sie lagen in beiden Gebäudeteilen auch tiefer als heute[194]. Anstelle der alternierenden Ziegellagen im Fensterbogenverband trat bei den späteren Fenstern sehr feingefügtes Quaderwerk auf. Glücklicherweise sind einige Fenster — dank vorzeitiger Verblendung durch Anbauten — von der späteren Umgestaltung und Höherlegung unberührt geblieben. Diese Zeugnisse ermöglichen es uns heute, den ursprünglichen Zustand weitgehend zu rekonstruieren (siehe Band 2). Hier müssen wir lediglich auf das unterschiedliche Verfahren bei der Auswechslung der Fenster in beiden Gebäudeteilen Bezug nehmen. Während im Langhaus das umgrenzende Gußmauerwerk der betreffenden Schildflächen und die alten Fensterlaibungen bis zum Gewölbescheitel ausgebrochen und die neuen Fenster dann in dieser Höhe eingesetzt wurden, muß in den Radialkapellen das Mauerwerk bis in die Höhe der neuen Fenstersohlen vollständig abgetragen worden sein; diese Höhe entsprach hier ungefähr der Kämpferlinie der ursprünglichen Fenster. Glücklicherweise sind in der nordöstlichen Radialkapelle ein Apsidialfenster und ein Fenster der Längswand (AII NIII) erhalten, aus denen wir schließen können, daß die heutigen Fenster der Radialkapellen der ursprünglichen Anordnung entsprechen. Abbildung 39 zeigt einen Blick in die Apside der nordöstlichen Radialkapelle (AII NIII), in der die Höhenlage des ursprünglichen Fensters, links, im Verhältnis zu den späteren (wahrscheinlich Fulbertschen) Fenstern ersehen werden kann. Das Fenster, dessen Laibung heute leider verputzt ist, wird von Durand — Explication, p. 10 — wie folgt beschrieben: Au fond de cette chapelle, à gauche il y a une très petite fenêtre que est d'une époque anterieure; auprès on voit des briques debout dans les joints. (Das zweite vorromanische Fenster, an der nördlichen Längswand dieser Kapelle, ist nach innen vermauert worden, nach »außen« in der benachbarten Zwischenkapelle [AI NII] aber sichtbar.)

Die Längsachsen zweier Kapellen, nämlich der südöstlichen (AII SIII) und der Axialkapelle, sind bei der Umgestaltung etwas nach Norden versetzt worden. Es muß also von vornherein eine Neueinwölbung stattgefunden haben. Die Achsenversetzung ist dank einem merkwürdigen Zufall heute noch feststellbar. Der Verlauf der Außenfläche des vorromanischen Mauerwerks kann nämlich trotz der zweimaligen Umgestaltung des Chores (bei der das obere Mauerwerk demoliert, das untere ummantelt wurde) heute noch erfaßt werden. Die Abbildungen 40 bis 42 zeigen drei Fenster der ursprünglichen Radialkapellen hinter der massiven (frühgotischen) Ummantelung. Es fällt auf, daß unterhalb der eigentlichen Schwelle der Fulbertschen Fenster sich eine breite Sohlbankplatte nach vorne schiebt und sauber abgekantet ist. (Auf Abb. 40 ist der Absatz der Sohlbankplatte infolge des Fehlens der sonst davorliegenden Abdeckplatten des ummantelnden Mauerwerks (vgl. Abb. 41) besonders hoch. Die Schwellen der Südostfenster (Abb. 42) liegen etwas unter dem äußeren Bodenniveau und sind vorne durch eine kleine Wassersperre geschützt.) Die Überfangbögen im ummantelnden Mauerwerk sind stets breiter als die dahinterliegenden Fensteröffnungen, so daß ein etwa 0,30 m (0,18 m—0,48 m) breiter Streifen der Außenmauer neben den Fensterlaibungen zu sehen ist. Nun fällt auf, daß die Vorderkante der erwähnten Sohlbankplatten weit vor der Vorderfläche der auf diese Weise sichtbaren Mauer liegen. Da die Laibungsquader der Fenster eindeutig auf die Sohlbankplatten wie auf eine Plinthe aufgemauert sind, müssen diese Platten einem früheren Zustand entsprechen und haben mit der späteren Ummantelung (in deren Bereich sie vorzustoßen scheinen) nichts zu tun. Daß diese Sohlbankplatten einem vorromanischen (vor-Fulbertschen) Baubefund entsprechen, geht aber entschieden aus den Maßverhältnissen hervor. Obwohl die Sohlbankplatten, wie die darüberliegende Fensterwand, einer apsidialen Kreislinie folgen, sind in den beiden südöstlichen Radialkapellen die beiden Bauteile auf verschiedene Mittelpunkte bezogen.

Abbildung 43, ein Exzerpt aus der Hauptunterlage Tafel 1, verdeutlicht die Verhältnisse. Wir sahen, daß in der nordöstlichen Kapelle (AII NIII) nur zwei Apsidialfenster ausgewechselt wurden, da das nördliche Fenster durch irgendeinen Anbau von außen vermauert gewesen sein muß. Nur in dieser Kapelle sind die Sohlbankplatten mit dem darüber errichteten Mauerwerk konzentrisch. Die Platten liegen in den äußersten Winkeln 0,47 m bzw. 0,49 m vor der Wandfläche[195]. Der äußere Durchmesser der Apside ist also beim Umbau um rund 0,48 m reduziert worden. In den beiden übrigen Kapellen liegen die Sohlbankplatten asymmetrisch. Die Verschiebung ist am stärksten in der Axialkapelle, wo die Sohlbankplatte im äußersten nördlichen Winkel volle 0,60 m vor der Wandfläche liegt, während sich die im südlichen Winkel bündig einfügt[196]. Daß die

Axialkapelle am stärksten durch die Verschiebung der Längsachsen des früheren und späteren (d. h. unteren und oberen) Kapellenmauerwerks betroffen wird, ist leicht verständlich: Die östlich angebaute Confessio brauchte ursprünglich nur optisch (nicht aber geometrisch genau) in der Achse des Hauptbaus zu liegen. Sobald ihre Form durch Aufstockung als Chorkapellenkranz in den Hauptbau eingegliedert wurde, mußte die Axialkapelle aber geometrisch genau auf die Hauptachse des Gesamtgebäudes angelegt werden. Dazu ist allerdings zu bemerken, daß — weil die untere und obere Wandfläche im Süden bündig sind — die Verschiebung nicht die vollen 0,60 m plus beträgt[197], sondern nur rund 0,30 m; die übrige Differenz entsteht hier wie bei der nordöstlichen Kapelle durch eine Verringerung des Radius beim Neubau — hier rund 0,30 m. (An den Maßen des östlichen Axialfensters kann ferner abgelesen werden, daß der Mittelpunkt der neuen Apside auch 0,10 m—0,15 m nach Osten verlegt gewesen sein muß[198].) In der südöstlichen Kapelle (AII SIII) haben wir es mit dem gleichen Vorgang zu tun. Die Sohlbankplatten liegen im nördlichen Winkel 0,45 m, im südwestlichen Winkel nur 0,28 m vor der Wandfläche. Danach zu urteilen, scheint beim Neubau wieder der Radius — um etwas mehr als 0,36 m — reduziert worden zu sein[199] und die Achsenverschiebung rund 0,08 m zu betragen. Die Tatsache, daß in dieser Kapelle die Sohlbankplatten in dem Axialfenster im gleichen Maße wie die südlichen Fenster vorspringen, kann nur zum Teil auf eine unregelmäßige Verschiebung des Mittelpunktes zurückgeführt werden, darf aber auch als Hinweis auf eine plastische Außengliederung gedeutet werden. Einen ähnlichen unregelmäßigen Verlauf der Peripherie haben wir schon bei der Betrachtung der nordöstlichen Kapelle verzeichnen müssen[200]. Diese Unregelmäßigkeiten schließen theoretisch eine ununterbrochene Führung der Außenfläche aus (so gering die eigentlichen Maßdifferenzen auch sein mögen, deuten sie in beiden Fällen auf erfaßbare Peripheralverschiebungen). Nur eine durchgehende Vertikalgliederung wie Pilaster, Lisenen oder Halbsäulen könnte die Verschiebungen abfangen. Unsere Meßmöglichkeiten reichen nicht aus um festzustellen, ob diese Überlegungen das vor- oder frühromanische Bauwerk betreffen würden. Wir werden aber sehen, daß eine gewisse Vertikalgliederung durch Mauerrücksprünge an den frühromanischen Apsidenansätzen vorhanden war.

Zusammenfassend sehen wir also, daß, nachdem das vorromanische Mauerwerk in der erwähnten Höhe abgetragen worden war, der verbandlose Mauerkern zuerst durch die heute als Sohlbänke wirkenden Platten abgedeckt wurde[201]. Auf dieser horizontalen Arbeitsebene wurde dann der neue Oberbau abgesteckt und ausgeführt. Die Asymmetrie der beiden Teile ist im erhaltenen Mauerwerk erkennbar und läßt sich nicht durch heutiges Formempfinden wegdenken. Es ist aber darüber hinaus höchst wahrscheinlich, daß die Verschiebungen weitgehend durch eine kräftige Außengliederung kaschiert wurden.

Es ist zunächst auffallend, daß die erhaltenen vorromanischen Fenster sich in derjenigen Kapelle befinden, deren Achse bei der Umgestaltung eingehalten wurde. Die zwei Gegebenheiten hängen natürlich miteinander und mit der Existenz des nördlich liegenden Anbaus zusammen, der zu der Verblendung der vorromanischen Fenster geführt hat: Die Achse konnte nicht den übrigen Bedingungen entsprechend nach Süden verschoben werden, daher wurden das ganze vorromanische Mauerwerk der nördlichen Längsseite und auch der Mittelpunkt der Apside beibehalten. Wir müssen folglich damit rechnen, daß auch die Südmauer der vorromanischen Führung unterworfen ist, auch wenn sie bis in die Höhe der Sohlbankplatten ebenfalls abgetragen wurde. (In der Tat weicht auch das Fenster in der südlichen Längsmauer dieser Kapelle von der frühromanischen Umgestaltung der anderen Fenster ab: Obwohl es der Breite und der Form nach wie sie umgestaltet wurde, liegt seine Sohlbank in dem Höhenbereich der vorromanischen Fenster.)[202] Die heutige innere Wandfläche dieser Kapelle stellt aber nicht den vorromanischen Zustand dar. Der frühere Verlauf der Wandfläche wird wieder durch das erhaltene vorgotische Fenster in der Apside festgelegt (Abb. 39): Diese Fensteröffnung reicht nicht bis zum Scheitel der Stichkappen hinauf, sondern der ursprüngliche Laibungsbogen wird beibehalten, wodurch ein rund 0,45 m hohes sichelförmiges Zwickelfeld der ursprünglichen Wand sichtbar geblieben ist. Diese Wandfläche liegt rund 0,20 m hinter der heutigen (durch die Laibungsbemalung des 19. Jahrhunderts besonders deutlich zu erkennen). Diese vorgezogene Wandschicht läßt sich auch mit Sicherheit erklären: Sie mußte als Gewölbeträger eingezogen werden, da der Gewölbeansatz tiefer lag als das Niveau, bis zu dem das alte Mauerwerk abgetragen wurde[203]. Dadurch ist die Kapelle (und damit auch die Spannweite des Gewölbes) um rund 0,40 m verringert worden.

Auf unserer schematischen Skizze Abb. 38 sind die gesicherten vorromanischen Teile fett eingezeichnet, die rekonstruierte Mauerführung mit einer kräftigen Linie gezogen und die spätere Umgestaltung schräg schraffiert. Der Skizze liegt der Kryptenplan von Lassus zugrunde.

Bei der Rekonstruktion der vorromanischen Lage der übrigen beiden Kapellen sind wir ausschließlich auf die Führung der sichtbaren Sohlbankplatten angewiesen. Allerdings hat Maunourys Grabung an der Südwand der Axialkapelle einen 0,35 m-Mauervorsprung in annähernd 3,00 m Tiefe festgestellt[204], der der von uns ermittelten Achsenverschiebung dieser um rund 30 cm entspricht. (Den notiwendigen Folgesatz aus dieser Feststellung behandeln wir im anschließenden Abschnitt über die Höhenentwicklung.) Im Falle der Südostkapelle ergibt der Baubefund keinen Beweis über die Sohlbankplatten hinaus.

Nun darf die skizzenmäßige Eintragung der ursprünglichen Apsidenlinien auf Lassus' Grundriß nicht als geometrische Konstruktion gelten, aber das *Verhältnis* der beiden Bauteile (oberen und unteren) geht mit Sicherheit aus der Lage der Sohlbankplatten hervor. Und dies darf legitimerweise auf den Lassus-Grundriß übertragen werden. So ergibt sich aus den gesicherten Innen- und Außenflächen der nordöstlichen Kapellen-*apside* eine approximative Mauerstärke, die sich auch auf die übrigen beiden Kapellen übertragen läßt — obwohl nach den verfügbaren Unterlagen die äußere Fläche der Apside schon nicht mit der Außenfläche der nordwestlichen Längswand einwandfrei fluchtet! Hier haben wir es aber wiederum mit einer Stelle zu tun, bei der nur die Außenfläche — an Hand des zweiten (nach innen vermauerten) vorromanischen Fensters Abb. 44) — erfaßbar ist. Nirgends reichen die Möglichkeiten des Einzelforschers aus, die genaue Stärke des vorromanischen Mauerwerks zu ermitteln (ohne Mauerdurchbrüche oder Putzabklopfen)[204 a]. Wenn die approximative ursprüngliche Apsidialmauerstärke der nordöstlichen Kapelle (ca. 2,40 m—0,20 m = 2,20 m) auf die Axialkapelle übertragen wird, dann stimmt jedoch die Innenflucht der Südmauer — wie wir sahen — mit dem erwähnten 0,30 m-Vorsprung der südlichen Längsmauer überein (1,92 m + 0,30 m = 2,20 m). Auch die Apsidialmauer der Südostkapelle (AII SIII) weist eine annähernd gleiche Mauerstärke auf (ca. 2,24 m) — was zusammen mit der ermittelten Mauerstärke beweist, daß in diesem Fall die Verstärkung der Längsmauer auf der Außenseite stattfand (2,24 + 0,30 = 2,54 m). Die absoluten Breitenmaße der heutigen Kapellen sagen gleichfalls kaum etwas aus [205], und die Beschaffenheit des Neuputzes läßt auch wenig Positives über den Mauerkern erschließen, höchstens daß sich zwischen den unteren und oberen Wandteilen gelegentlich Materialwechsel feststellen lassen[206].

Die hier entwickelten Gedanken kamen leider zu spät, um bei der 1966 vorgenommenen Restaurierung einiger Wandflächen in diesem Kryptenbereich ausgewertet zu werden. Bei dieser Restaurierung wurden vorwiegend große Flächen von Paul Durands Wandbemalung entfernt, und nur an einigen wenigen Stellen auch der Putz abgetragen. So erscheint heute wieder eine vorspringende vorromanische Mauerecke mit Ziegelsteineinlagen im Nordwestwinkel der ersten südlichen Zwischenkapelle AI SII (Abb. 45). Unsere Unterlagen reichen jedoch noch nicht aus, um sie in einen bestimmten Zusammenhang mit der restlichen vorromanischen Mauerführung zu bringen. Die links (westlich) anschließende Mauerflucht steht mit ihr nicht im Verband, der Technik nach könnte sie jedoch durchaus in dieselbe Epoche gehören. Die (frühromanische?) Fensterlaibung steht in jedem Fall *nicht* in Verband mit dieser Westwand der Kapelle — die, daran sei erinnert, die Ostmauer eines Teiles der vorromanischen Kirche gewesen sein könnte. Eine gewisse Aussagekraft gewinnt die erwähnte Mauerecke aus der Beobachtung, daß sie höher hinaufragt als die Sohlbank des westlich benachbarten frühromanischen Fensters. (Dies bestätigt die Beobachtung zu den Höhenverhältnissen, die in der Nordostkapelle [AII NIII] gemacht werden konnte.) Etwas ähnliches läßt sich an der Westwand der entsprechenden nördlichen Zwischenkapelle (AI NII) beobachten: Hier befindet sich das große frühromanische Fenster in einer Mauerfläche über einem 0,22 m starken Absatz, der offenbar die erhaltene Oberkante des abgetragenen vorromanischen Mauerwerks darstellt (Abb. 46). Daß dies der Fall ist, wird dadurch bestätigt, daß dieser Absatz, der sonst in der Maximalhöhe der frühromanischen Fenstersohlbank verläuft, rechts vom Fenster bis beinahe in die Höhe der Fensterkämpferlinie hochspringt. Man brach das vorhandene Mauerwerk also nur dort aus, wo es für die Aufmauerung der Fensterlaibung notwendig war. (Bei der Betrachtung der äußeren Wandflächen der vor- und frühromanischen Kapellen braucht der spätere Anbau der Zwischenkapellen nur im Bereich der Rippenansätze berücksichtigt zu werden; die neuen Gewölbe beinträchtigten die vorhandenen Wandflächen nirgends.)

Es sind nur wenige Einzelbeobachtungen möglich gewesen, aber sie reichen für ein doppeltes Ergebnis aus. Erstens kann die vorromanische Anlage in ihrem Verhältnis zur heutigen Mauerführung mit Sicherheit festgelegt werden. Zweitens läßt sich beweisen, daß eine eingreifende archäologische Untersuchung des gesamten Mauerwerks gewiß eine genaue Aussage über den vorromanischen Zustand erlauben wird.

Die ursprüngliche Höhenentwicklung des erhaltenen Stützensystems

Im Zuge der vorhergehenden Beschreibung haben wir gesehen, daß die Basis der mittleren Wandsäule des vorromanischen Stützensystems gegen Mitte des 19. Jahrhunderts auf ein Niveau von —7,46 m freigelegt wurde (Abb. 8). (Die »attische« Basis selber [Abb. 47] erhebt sich über einer rund 20 cm hohen Plinthe und besteht aus zwei gleichen Wülsten, die durch eine etwa doppelt so starke abgesetzte Kehle getrennt sind. Diese Form läßt sich in Gallien innerhalb des ersten Jahrtausends schwerlich genau datieren.)

51

Das Niveau —7,46 m bildet gewiß auch den Fußpunkt der vier rechtwinkligen Stützen, von denen die weitere Untersuchung ausgehen muß.

Der oben beschriebene Verband der vorromanischen Stützen kann an den vier rechtwinkligen Pfeilern — von Süden nach Norden gezählt — bis in —3,01 m, —3,24 m, —3,29 m und —2,95 m (—3,18 m) Höhe verfolgt werden (vgl. Abb. 10, 24 und 15/16). An dem südlichen Wandpfeiler ist dieser Abbruch des ursprünglichen Mauerwerks heute noch durch eine Kämpferplatte artikuliert, die nur an der Stirnseite ein wenig vorkragt (Abb. 10 und 48). Die flache Kehle dieses Kämpfers setzt in der unteren Wandflucht an und wird durch zwei Randkerbungen zu einem groben doppelten Spiegelfeld ausgebildet. Obwohl eine entsprechende Kämpferplatte an dem nördlichen Wandpfeiler fehlt, beweist die an der Nordflanke erhaltene obere Schicht (0,23 m gegenüber 0,22 m Gesamtstärke im Süden), daß sich hier an der Stirnseite eine ähnliche Kämpferplatte befunden haben muß (Abb. 16). Es ist anzunehmen, daß auch die zwei Freistützen mit Kämpferplatten versehen waren, da die Oberkante der jeweils letzten Originalschicht im entsprechenden Niveau wie die Unterkante der Kämpferschicht des benachbarten Wandpfeilers liegt (—3,24 zu —3,23 m im Süden; —3,29 zu —3,18 m im Norden, wo die Kämpferplatte einige Zentimeter stärker gewesen sein dürfte). Da wir von dem an der mittleren Wandsäule festgestellten Fußbodenniveau von —7,46 m ausgehen müssen, ergibt sich eine Gesamthöhe der ursprünglichen Stützen von rund 4,45 m. Oberhalb dieser Höhe wechselt heute der Verband an allen vier Stützen. Obwohl das Quadermaterial dem älteren entspricht, sind die früher säuberlich scharf abgesetzten Fugen nunmehr glatt verschmiert, und die Ziegelsteineinlagen verschwinden gänzlich. Dieser Verband, den wir mit »B« bezeichnen wollen, scheint sich wiederum von der barocken Steinbearbeitung des Gewölbes abzusetzen. Das Gewölbe vom Jahre 1768/73 und die zugehörigen Auflagerschichten (die an der östlichen Peripheralwand erst auf das Niveau —1,50 m auf das Gußmauerwerk stoßen, vgl. Abb. 24 rechts) weisen im allgemeinen eine glattere Oberflächenbearbeitung und schmälere Fugen auf. Obwohl an drei Stellen eine Grenze zwischen dem zweiten, gröberen Verband B zum glätteren barocken Mauerwerk bemerkbar scheint, könnte diese scheinbare erste Erhöhung des ursprünglichen Stützensystems (»B«) durchaus lediglich die 1768 erfolgte Wiederverwendung älteren Quaderwerks darstellen. Der vermeintliche Übergang an drei Stützen (südlich bei —1,28 m, Abb. 8 und 10; südöstlich bei —1,54 m, Abb. 24; und nördlich bei —1,13 m, Abb. 8, 12 und 15) hat nämlich an der vierten, nordöstlichen nirgends eine Entsprechung. Noch etwas spricht dagegen, daß dieser erste abweichende Verband »B« einer ersten Erhöhung der Stützen entsprechen könnte, nämlich die Tatsache, daß an der Nordflanke des nördlichen Wandpfeilers (Abb. 16 und 17) noch Spuren des ersten Umbaus des Verbandes oberhalb der Kämpferhöhe im Zuge einer groben Einwölbung zu sehen sind; dieser nachher besprochene besonders grobe Verband aber wird an der Stirnseite von dem Verband »B« ersetzt, was nur im Zuge der barocken Einwölbung geschehen sein kann. An diesem Wandpfeiler vermeinten wir jedoch einen Materialwechsel auf —1,13 m-Niveau erkennen zu können. Dieser Materialwechsel zwischen dem Verband »B« und dem barocken Mauerwerk kann demnach schwerlich eine wirkliche Baunaht bezeichnen, sondern lediglich eine Wiederverwendung älteren Materials in den Zwischenregionen. Die Frage nach der Erhöhung der Stützen kann nur im Zusammenhang mit der Rekonstruktion der Gewölbe- und Dachkonstruktion gelöst werden.

Den Schlüssel zu der ursprünglichen Konstruktion der oberen Teile bieten 1. der abweichende Erhaltungszustand der Halbsäule, 2. Spuren an der Westwand und 3. der erhaltene Gewölberest im nördlichen Abschnitt.

Im Gegensatz zu den vier rechtwinkligen Stützen, die nur über eine Höhe von 4,45 m (bis zum Niveaubereich —3,00 m) erhalten sind, erstreckt sich das sauber gefügte vorromanische Quaderwerk der Wandsäule beinahe 6,00 m hoch (bis auf das Niveau —1,54 m), Abb. 8 und 12. Das Mauerwerk weist zwar keine einheitliche Struktur von unten bis oben auf, aber keiner der Wechsel überwiegt gegenüber der wesentlichen Integrität, die durch den Stein und die Fugen gegeben wird. Daß die Schichten erheblich schmaler sind als diejenigen der restlichen Stützen (durchschnittlich 0,17—0,23 m gegenüber 0,26—0,34 m), dürfte auf die schwierigere Bearbeitung der Trommelsteine gegenüber den einfachen Quadern der rechtwinkligen Pfeiler zurückzuführen sein. Wir sahen. daß nur die ersten zwölf Schichten (bis —4,68 m) eine offenbar ästhetisch beabsichtigte alternierende Ziegeleinlagerung aufweisen. (Darauf folgen die einzigen beiden 0,25 m starken Schichten gewissermaßen als Einklammerung.) Es folgt normaler Steinverband bis auf 2,85 m-Niveau, d. h. bis in die Höhe, in der das beschriebene antike Gußmauerwerk aufhört[207]. Bis hier ist die Wandsäule als Dreiviertelsäule vor die Mauer gebaut, ohne mit ihr verbunden zu sein. In dieser Höhe folgt jedoch eine 0,30 m starke Schicht, die über einen geringen Absatz der dahinterliegenden Wand hinweg in den Mauerkern eingreift und sich nach links mit zwei Quadern, nach rechts sogar über eine längere Strecke in der Mauer fortsetzt (Abb. 11 und 14). An der Säule wird diese Schicht als einzige der oberen Lagen durch drei symmetrische Ziegelsteineinlagen gekennzeichnet. Nach links setzen sich auch die drei darüberliegenden Schichten in genauem Verband in der Mauer fort (Abb. 11; eine Ziegelsteineinlage ist in der zweiten Schicht zu bemerken), während in der Mitte der Fläche nicht nur die letzte Wandsäulen-Schicht, sondern sogar noch eine Schicht mit klaren, scharf abgekanteten Fugen darüber erhalten ist (Niveau Oberkante —1,28 m, Abb. 11). Rechts von der Wandsäule ist der Mauerbestand leider zerstört und verundeutlicht, obwohl Spuren von dem Verband weiter zur Mitte der Fläche hin noch zu erkennen sind (Abb. 14). Die äußeren Seiten der Wandfläche, im Bereich der Wandpfeiler, sind ebenfalls zerstört und ohne Verschönerung wieder aufgebaut worden. Dies ist offensichtlich im Zuge der Erhöhung der Wandpfeiler geschehen. Auf beiden Abschnitten der Wandfläche sind scheinbare Spuren einer Wölbungslinie zu erkennen, deren Scheitel jeweils in rund —1,25 m Höhe liegt. Links von der Wandsäule wird diese Linie von den Flickstellen gebildet, an denen der regelmäßige Verband zerstört worden ist, rechts von dem Rand eines rauhen Bewurfs, der den Quaderverband und weite Flächen der Mauer überhaupt bedeckt. Hier ist aber äußerste Vorsicht bei der Interpretation geboten. Das Herunterziehen der äußeren Seiten dieser »Bogen«-Linien stammt gewiß lediglich vom Abbruch und Wiederaufbau der Wandpfeilerkonstruktion; zur Mitte hin ist die Wandfläche ebenfalls offensichtlich in Zusammenhang mit dem ersten »Erhöhungs«-Schichten (über das scharfgefügte Quaderwerk der Wandsäule hinaus) aufgebrochen worden. Zunächst schien sogar eine zweite, tiefer liegende »Wölbungs«-Linie vorhanden, die sich aber ebenfalls durch äußere Gegebenheiten anders erklären läßt: Sie hängt beiderseits der Wandsäule nur mit dem rauhen Bewurf zusammen, der im linken Feld bis in Höhe des antiken Gußmauerwerks und sogar über den ersten Quadern angebracht wurde — oben ist darauf hingewiesen worden, daß bis zur Freilegung des Gußmauerwerks wahrscheinlich die gesamte Fläche der Westwand mit einer den Quaderverband nachahmenden Stukkatur überzogen war[208].

53

Das Hauptergebnis der Beschreibung ist, daß das ursprüngliche Mauerwerk bei der mittleren Wandsäule rund anderthalb Meter höher erhalten ist als bei den vier rechtwinkligen Stützen. Da von diesen eine Kämpferplatte erhalten ist, wissen wir, daß sie nicht höher waren. Bei der Rekonstruktion der ursprünglichen Eindeckung des Raumes ist man heute durch das vorhandene komplizierte System des 18. Jahrhunderts zunächst voreingenommen. Demnach sieht man die vier rechtwinkligen Peripheralstützen als selbständige Gewölbeträger. Die abweichende Höhe der mittleren Halbsäule beweist aber, daß dieses System nicht dem ursprünglichen entspricht; die Verhältnisse (rund 1,50 m Steigung über durchschnittlich 2,80 m Spannweite) ließen hier eine Gewölbekonstruktion wie die heutige nicht zu. Es ist auch unwahrscheinlich, daß in der Höhe der Kämpferplatte eine konzentrische Holzbalkenkonstruktion die radial von der mittleren Halbsäule ausgehenden Dachsparren getragen hätte; zieht man die zwei weiteren konzentrischen Umgänge bei der Betrachtung hinzu (Abb. 36), dann ist deutlich, daß man bis zur Gebäudeperipherie mit der Traufenhöhe kaum hinkommen würde (obwohl eine Abstufung des Fußbodens zum äußeren Umgang hin dieses Moment zum Teil abgefangen haben könnte[209]). Viel wahrscheinlicher ist es, daß die vorhandene Höhendifferenz zwischen der Halbsäule und den Peripheralstützen durch den Abbruch einer ursprünglichen konzentrischen Bogenfolge zwischen den rechtwinkligen Stützen zustande gekommen ist. Für einen solchen Bogengang mit aufgemauerter Wand darüber spricht die rechtwinklige Form der Stützen (bei einer Holzdeckenkonstruktion wären eher Säulen zu erwarten) und erst recht die Kämpferplatte: Sie ist zum Bogen hin gerichtet, an den Flanken glatt abgeschnitten, in einer Art, die auch sonst an vorromanischen Bogenansätzen vorkommt. Wir haben es hier mit einem durchbrochenen Mauerring zu tun, nicht mit selbständigen Stützen. Wir erinnern dabei auch an die Fortsetzung der Mauer nach Westen, die noch an der Nordflanke des nördlichen Anten-Wandpfeilers wahrnehmbar ist. (Daß die Stützen dennoch rechtwinklig sind und nicht der Kreislinie folgen, wird auf die Breitenverhältnisse zurückzuführen sein: Obwohl sie als Restwandstücke anzusehen sind, entsprechen die Breitenmaße dieser inneren Stützen doch annähernd nur der Wandstärke; weder eine Radialführung der Flanken noch eine Kurvierung der Außenlinie solcher Pfeiler wäre zu rechtfertigen. Die längeren Wandstücke der äußeren Freistützenreihe [im heutigen Umgang] folgen dagegen selbstverständlich der Kreislinie, vgl. Abb. 36.)

Bei dem Verbandwechsel der Stützen haben wir es also nicht mit einer Erhöhung der Konstruktion zu tun, sondern lediglich mit einer Erhöhung der Stützen als Ersetzung der ursprünglich darüberliegenden Wand. Dabei wurde offensichtlich das alte Quadermaterial wiederverwendet. Dies nämlich erklärt den Wechsel in der Ausfugung bei gleichbleibendem Quadermaterial. Die Zerstörung der ursprünglichen Struktur der Westwand ist gewiß auf die Zerstörung der aufgehenden Mauer über der Arkade und auf die darauffolgende Erhöhung der einzelnen Stützen zurückzuführen. Die Wandzwickel oberhalb des Bogenansatzes mußten abgetragen werden, um die Erstellung eines neuen Eckverbandes für das aufgehende Mauerwerk der Antenpfeiler zu ermöglichen.

Es bleibt noch die Scheitelhöhe der Bögen zu ermitteln. Die rechtwinklige Grundrißform der Stützen führt bei dem geringen Kreisdurchmesser unweigerlich zu sehr unterschiedlichen Stichhöhen an den inneren und äußeren Wandflächen. Die innere Bogenlinie überspannt lediglich einen Durchmesser von 1,76 m, die äußere dagegen muß volle 2,80 m überspannen (vgl. Abb. 7). Es ist anzunehmen, daß diese unglückliche Situation teils durch Versetzung der Bogenanfänge über die Kämpferplatten (um die Radialführung der Bogenlaibung weitmöglichst wiederherzustellen) und teils durch Stelzung bzw. Abflachung der betreffenden inneren oder äußeren Bogenführung ausgeglichen wurde. Bei einer Spannweite von 1,76 m bis 2,80 m muß die Stichhöhe des Bogens zwischen 0,88 m und 1,40 m gelegen haben; auf das Niveau der Kämpferplatte (—3,01 m) bezogen, muß der Bogenscheitel irgendwo zwischen —2,13 m (bei Abflachung der Außenseite) und —1,61 m (bei Stelzung der Innenseite) gelegen haben. Dazu kommt der konstruktive Teil des Bogens und die Aufmauerung, die mit mindestens zusätzlichen 0,50 m berechnet werden müssen, bevor wir diese Scheitelhöhe in Beziehung zu der mittleren Wandsäule bringen dürfen. Aber auch das damit ermittelte Niveau von —1,63 m bis —1,11 m stellt nur die niedrigste mögliche Höhe dar und sagt noch nichts über die mögliche Höhe der Aufmauerung über dem Bogen aus. Mit dem durchschnittlichen Niveau von —1,37 m (zwischen —1,63 m und —1,11 m) liegen wir zunächst wohl im Bereich des erhaltenen Mauerwerks der mittleren Wandsäule (—1,54 m), aber dort muß noch mindestens einer Deckplatte, wahrscheinlicher einem Kapitell Rechnung getragen werden. Verfolgen wir unter diesem Gesichtspunkt den Verband der Halbsäule nach oben über den ursprünglichen Verband hinaus, dann fällt sofort ein mächtiger, 0,70 m hoher Stein auf, der von einem weiteren, etwa 0,30 m starken Stein bekrönt wird (vgl. Abb. 8, 11, 11 a, 14 und 14 a). Darüber erst fängt eindeutig das Gewölbematerial des 18. Jahrhunderts an. Im Gegensatz zu den unteren Schichten haben wir es hier mit riesigen einzelnen Steinen, nicht gemauerten Trommelschichten zu tun; beide Steine greifen mit kurzen Absatzstücken in das dahinterliegende Mauerwerk ein, die jedoch etwas vor der flachen Wandfläche vorstehen (dies betrifft gewiß die vermutete Putzschicht). Die Existenz dieser beiden Brocken in dieser Höhe und in dieser Zusammenstellung zwingt den Gedanken an ein abgearbeitetes Kapitell mit zugehöriger Deckplatte auf. Die Abarbeitung dürfte erst im 18. Jahrhundert erfolgt sein, als das Kapitell und die Deckplatte — beide möglicherweise schon durch eine Zwischeneinwölbung beschädigt — den Linienfluß zum neuen Fächergewölbe gestört hätten. Aber auch wenn diese Hypothese stimmen sollte, ermittelt sie nicht zweifellos den ursprünglichen Höchstpunkt des vorromanischen Stützensystems (Oberkante Deckplatte —0,54 m). Obwohl das Kapitell erst im 18. Jahrhundert abgearbeitet und der Stein wiederverwendet sein dürfte, ist es durchaus möglich, daß es dabei tiefer gesetzt wurde. Wir haben nämlich eine Zerstörung der dahinterliegenden Mauerfläche verzeichnen müssen (vgl. Abb. 11 und 14), die auf eine solche Versetzung zurückzuführen sein könnte — die aber auch mit der Anpassung des höheren Kapitellsteines in dem Mauerverband (der ohnehin durch Stuck optisch ergänzt sein mußte) erklärt werden kann. Wollen wir jedoch nicht überkritisch sein, so dürfen wir annehmen, daß (bei einer Kämpferhöhe von —0,54 m und einer Spannweite von durchschnittlich 2,80 m) der Scheitel eines möglichen Gewölbes in diesem Bereich ungefähr in +0,86 m Höhe gelegen hätte.

Angesichts der verwickelten Sachlage ist es ratsam, eine eventuelle Einwölbung dieses inneren Raumteils schon hier zu erörtern, obwohl wir damit einigen Gesichtspunkten des anschließenden Abschnitts vorgreifen müssen. Die Existenz der Halbsäule spricht formal für eine Einwölbung an dieser Stelle — ungeachtet des Befundes der äußeren Teile. Der Formwechsel von den rechtwinkligen Pfeilern zur Rundsäule dürfte einen Wechsel der Trägerfunktion widerspiegeln: Die äußeren rechtwinkligen Mauerstützen der konzentrischen Teile trügen offene Dachbinder, die mittlere Wandsäule trüge die gerundeten Formen eines Zentralgewölbes, in dem sich die Radiallinien der übrigen Konstruktion sammelten. Bei diesen Überlegungen muß im Auge behalten werden, daß die Dachkonstruktion der Ostanlage auf die Grundlinie des äußeren Halbkreises, d. h. die östliche Abschlußwand der Hauptkirche, bezogen werden mußte (vgl. stets Abb. 36). (Von außen gesehen, muß der antike Vorsprung verschluckt gewesen sein; dies wird sich auch aus der absoluten Höhenerstreckung der einzelnen Teile der Anlage ergeben.) Die radial verlaufenden Dachbinder der Gesamtanlage hätten sich von vornherein nicht über dieser Halbsäule getroffen, da der geometrische Mittelpunkt der Anlage weiter westlich lag. Der vorspringende Teil der Westwand im Bereich der Halbsäule bildete eine Sehne, die den Radialverlauf der Dachbinder so überschnitten hätte, daß zwischen den einzelnen Balken noch Zwischenräume geblieben wären. Es hätte demnach über den drei westlichen Stützen des Sanktuariums einen Mauerbalken geben müssen, der die Dachbinder aufgefangen hätte[210] — aber die unterschiedliche Gestaltung dieser drei Stützen deutet gerade nicht auf eine derartige Konstruktion: Der formale Zusammenhang von Stütze und Balken würde eher drei gleiche Träger voraussetzen[211]. Aber ein Verzicht auf jedes Zentrum, wie er sich durch das optisch nicht zusammengefaßte Auslaufen der Radiallinien ergeben hätte, widerspricht von vornherein dem Gedanken und der Formfunktion des (halbierten) Zentralraumes. Außerdem mußte sich der Radialverlauf der Binder jedoch, wie gesagt, nach der Geometrie der äußeren Kreislinien richten; das hatte auch ästhetische Konsequenzen. Wenn nämlich die Binder auf die Halbsäule gerichtet gewesen wären, dann hätten sie im Umgang nicht in Radialverlauf, sondern schräg zur Peripherie gelegen. Es gab jedoch keinen Grund, die unglücklichen Bedingungen des Sanktuariums auch auf den äußeren Hauptzirkulationsteil des Kultraumes zu übertragen.

Bislang sind unsere Überlegungen von einer offenen Dachkonstruktion ausgegangen. Wenn die Dachbinder jedoch hinter einer Holzdecke verborgen gewesen wären, wären die ästhetischen Überlegungen hinfällig. Auch dann bliebe aber die technische Konstruktion denselben Bedingungen unterworfen: Weil die Dachsparren auf den Radien der Peripherie mit ihrem Mittelpunkt auf der westlichen Grundlinie gelegen haben müssen, können die Binder wohl nicht in anderer Richtung auf die nach Osten versetzten Halbsäulen des Sanktuariums gerichtet gewesen sein. Von welchem Gesichtspunkt die Sachlage auch analysiert wird, die Untersuchung führt schon in diesem Stadium immer wieder zu der Wahrscheinlichkeit, daß der unregelmäßige Vorsprung der alten Ostwand der Kirche mitsamt dem an sie herangebauten inneren Sanktuarium von der Gesamtkonstruktion der Ostanlage verschluckt gewesen sein müssen.

Es ist zunächst auffallend, daß man bei der vermuteten Einwölbung dieses inneren Halbkreisraumes keine Halbkuppel angewandt, sondern eine Mittelstütze eingezogen hat, welche die Form einer eventuellen Einwölbung nur komplizieren mußte. Ringtonnen sind zwar im frühen Mittelalter zur Genüge bekannt, aber immer über einen größeren Radius, in der Form eines Umganges. Ein fächergewölbter (halber) Zentralraum, bei dem die Schalung mehr oder weniger auf einen Punkt konzentriert sein mußte, ist uns dagegen *vor* dem gotischen Zeitalter nicht bekannt (Kapitelsäle!). Gerade auf das »mehr oder weniger« kommt es auch in unserem Falle an. Denn bei den vorhandenen Raumverhältnissen darf keinesfalls das Kapitell aus der Betrachtung gelassen werden: Bei einem Säulendurchmesser von etwa 1,00 m muß eine Seite der Deckplatte nämlich gut 1,50 m gemessen haben; die Spannweite des Gewölbes war dagegen nur 2,70—2,80 m (vgl. Abb. 7). Fast genau dieselben Bedingungen bietet das Untergeschoß der 820—822 erbauten Grabkapelle (»Michaelskapelle«) in Fulda (Abb. 49 und 50). Eine dicke Säule mit weit ausladendem jonischem Kapitell (eher als Deckplatte zu bezeichnen) ist in das Zentrum eines Rundraumes gestellt, wodurch die Spannweite auf etwa 2,50 m reduziert wird. Auch hier wird kein Fächergewölbe versucht, sondern über den vier Seiten der Kapitellplatte steigen vier Tonnenstücke auf und von den Ecken folglich vier Grate. An der Peripherie werden die erwähnten Grate im Scheitel eines außen horizontal ansetzenden Gewölbes verschliffen. Die Parallele mit Fulda wird noch dadurch besonders aussagekräftig, daß auch dort ein durchbrochener Mauerring die Raumgrenze zu einem äußeren Umgang hin bildet. Dennoch darf der Vergleich keinesfalls a priori als Hinweis auf einen chronologischen Zusammenhang gedeutet werden.

Äußerst wichtig ist, daß man bei der Formenwahl des Gewölbes in Chartres auf die gewiß einfacher durchführbare Halbkuppel zugunsten eines komplizierteren Mittelstützengewölbes verzichtet hat. Bei aller Primitivität der Bauformen beweist dies nämlich doch ein bemerkenswertes gestalterisches Bewußtsein. Eine Halbkuppel ist grundsätzlich nach ihrer offenen Seite gerichtet und bildet demnach den Idealabschluß eines Apsidialraumes. Im Gegensatz dazu ist aber der Chartreser Raum nach der Peripherie hin geöffnet; zudem muß dem zentripetalen Raumzug durch architektonische Gestaltung des Mittelpunktes Halt geboten werden. Wir haben es mit einer bewußten Anlehnung an die Überlieferung klassischer Prinzipien zu tun, die jedoch in der unerfahrenen Gestaltung der Erben zunächst kaum kenntlich ist. Dieses Wechselspiel von Apside und Umgang, oder Basilika und Confessio, trägt eine der Haupt-Entwicklungslinien der abendländischen Architektur[212]. Die Chartreser Ostanlage stellt die frühesten Voraussetzungen am anschaulichsten dar.

Der mindestens zweimal umgestaltete obere Teil des Sanktuariums (der heutigen Lubinusgruft) läßt sich zunächst nur hypothetisch erfassen. Aber schon an Hand des erhaltenen Unterbaus kann gesagt werden, daß wir es sowohl bei dem durchbrochenen Mauerring als auch bei der Abdeckung des Raumes mit tastender, unsicherer Technik und Formgebung zu tun haben. Dieser Raumteil hatte niemals mehr als die eigene Abdeckung bzw. später den Fußboden des Obergeschosses zu tragen. Die spätere Aufstockung als Chorschluß bezog sich konstruktiv nur auf die äußere Freistützenreihe der Anlage (die auch dementsprechend zugemauert und verstärkt werden mußte). Als im 18. Jahrhundert das innere primitive Stützensystem lediglich von Bridans Hochaltar mit der Gruppe der Himmelfahrt Mariä belastet werden sollte, mußte das Gewölbe neu gemauert werden, da seine Tragfähigkeit schon angesichts einer so verhältnismäßig geringen Last fraglich schien.

Obwohl viel dafür spricht, daß das innere Sanktuarium eingewölbt war, gilt das sicher nicht von den äußeren Teilen des Gesamtraumes (vgl. stets Abb. 36). Die heutige Einwölbung der Radialkapellen entspricht jedenfalls nicht der ursprünglichen Abdeckung: Die Analyse des Grundrisses hat gezeigt, daß die oberen Mauern zweier Kapellen versetzt sind und daß in der dritten Kapelle (AII NIII) das Gewölbe von einer Trägerschicht vor der ursprünglichen Wand getragen wird. Es ist auch nicht anzunehmen, daß der äußere Umgang seine ursprüngliche Abdeckung aufweist: Abgesehen von dem bautechnischen Zusammenhang mit den Radialkapellen, deren Umgestaltung ein eventuelles Gewölbe des Umgangs in Mitleidenschaft gezogen hätte, besitzen wir ein wichtiges Zeugnis Lecocqs aus dem Jahre 1874: In dem Teil der Unterkirche, sagt er, der dem Sanktuarium und dem Chor der Oberkirche entspricht, scheinen die Wandvorlagen (Gewölbeträger) der Kernmauer und die Gewölbe der Krypta nicht von derselben Hand ausgeführt zu sein, weder nach dem Verband noch nach der Art der Baustoffe zu urteilen (verschiedene Mauerabsätze [redans] blieben hier unerklärlich[213]).

Einer ursprünglichen Einwölbung der gesamten Ostanlage stehen in Chartres von vornherein die Grundrißbedingungen entgegen (vgl. Tafel und Abb. 36). Vorgotische Wölbungen hängen in jedem Fall von dem Grundriß ab, weil die Stichhöhen der Tonnengewölbe von den Raumbreiten bestimmt werden. Der Anschluß zwischen zwei Gewölben ist nur bei jeweils gleichen Raumbreiten ideal zu lösen — oder wenn ein schmaler tonnengewölbter Raum in einen breiteren einmündet. Sonst gibt es Komplikationen im Kämpferbereich. In Chartres aber weichen die Spannweiten aller Raumteile kraß voneinander ab, und zwar so, daß ausgerechnet die von der Peripherie ausladenden Kapellen die höchsten Gewölbe gehabt hätten. Um die verschiedenen Raumvolumina zur Mitte hin zu einer Einheit steigern zu können, hätten theoretisch die Kämpfer nach dorthin entsprechend höher versetzt werden müssen. Sogar um die Gewölbescheitel nur waagerecht zu halten, hätte ähnlich verfahren werden müssen — wie es bei den nachträglich ausgeführten Gewölben geschehen ist. Bei der Einbeziehung der Ostanlage in den Hauptbau war der Baumeister nämlich gezwungen, die Gewölbescheitel (dem nunmehr zu berücksichtigenden Fußboden der Oberkirche entsprechend) waagerecht zu halten und den Ausgleich der verschiedenen Raumbreiten ganz in die Kämpferzone zu verlegen. Diese Bedingungen bestanden noch nicht für die vorromanische Ostanlage, die als unabhängige Konstruktion frei in die Höhe entwickelt werden konnte. Die Schwierigkeiten, die man bei der Einwölbung dieser Anlage als Krypta hinnehmen mußte, wären gewiß bei einer ursprünglichen Planung eines gewölbten Bauwerks durch Ausgleich der Raumproportionen umgangen worden. Wie gesagt, bietet die Einwölbung der heutigen (»Fulbertschen«) Krypta ein Bild dieser Schwierigkeiten (wir brauchen nicht auf die Schwierigkeiten einer eventuellen Einwölbung des unregelmäßigen inneren Umgangs einzugehen): Der äußere Umgang der Krypta mißt nur rund 3,40 m in der Breite, die anschließenden Radialkapellen dagegen messen bis zu vollen 5,30 m. Man war deswegen gezwungen, den unteren Verlauf der Grate pflugschartartig zu verziehen und sämtliche Gewölbeansätze zu verwischen (Abb. 32 und 33, nur die tiefen Radialkapellenmündungen!). Dies erklärt auch das Fehlen jeglichen artikulierenden Kämpferelements: An den Mündungsecken liegen die beiden Gewölbeansätze — vorausgesetzt, daß die Gewölbe überhaupt Halbtonnen darstellen — bis zu 0,88 m auseinander[214]. An den westlichen Mündungen des äußeren Umgangs mußten die verschiedenen Höhen der Gewölbeansätze durch eingezogene Bögen verdeckt werden (Abb. 51 und 52)[215]. Diese Bögen sind auch dementsprechend asymmetrisch angelegt: Die Widerlager bilden nur an der jeweils inneren Seite eine wandpfeilerartige Laibung, dort nämlich, wo die Wandfläche gerade durchläuft und die verschieden hohen Gewölbeansätze sonst nebeneinanderliegen würden[216]. (Der Niveauunterschied zwischen den nördlichen und südlichen Scheitelhöhen der Längsgalerien — 0,34 m an den östlichen Mündungen, sogar rund 0,74 m im Joch WV [Westabschluß des Fulbertbaus] — darf dahin gedeutet werden, daß diese Gewölbe schon vor dem frühromanischen [Fulbertschen] Umbau vorhanden waren: Bei den Seitenschiffsgewölben des vorromanischen Bauwerks wäre der Höhenunterschied nicht wahrnehmbar gewesen, aber sobald diese Gewölbe auf die Horizontalität eines durchgehenden Fußbodens bezogen sind, wie dies bei der Fulbertschen Oberkirche der Fall ist, wäre es unerklärlich, warum die Gewölbescheitel der Galerien in verschiedenen Höhen angelegt worden sind[217]. Kein Riß im Mauerwerk oder Gewölbe erlaubt den Schluß, daß wir es hier mit einer Senkung des Bauwerks zu tun haben[218]. Wir kommen auf diese Frage mit Bezug auf die Fenster der Längsgalerien zurück.)

Einen weiteren Anhaltspunkt, der gegen eine ursprüngliche Einwölbung der Radialkapellen spricht, geben die Fenster ab: Wie wir oben sahen, befindet sich das einzige nach innen erhaltene vorromanische Fenster der Ostteile in einer Mauerfläche, die 0,45 m in das spätere Gewölbe hinaufragt (AII NIII, Abb. 39). Im Gegensatz zu den späteren umgestalteten Fenstern, die von Stichkappen im Gewölbe eingefaßt werden, haben wir es hier mit einem Fenster in der Wand zu tun, das erst nachträglich von der Stichkappe des Gewölbes eingefaßt wurde. Die senkrechte Mauerfläche des vorromanischen Mauerwerks ist somit bis mindenstens auf das Niveau —0,60 m noch sichtbar, was ungefähr dem Niveau der angenommenen (im Kern erhaltenen?) Deckplatte der Halbsäule in der Lubinusgruft entspricht (—0,54 m). (Es läßt sich nicht sagen, ob es in den flachgedeckten äußeren Teilen der Ostanlage Konsolgesimse oder Kämpferplatten gab. Waren Kämpferplatten vorhanden, dann sind sie in Deckenhöhe in die späteren Gewölbe miteingegossen worden; entsprachen sie auch in der äußeren Freistützenreihe dem erhaltenen Beispiel in der Lubinusgruft, dann müssen sie bei der Einwölbung abgeschlagen worden sein, weil die Kämpferlinie der tiefer eingezogenen Gewölbe nicht den ursprünglichen Bogenansätzen des äußeren durchbrochenen Mauerrings entsprechen kann[219]. Diese Bogenansätze dürften auf dem gleichen Niveau oder sogar tiefer gelegen haben als die erhaltene Kämpferplatte der Lubinusgruft[220].) Dies Minimalniveau des vorromanischen Mauerwerks (—0,60 m) dürfte also annähernd in dem Höhenbereich der ursprünglichen Trauflinie liegen. Die Dachbinder könnten in horizontaler Konstruktion von der mittleren Halbsäule bis zur Traufe über dem Gesamtraum gelegen haben. Auch wenn nur das Sanktuarium gewölbt war, hätten die Dachsparren mit etwa 30° Neigung in rund +3,40 m Höhe bequem über dem konstruktiven Scheitelpunkt (rund +1,50 m) des Gewölbes gelegen. Wollte man dagegen ein *Gewölbe* mit Ansatz in dieser festgelegten Höhe annehmen, dann läge (wie oben schon gesagt) sein Scheitel (bei einer durchschnittlichen Spannweite von 5,04 m) auf rund +1,92 m Niveau, d. h. schon mehr als 1,00 m höher als die Scheitelhöhe des inneren Sanktuariums. Ähnliches hätte für die eventuelle Einwölbung des äußeren Umgangs gegolten. Die Bedachung eines gewölbten Gesamtraumes läßt sich so kaum vorstellen. Eine Einwölbung der äußeren Teile der Anlage scheint damit zumindest in ihrem letzten vorromanischen Zustand (wie dies sich von dem erhaltenen Fenster ermitteln läßt) ausgeschlossen zu sein.

Ergebnis

Es muß betont werden, daß wir ausschließlich von bestehenden vorromanischen Mauerresten ausgegangen sind. Die Rekonstruktion ist nicht der Vorstellung von der Formenwelt einer bestimmten Epoche unterworfen worden. Manches Einzelbauwerk — nicht zuletzt auch die Kathedrale von Chartres selbst — bedarf noch weiterführender unvoreingenommener Überprüfung des Baubefundes, bis wir uns ein Urteil über die chronologische Formentwicklung in den vorromanischen Landschaften erlauben können. Die Chartreser Ostanlage mit ihren exzentrisch verlaufenden Mauerarkaden und dem offen zu denkenden Dachstuhl muß wie eine locker gefügte Rundhalle gewirkt haben

(Abb. 36). Darinnen, gewissermaßen als Einbau, befand sich dann das gewölbte Grab der Confessio. Die Funktion der Ringkrypta dürfte hiermit erfüllt sein, aber der Form liegen gewiß andere Gedanken zugrunde als etwa die eines römischen cryptoporticus. Die weit ausladenden überbreiten Kapellen sprengen auch die äußere Geschlossenheit der Form und verhindern eine wirkliche vereinheitlichende Straffung des Innenraums: Die Proportionen dieser Kapellen bestimmen sie zu angefügten, selbständigen kleinen Kirchenräumen — ihre ungelenke Angliederung darf möglicherweise schon als erster Versuch in Richtung auf eine Zusammenfassung der Kirchenfamilie angesehen werden. (Inwieweit die Kapellen zum Langchor hin durch weitere Kapellen- oder Querhausformen eingebunden waren, läßt sich nach den spärlichen Mauerresten nicht sagen.) Es ist für die Beurteilung verhängnisvoll, daß die Zusammenstellung der einzelnen Elemente schon so sehr an die romanischen Chorumgänge erinnert. Wir wissen, daß das frühchristliche Schema der Basilika mit drei einfach gestaffelten Apsiden im merowingischen Chartres gleich neben der Kathedrale angewandt wurde[221]. Es läßt sich noch nicht sagen, ob die früheste Kathedrale auch diese Form aufwies, aber wir wissen, daß die spezifisch fränkische Überwindung dieses frühen Schematismus zunächst manche merkwürdigen unregelmäßigen Raumgefüge östlich der Hauptkirche hervorbrachte, bis die klar artikulierte Organisation der romanischen Großkirchen erreicht war. Zwei Chartreser Glieder in dieser Entwicklung, die hier mit Fulberts Doppelkirche ihren ersten Abschluß fand, waren durch Strichzeichnungen in einem Chartreser Manuskript des Domkapitels aus dem 9. oder 10. Jahrhundert bis 1944 noch erhalten[222]. Die Photographien Maurice Jusselins, die Marcel Couturier uns zur Publikation zur Verfügung stellte (Abb. 53 und 54), sind offenbar ihrerseits nur nach Pausen hergestellt[223]. Obwohl die Grundrisse theoretisch auch zu einer späteren Zeit in das karolingische Manuskript einskizziert worden sein könnten, schöpft der Verfasser des einzigen Berichts über ihre Entdeckung keinen solchen Verdacht. Sie werden, nicht zuletzt unter Berufung auf Jusselin, als »esquisses au Xe siècle« beschrieben. Auf beiden Grundrissen sprechen die schmalen Seitenschiffe für eine frühe Datierung. Auch die Hufeisenform der Kapellen auf Abb. 53 und die zunächst überraschend ausgeprägte Wandgliederung könnten durchaus Germigny-des-Prés entsprechen. In keinem von beiden Plänen ist ein Zeichen von Gewölben zu sehen, wohl aber in markanter Weise von der Chorumgangsarkade, die auf Abb. 54 durchaus als durchbrochene Mauer interpretiert werden kann und besonders an die Umgangsansätze in der Kathedralanlage erinnert.

Hier ist nicht der Ort, diese Grundrisse genauer zu analysieren. Wir halten eine chronologische Einordnung an Hand von Stilvergleichen für verfrüht. Aber ihre im Vergleich straffe Raumgliederung rückt sie durchaus in den Bereich der echten Chorumgänge und damit in eine Zeit, die relativ weit später liegen muß als das ungelenke Chartreser Gebilde.

Die Umgestaltung der Ostanlage zur Krypta

Die Quellen und die relative Chronologie verleiten dazu, die Umgestaltung der Ostanlage Fulbert zuzuschreiben. Er »gab der Kirche neue Proportionen«, indem er die infolge der Bodenhebung schon tief in der Erde liegende Kathedrale zu einer (heute dem Sinne nach weitgehend erhaltenen) Doppelkirche unter Einbeziehung eines voll entwickelten Chorumganges umbaute. Dabei scheint verhältnismäßig sicher, daß erst zu seiner Zeit die Holzdachkonstruktion durch ein Gewölbe ersetzt wurde, dessen Scheitel in der gleichen Höhe wie der der bereits vorhandenen Seitenschiffgewölben lag und somit die absolute Höhe der früheren Ostanlage um einiges verringerte, so daß der notwendige horizontale Fußboden des Chorumganges erreicht wurde[224]. Um die Lichtverhältnisse der Unterkirche nach dem Ausfall der Obergadenfenster zu verbessern, wurden zur selben Zeit die Seitenschiffs- und Chorkapellenfenster (die ohnehin wegen der Bodenhebung höher gelegt werden mußten) vergrößert. Die Aufstockung der Ostanlage als Chorumgang hatte zur Folge, daß das ursprüngliche Grabheiligtum (oder die Confessio) mit dem Fundament für die Chorhaupt-Freistützen zugemauert werden mußte. Die Verehrung wurde dafür in die Oberkirche verlegt — vgl. das folgende Kapitel — und das Sanktuarium zur Schatzkammer umbestimmt. (Als Bestätigung und auch aus methodischem Interesse fügen wir hier in Parenthese eine kurze Erörterung der Zugänge in die Schatzkammer der heutigen Lubinusgruft an. Der erhaltene sorgfältige Verband, die Basis und die Kämpferplatte der ursprünglichen Anlage weisen ohne Zweifel auf eine öffentliche kultische Zweckbestimmung hin. Da der nördliche Eingang aus dem Kryptenumgang erst 1768 eröffnet wurde[225], wäre nach der bisherigen Meinung die Treppe aus dem Chorraum der Oberkirche ursprünglich der einzige Zugang zu diesem Raum gewesen. Die Treppe stellt aber selber offensichtlich einen Not- bzw. Gebrauchszugang dar, ihre Unregelmäßigkeiten können unmöglich mit einem öffentlichen Kultraum in Einklang gebracht werden[226]. Da der Raum aber tatsächlich ursprünglich nur von der östlichen Peripherie her zugänglich gewesen war, diese heute geschlossene Wand aber von der bisherigen Forschung zum ursprünglichen Bestand gerechnet worden ist, ließ man sich »mit dem Kopf durch die Wand« zu der schon zitierten archäologisch unmöglichen Lösung hinreißen, nämlich zu der Annahme eines Zugangs durch das nachweislich geschlossene westliche Gußmauerwerk[227].)

Durch die Umgestaltung ergab sich weder eine Gewölbe-*Erhöhung* im Bereich der Lubinusgruft noch eine Erhöhung der Stützenkonstruktion. Angesichts der scheinbar zweimaligen Erhöhung der Freistützen in der heutigen Lubinusgruft kann das nicht stark genug betont werden, zumal auch die Hebung des Bodenniveaus und die nachweisbare Erhöhung des inneren Fußbodenniveaus zu der falschen Vorstellung verführen, auch das Gewölbe müsse dementsprechend erhöht worden sein. Ein Abschnitt der Einwölbung des äußeren Teils der Lubinusgruft aus der Zeit der Umgestaltung ist von der Neueinwölbung des 18. Jahrhunderts verschont geblieben: Im Nordwestabschnitt spannt sich zwischen dem nördlichen Mauerpfeiler (bzw. seiner Verlängerung bis zur antiken Westwand) und der eingezogenen Peripheralwand ein unregelmäßig geformtes Gußgewölbe, das ohne irgendwelches befestigendes Mauerwerk ausgeführt worden ist (Abb. 8 rechts und Abb. 15; seine Verschalung ist auf Abb. 17, 18, 19 und 20 erkennbar)[228]. Von ihrem südlichen Ansatz auf dem Niveau um —1,86 m steigt die Tonne bis etwa zu zwei Dritteln ihrer Spannweite auf 1,03 m an, um sich dann, der geringen Entfernung zwischen Gewölbescheitel und Wand entsprechend, nur auf ca. —1,50 m wieder zu senken. Vor 1786 muß dieses »weiche« Gewölbe sich um die gesamte östliche Peripherie der heutigen Lubinusgruft — deren innerer Bereich noch sein vorromanisches Gewölbe behielt — fortgesetzt haben. Wir dürfen annehmen, daß das innere Auflager noch von der vorromanischen Mauerarkade gebildet wurde; ja, diese technisch fragwürdige Konstruktion wäre Grund genug gewesen, das ganze Gewölbe vor der Aufstellung des barocken Altars in der Oberkirche zu ersetzen. Die unregelmäßige Steigung des Gewölberestes erklärt sich aus der Schwankung der Spannweite, die sich im »Umgang« der Lubinusgruft ergibt — von 2,05 m bis auf 0,96 m (vgl. Abb. 7). Daß der äußere Ansatz horizontal verlief — und zwar auf dem gleichen Niveau wie derjenige der zur gleichen Zeit eingezogenen äußeren Kryptengewölbe — geht aus dem erhaltenen Mauerabsatz hervor, der heute zusätzlich durch ein dickes elektrisches Kabel markiert wird (Abb. 9, 15 und 16)[229]. Dieser Mauerabsatz bildet die Stelle, bis auf die das Gußmauerwerk des Gewölbes an der Peripheralwand abgetragen wurde, damit es den Quaderverband der heutigen Gewölbe aufnehmen konnte. (Wir haben schon darauf hingewiesen, daß der Abbruch dieses Gewölbes und die Neuverblendung der Stirnseite des nördlichen Mauerpfeilers auf der Nordflanke dieses Mauerpfeilers erkannt werden können (Abb. 16). Im entsprechenden südlichen Abschnitt ist das Gewölbe bei der Neueinwölbung völlig ersetzt worden, Abb. 9.) Im Gegensatz zu dem horizontal verlaufenden äußeren Gewölbeansatz wurde aber der Gewölbeansatz an der Innenseite im Bereich der größeren Spannweite unregelmäßig heruntergezogen, um die ungleiche Spannweite zumindest teilweise auszugleichen. Die konstruktive Mauerkrone über den Arkadenöffnungen wurde von uns auf einem Minimal-Niveau zwischen —1,11 m und —1,63 m ermittelt. Sie würde damit den inneren Ansatz der Tonne (die im Bereich der Arkadenöffnungen eine Spannweite von nur etwa 1,45 m hatte) bequem aufnehmen können. In diesem Bereich könnte der Gewölbeansatz höchstens bei —1,50 m gelegen haben.

Eine letzte entscheidende Frage kann auch schon ohne Neugrabungen und Maueruntersuchungen weitgehend beantwortet werden. Die Umgestaltung als Doppelkirche war eine Folge der Hebung des Bodenniveaus. Zu Fulberts Zeit muß der damals vorhandene Kathedralfußboden erheblich unter dem äußeren Bodenniveau gelegen haben. (Möglicherweise wurde bei der Umgestaltung das äußere Niveau aus Stabilitätsgründen künstlich weiter angehoben.) Es ergibt sich nun die Frage, ob zur selben Zeit und aus demselben Grunde auch im Inneren der Boden durch Aufschüttung auf das heutige Fußbodenniveau angehoben wurde. Die Frage darf nicht voreilig bejaht werden; denn zwei Indizien scheinen dagegen zu sprechen. Erstens haben wir schon gesehen, daß bei der Verschiebung der Axialkapelle nach Süden ein 0,35 m breiter Gußmauervorsprung auf dem Niveau —7,09 m (rund 3,00 m unter dem heutigen Fußboden) übrig blieb. (An eine stufenartige Verbreiterung der Fundamente an dieser Stelle nach moderner Bauweise sollte nicht gedacht werden. Noch die Chartreser Hochgotik kannte nur Fundamente, die sich allmählich nach unten verbreitern.) In diesem Höhenbereich (—7,21 m bis —7,46 m) lag früher der Fußboden der Ostanlage (vgl. Abb. 8). Dieser Vorsprung könnte also durchaus das Fundament in der Flucht des letzten vorromanischen Zustandes darstellen — (obwohl auch nicht mit Sicherheit ausgeschlossen werden kann, daß wir es hier mit dem aufgehenden Mauerwerk eines noch früheren Zustandes zu tun haben). Entscheidend ist aber nun, daß das neu *versetzte* Mauerwerk nach Maunourys Zeugnis offenbar als Sichtmauerwerk errichtet wurde[230]. Die Versetzung des Mauerwerks in diesem Niveaubereich ist durch die Linienführung der Apsiden-Sohlbankplatten gesichert. Hätte Maunoury mit seiner Interpretation recht, dann müßte zur Zeit der Axialverschiebung (gleich der Fensterauswechslung und Einwölbung) der Fußboden noch auf dem Niveau —7,09 m gelegen haben. Doch er irrt wohl, denn man hätte wahrscheinlich bei der Versetzung nur das vorhandene Material und zum Teil sogar den ursprünglichen Verband wiederverwendet. Auch wurde das Mauerwerk nicht verputzt, und wir können mit ziemlicher Sicherheit annehmen, daß die Unterkirche nach der Umgestaltung verputzt war. Dafür sprechen die Einziehung der neuen Gewölbe mit der daraus folgenden Verschiedenheit der Baumaterialien[231] und die erhaltenen Putzreste[232].

Das zweite Indiz, das dafür zu sprechen scheint, daß der Fußboden noch nach der Umgestaltung auf dem tieferen Niveau lag, ist die Form der Fenster. Schon den Forschern des 19. Jahrhunderts sind die tiefführenden inneren Sohlbankschrägen aufgefallen[233], die in einem späteren Kapitel eingehend behandelt werden sollen (Band 2). In dem heute schmalen, niedrigen Kryptenstollen scheint diese übertriebene Schräge in der Tat schwer zu erklären. Sie hat durchschnittlich die gleiche Höhe wie die Fenster selber, ein Verhältnis, das sonst nur bei Fenstern zu erwarten ist, die hoch in der Wand liegen, und hier demgemäß durch eine ursprünglich größere Höhe des Raumes zu erklären wäre. Auch die geringere Schräge und schlichtere Gestaltung des Fensterchens im westlichsten Joch der südlichen Längsgalerie (WVI SI) scheinen für eine nachträgliche Aufschüttung zu sprechen. Dieses Verbindungsjoch wurde nämlich erst in Zusammenhang mit dem Bau des südlichen Westturmes ausgeführt; wie man der Gewölbeträgergestaltung mit Sicherheit entnehmen kann, lag der Fußboden zu dieser Zeit schon in der jetzigen Höhe (es sind Basisprofile vorhanden).

So überzeugend diese Beobachtungen zunächst auch erscheinen, so findet die Höhe der Sohlbankschrägen doch eine einfache Erklärung durch die Umgestaltung selber. Die Schrägen laufen nicht bis zur inneren Wandfläche durch, wie dies bei hochliegenden Fenstern zur Förderung der Lichtverhältnisse der Fall sein müßte, sondern setzen ausnahmslos erst auf einem beträchtlichen (rund 0,30 m starken) Mauerabsatz einer »unteren Fensterbank« an. Die vorne säuberlich abgeschrägten Fensterbänke der Längsgalerien entsprechen nun sowohl in der Form wie im Niveau der einzigen erhaltenen vorromanischen inneren Fensterbank des Langhauses (Abb. vgl. Band 2). Der erhaltenen vorromanischen Fensterbank der nordöstlichen Radialkapelle (AII NIII) fehlt die vordere Abschrägung; den umgestalteten frühromanischen Fenstern ebenfalls[234]. Daraus darf mit weitgehender Sicherheit geschlossen werden, daß die ungewöhnliche Gestaltung der hohen Sohlbankschrägen lediglich durch die Versetzung der Fenster beim Umbau zustande gekommen ist: Beim Ausbruch der vorromanischen Fenster behielt man die vorhandenen inneren Fensterbänke bei, trug das Mauerwerk bis in die Höhe des Gewölbescheitels ab, verringerte die Laibungsschräge, um die Verbreiterung der Fenster zu ermöglichen, und baute dann schließlich die inneren Öffnungen vermittels der ungewöhnlichen Schrägen bis in Höhe der neuen äußeren Fenstersohle wieder zu.

Schon aus den sichtbaren Verhältnissen und der kargen Überlieferung darf geschlossen werden, daß der Vorgängerbau im Zuge des Ausbaus zur Doppelkirche um etwa drei Meter zugeschüttet wurde (die kleine Schatzkammer dagegen um nur rund die Hälfte).

* * *

Die hier vorgetragenen Thesen könnten — mit nur geringem Aufwand — an Hand der Ummantelung und Zuschüttung des Vorgängerbaus nachgeprüft und präzisiert werden.

Es bedarf im Innenraum lediglich eines 2,00 x 1,50 m großen Schachts (wie der Maunourys) neben einer der Wandvorlagen an der Innenseite des Umgangs, um festzustellen, ob wir es hier tatsächlich mit einer Bogenöffnung zur Lubinusgruft zu tun haben, die nachträglich von der Innenseite her zugemauert worden ist. Dieser Grabungsvorgang würde weder die sichtbare Wandfläche beschädigen noch den Besuch der Krypta stören.

Die Außenwand der vorromanischen Ostanlage muß hinter der frühgotischen Ummantelung gut erhalten sein. Es wäre relativ einfach, eine der nordöstlichen Fensteröffnungen nach unten hin aufzubrechen und somit die alte Wand (unter den Sohlbankplatten) freizulegen, vgl. Abb. 40. An dieser Stelle könnte sogar ein Schacht bis zum Fundament oder zum ursprünglichen Sockelprofil getrieben werden. Auch damit wäre jedoch die entscheidende Frage nach einer eventuellen Außengliederung der vor- oder frühromanischen Kapellen noch nicht beantwortet. Aber auch in diesem Punkte bietet sich die Kathedrale zur Untersuchung geradezu an: Da die tragenden Glieder des hochgotischen Chores im Verhältnis zu den Fenstern der früheren Sockelummantelung versetzt sind, so daß die Strebepfeiler in vielen Fällen gerade über den Überfangbogen der Fensteröffnungen aufsetzen (Abb. 41), könnte auch die konstruktive Mauer ohne aufwendige Sicherungsmaßnahmen bis auf die entscheidende Außenfläche zwischen den vorromanischen Fensterachsen aufgebrochen werden, vgl. Anm. 55, Abb. 8 rechts und links.

* * *

An Hand der tiefsten offenliegenden Bauschichten in der Lubinusgruft ist es möglich gewesen, eine vorromanische Ostanlage an der Kathedrale zu bestimmen. Aus der Form dieses Bauteils ergibt sich zwangsläufig auch die Breitendehnung des noch älteren oder zumindest gleichaltrigen Kathedralbaus, an den die Ostanlage herangebaut wurde. Die Westwand im Bereich der Lubinusgruft ist blind gewesen, der Umgang mündet im Westen. Daraus ergibt sich, daß die Ostanlage nur vom Bereich der heutigen Längsgalerien her betretbar war, und es darf angenommen werden, daß diese Galerien die Seitenschiffe des Hauptbaus waren. Die Ostanlage bietet somit den Schlüssel zu einer Rekonstruktion des übrigen Baus. Aber bevor wir zu einer Untersuchung des übrigen Kryptenbereichs übergehen können, erfordert der formale Befund der Ostanlage noch deren liturgische Erklärung. Die Aussage des Mauerwerks betrifft zunächst die Bauform, aber Aufgabe der Baugeschichte bleibt es gleichermaßen, die Zweckbestimmung des Bauwerks zu klären, obwohl die Form sich auch unabhängig davon entwickeln kann. Denn es ist in erster Linie die Zweckbestimmung eines Kunstwerkes, durch die die Stilgeschichte mit ihren kulturgeschichtlichen Schwesterdisziplinen zusammenhängt. Die im anschließenden Kapitel entwickelten Gedanken werden zeigen, daß sich ein Patronat für die Confessio anhand starker Indizienbeweise durchaus belegen läßt. Wenn sich aber die Kunstwissenschaft in die *nuit des temps* der Chartreser Liturgie begibt, um so den vorgefundenen Baukörper zu beseelen, wird sie sich schließlich nur als Gefährtin der Theologie betrachten können.

DIE LUBINUSVEREHRUNG UND DIE LITURGISCHE BESTIMMUNG DER OSTANLAGE

Die christlichen Anfänge

Die Analyse der erhaltenen Ostteile der Kathedrale hat ergeben, daß östlich an antikes Mauerwerk eine »Ringkrypten«-Anlage angebaut worden ist, bei der drei Kapellen einem konzentrischen Umgangsraum radial angeschlossen sind. Der äußere Umgang muß dabei von dem Hauptkirchengebäude aus zugänglich gewesen sein. Der innere »Umgang« dagegen war durch antikes Mauerwerk vom Hauptbau abgetrennt, er wirkte raum- und abstandschaffend, aber er war als Restraum entstanden, nicht aus Zweck-Motiven oder als Zirkulationsfläche. Der innere der drei konzentrischen Raumstreifen war ebenfalls nach Westen blind; obwohl der Raum in der Vorstellung apsidial wirkt, ist er dies nie gewesen. Er war stets zentripetal ausgerichtet (und zu betrachten). Die Apside der zugehörigen Kirche lag westlich des antiken Mauerwerks; ihre genaue Anlage (Form und Stelle) kann beim heutigen Stand der Forschung nicht ermittelt werden[235]. Sie spielt auch für die vorliegende Fragestellung keine Rolle: Aus der vorauszusetzenden Zugänglichkeit des äußeren Umganges einerseits und der geschlossenen Westmauer der inneren Teile der Anlage andererseits geht hervor, daß wir es hier mit einer der »cryptes, rotondes (ou) oratoires édifiés à l'est du chevet« zu tun haben. Ohne uns Huberts Auslegungen im einzelnen — erst recht nicht seiner absoluten Chronologie — anzuschließen, wählen wir seine Umschreibung dieser Bauteile, um die erhaltene Gruppe vergleichbarer Anlagen in die Erinnerung zu rufen[236]. Nachdem es bei der Forschungsrichtung, die sich a priori auf die Quellen stützt, zunehmend üblich geworden ist, diejenigen Quellen abzuwerten oder auszuschalten, die nicht in das erstrebte Gesamtbild hineinpassen, bietet die zwar veraltete Aufstellung Huberts gleichwohl eine selten gewordene Klarheit. Sich auf Gregor von Tours stützend, stellt Hubert knapp dar, daß der Ursprung dieser gewöhnlich zu ebener Erde errichteten Anlagen in Grabstätten zu suchen ist. Diese Grüfte, als *martyria* zu Betstätten in der antiken Tradition der Heroa geworden, sind aber keineswegs immer Gräber von Märtyrern, sondern waren gerade in der Frühzeit der Kirche ebensowohl Ruheplätze heiliger Kirchenmänner, deren vorbildliche Lebensführung oder Wunderheilungen usw. ihnen schon zu Lebzeiten Ruhm und nach dem Tode Verehrung gesichert hatten. Dementsprechend wechselt auch Hubert ohne nähere Erläuterung von »martyrion« auf »confession« über[237].

Gelegentlich wurden die Grabstätten der heiligen Bischöfe selber zum Hauptkirchengebäude entwickelt (z. B. St. Peter in Rom, St. Martin in Tours, St. Germain d'Auxerre[238]), anderenorts wurde die Ruhestätte des Heiligen — wegen der vorhandenen »Besetzung« des Patronats? — östlich vom Hauptaltar angelegt (wie in Saint-Philibert-de-Grandlieu); weiter nach Osten verlegt, errang die Confessio gelegentlich eine selbständige Monumentalität (wie in St. Benigne, Dijon)[239]. Nichts wäre einfacher, als die Chartreser Anlage so zu erklären: Die Kathedrale war seit der frühesten Überlieferung der Gottesmutter geweiht, und im heutigen Rückblick scheint es logisch, die Bestattung und den Kultbau eines Heiligen östlich des »besetzten« Hauptbaus anzulegen — formal im Sinne des Probus-Mausoleums an der Apside von St. Peter in Rom (4. Jh.). Aber so logisch ist es mit der Vor-»Besetzung« des Patronats gar nicht. (Um unser formales Beispiel an St. Peter vorwegzunehmen: Es handelt sich bei dem Probus-Grab nicht um ein Heiligengrabmal; auch wurden Bestattungen durchaus im Innenraum St. Peters vorgenommen — u. a. z. B. des Junius Bassus.) Heilige wurden durchaus in Kirchen anderer Patronate beigesetzt und verehrt (Sankt Calectricus in Saints-Serge-et-Bacche in Chartres); manchmal führte dies zur Neuweihe der Kirche in deren Namen (Saint-Solemne in Blois, vorher Sankt Peter; Saint-Aignan in Chartres, vorher St.-Denis [?]). Sogar der umgekehrte Vorgang, daß nämlich das Heiligengrab zur Kirche eines anderen Patronats ausgebaut wurde, ist belegbar (Saint-Irénée de Lyon, die später Sankt Johannes geweiht wurde, und Saint-Ludre de Déols, die Sankt Stephanus geweiht wurde). Im großen und ganzen scheint die spätere Bestattung in einer vorhandenen Kirche nicht wegen der Vor-»Besetzung« des Patronats und z. B. der Anwesenheit einzelner Reliquien ausgeschlossen gewesen zu sein, sondern nur dort, wo schon der Leichnam des Patrons beigesetzt war (und selbst darin dürfte es Ausnahmen gegeben haben, aber Beispiele wie SS. Cassien und Victorice in Saint-Quentin und SS. Gervasius und Protasius in San Vitale sind keinesfalls eindeutig genug, um ohne eingehende Untersuchungen angeführt zu werden). Die Anlage einer Oratorium-Grabanlage außerhalb des Hauptgebäudes also ist mit Hilfe der Vergleichsbeispiele und mit der Erklärung, das Patronat sei schon »besetzt« gewesen, allein nicht zu erklären.

Im Zusammenhang mit den bekannten Vergleichsbeispielen kann in Chartres sehr wohl eine vorromanische Confessio östlich der Apside der Kathedrale gesehen werden. Dabei darf aber noch nicht an die Einbeziehung in eine »Entwicklung« gedacht werden, da die absolute Datierung der anderen Beispiele gewiß nur selten sicherer ist, als dies die Chartreser bisher war. Bei der Zweckbestimmung der gefundenen Confessio-Anlage muß zunächst von den lokalen liturgischen Verhältnissen ausgegangen werden — im Sinne einer relativen Chronologie der Chartreser Liturgie. So vage die Überlieferung auch sein mag, wird sie immerhin eine sinnvollere Ausgangsposition bieten als die Einbeziehung in formale »Entwicklungsprozesse«, deren Einzelglieder sich letzten Endes auf gleich vage Überlieferungen stützen müssen. Dagegen bietet die genaue Analyse der Chartreser Traditionen Anhaltspunkte, wonach die Bauvorgänge als lediglich lokal motiviert verstanden werden können. Ob diese autochthon erklärliche Bauform vorbildlich gewirkt hat, wird die zukünftige Forschung erst dann fragen können, wenn die relativen Bauchronologien der Vergleichsbauten in gleicher Weise erarbeitet worden sind.

Die Kathedrale von Chartres bietet nämlich einige sehr prägnante Traditionen, die es im Laufe der Zeit ermöglichen werden, die Entwicklung der Liturgie und die erhaltenen Bauteile aufeinander zu beziehen.

Zunächst muß die Frage nach den Grabstätten früher Heiliger und dem Patrozinium der im Osten angegliederten Confessio von vornherein im Zusammenhang mit einer ununterbrochenen Tradition der Kathedrale gesehen werden, nach der die Erde der Marienstätte durch Beisetzungen nicht geöffnet oder von zu ebener Erde aufgestellten Sarkophagen auch nur berührt werden darf. Im Gegensatz zu dem üblichen Brauch, Beisetzungen überall in den Kirchen vorzunehmen — und gar zu der Tradition, Kirchen über Grabbauten zu gründen —, sind in der Kathedrale von Chartres bis heute nicht einmal Grabinschriften geduldet. Die Kraft dieser Tradition setzte sich noch 1568 gegen den Willen des Königs durch: Die dem Domkapitel aufgezwungene Bestattung des gegen die Protestanten gefallenen Barons de Bourdeilles durfte nur in einem erhöhten Grab stattfinden[240]. Roulliards Beschreibung aus dem Jahre 1609 wird 1786 von Doyen ergänzt: Das Grabmonument wurde 1661 vom Domkapitel nicht ohne List wieder aus der Kathedrale entfernt[241]. Diese Tradition wurde vom Kapitel noch gegen den Bischof Paul Godet des Marais (1690—1709) behauptet[242].

Der Urkultus der Muttergottheit ist sonst nirgends so bruchlos in die christliche Tradition übergegangen wie hier. Dieser alles bestimmende liturgische Kern der Kirche von Chartres sowie auch ihre christlichen Ursprünge bilden noch heute wie im 19. Jahrhundert den Hauptforschungsgegenstand zu den lokalen Kirchentraditionen[243]. Man hat es bei der Untersuchung der Traditionen nicht für nötig gehalten, die Geschichte von Chartres zwischen dem Fall des Römerreiches und den ersten Kapetingern zu berücksichtigen[244]. Da aber die historisch faßbaren Ursprünge der Kirche in diesem Teil Galliens gerade in der Vor- und Frühmerowingerzeit zu suchen sein werden, müssen neue Ansätze der Forschung gesucht werden. Diese neue Annhäherung an das Problem führt zu überraschenden Teilergebnissen, die aber nicht in Widerspruch zu dem bestehenden Forschungsbild stehen; sie betreffen ja ein Gebiet, das bisher absichtlich vernachlässigt worden ist. Einige unserer Schlußfolgerungen werden aber auch zunächst lediglich als Diskussionsgrundlage angeboten.

Wie in Rom, so könnte der Stadtplan auch in Chartres noch heute eine Christianisierungs-Topographie widerspiegeln, die in Gallien gewiß nicht vereinzelt ist. Es war vermutlich ein Grundfehler, die christlichen Ursprünge der Stadt gerade in der Hochburg des einheimischen gallischen Quell- und Muttergottheits-Kultus zu suchen[245]. (Das Bauwerk an dem vorchristlichen Quellheiligtum ging als Kultbau der christlichen Kathedrale voraus[246]. Das Alter des Brunnens als Kultstätte ist unbestritten[247]. Obwohl keine Quelle den gallischen Muttergottheitskultus in unmittelbaren Zusammenhang mit dem Brunnen setzt[248], legt die Analogie zu anderen gallischen Kultstätten eine Verbindung eines Kultbildes mit dem Brunnen nahe[249]. Daß die christliche Überlieferung in der Zeit der Assimilierung wohl kaum die heidnische *Parallele* zur Gottesmutterverehrung dokumentieren würde, ist selbstverständlich. Es dürfte deswegen gar nicht überraschen, daß die Indentifizierung dieses Kultus erst im 14. Jahrhundert in der Legende der Virgo paritura behauptet werden konnte. Die Eingliederung des Brunnens in den christlichen Kultus war auch *erst* zwischen dem 9. und 11. Jahrhundert erfolgt [858 Massaker des Frotboldus, um 1082 erste Dokumentation der Umdeutung]. Es ist nur natürlich, daß Erwähnungen des Virgo-paritura-Kultus vermieden wurden, solange er nicht restlos [auch für den Volksglauben] in das Christentum integriert war[250]. Erstaunlicher und aussagekräftiger ist eher das in der Geschichte einzigartige öffentliche Bekenntnis zur sonst nicht christlich verehrten Virgo paritura schon im 14. Jahrhundert [seit 1322 die frühesten Hinweise; 1389, Vieille Chronique] — und zwar gerade in dem Ort, an dem die älteste Muttergotteskirche Galliens gerühmt wurde und dokumentiert ist[251]. Aber auch damals waren schon mehr als 500 Jahre des Wirkens vielleicht der berühmtesten Marienreliquie des Abendlandes, der »chemise«, dazu nötig gewesen, den Urkultus zu neutralisieren und umzubilden.)

Vielmehr wäre zu vermuten, daß die übliche frühchristliche Gründung einer Apostelkirche den ersten topographischen Niederschlag des Christentums darstellte. Für diese Interpretation bietet sich zunächst die Kirche Saint-Père (heute Saint-Pierre genannt) an, die vor der gallorömischen Stadtmauer lag[252]. Damit soll keine konkrete Behauptung aufgestellt werden; das Beispiel wird lediglich angeführt, um den Grundsatz anschaulich zu machen. Obwohl Saint-Père seit der frühesten historischen Überlieferung der Stadt eine bedeutende Rolle spielt, muß es nicht gerade diese Kirche sein, die den

Kongregationspunkt der Urgemeinde bildete. Selbstverständlich liegt die früheste Gründungs- und Baudokumentation für Saint-Père viel später, aber es wäre methodisch unvertretbar, diese Dokumentation unbedingt auf die früheste Gemeinde bzw. das früheste Bauwerk zu beziehen[253].

Die früheste Überlieferung einer Kirchengründung (zusammen mit dem ältesten Bericht einer Bischofsbestattung) für Chartres betrifft — ganz im Einklang mit unserer Vorstellung — eine Kirche weit außerhalb der Stadt, im heutigen Stadtteil Saint-Brice: die Kirche Saint-Martin-au-Val, die Anfang des 5. Jahrhunderts von dem Bischof Martinus Candidus begründet wurde[254]. Die erste städtische Gründung folgte erst unter dessen Nachfolger saint Aignan — auf den wiederum noch acht Bischöfe folgen, bis die Listen gegen 483 zu Anfang der merowingischen Ordnung annähernd exakt werden (siehe unten). In Chartres stimmt die lokale Überlieferung also in topographischer Hinsicht mit dem Geschichtsbild überein, das die Christianisierung des Quellenheiligtums erst im Laufe des 5. Jahrhunderts erwarten läßt: In konstantinischer Zeit waren Mittel- und Nordgallien noch kaum vom Christentum erfaßt. Obwohl die Bedeutung des Hilarius von Poitiers (gest. 377) und des Martin von Tours (seit 372) für eine Ausbreitung des Christentums noch im intakt funktionierenden Römerreich spricht[255], sind Provinzialsynoden in Gallien erst seit dem Ende des 4. Jahrhunderts eingeführt worden. Dabei stießen die Ausbreitung und Organisation christlicher Gemeinden auf die Macht und Tradition ebenfalls hoch organisierter heidnischer Kulte. Es liegt nahe, das Quellenheiligtum auf dem Chartreser Hügel dem letzteren zuzurechnen und die wiederholten Verbote heidnischer Kulte 386 und 395 sowie die noch 415 erfolgte Einziehung von Tempelgütern auf ähnliche Kultstätten zu beziehen. Dabei ist aber von vornherein sehr fraglich, ob die Ausführung kaiserlicher Kult-Verordnungen in diesem Teil des Reiches nach den endgültigen Germaneneinfällen 406 bis zur christlichen Stabilisierung unter den Merowingern überhaupt wirksam überwacht werden konnte (410 Einnahme Roms; 418 bis 507 das vorwiegend arianische Tolosaner Westgotenreich bis zur Loire, 451 Hunneneinfall, 455 zweite Plünderung Roms). Clerval macht in seinem grundlegenden Werk über die Schulen von Chartres die lakonische Bemerkung, daß *bis zum 6. Jahrhundert* drei verschiedene Schulen sich abgelöst haben, die druidische, die gallorömische und die christliche; die Grabinschrift des Martinus Candidus wird gleichzeitig als erster Beleg für christliche Studien im frühen 5. Jahrhundert angesehen[256]. Dann reißt auch für Clerval der Faden, über sieben Bischöfe hinweg, bis 480 schon wieder ab.

Nach alledem scheint durchaus schon Anfang des 5. Jahrhunderts eine christliche Gemeinde in Chartres bestanden zu haben. Eine Vorherrschaft in der Stadt, wie sie sich dann in der schriftlichen Überlieferung niederschlägt, dürfte sie aber erst im Laufe dieses Jahrhunderts erkämpft haben. Die Entwicklung wäre mit der Übernahme der Kultstätte auf dem Hügel abgeschlossen gewesen[257]. Diese Darstellung wird durch die Tatsache gestützt, daß zwar vom Anfang des 5. Jahrhunderts zwei Kirchengründungen überliefert sind, keine jedoch die Kathedrale betrifft. Ferner gibt es nach den letzten beiden Dezennien des Jahrhunderts eine reiche Tradition über die Tätigkeit der Bischöfe, unter anderem über den Bau von drei weiteren Kirchen, aber wiederum kein Wort über die Errichtung einer Kathedrale[258]. Vor allem der Bau der ansehnlichen Kapelle Saint-Serge-et-Saint-Bacche (von etwa 32,00 m Länge) unmittelbar neben der Kathedrale[259] und das Vorhandensein der benachbarten Kapelle Saint-Étienne erwecken die Vorstellung, die heidnischen Kultstätten seien im Zuge der Assimilierung gewissermaßen baulich belagert worden[260]. Zu diesem formalen Ausdruck der Christianisierung des Vorgänger-baus würden nicht nur das Baptisterium und die erwähnten Trabantenkirchen der Kir-chenfamilie gehören, sondern ebenfalls die Anbauten.

Mit diesem Hinweis kehren wir zu unserem Versuch zurück, das Patronat der Con-fessio zu bestimmen. Mit zwei Ausnahmen (Aetherius und Pabulus) wurden alle Char-treser Bischöfe vom Anfang der merowingischen Epoche bis um 600—610 heiliggespro-chen — (danach auch noch Malardus 637—654)[261]. Daß sie sich im Gegensatz zum eschatologisch bestimmten christlichen Brauch nicht in ihrer Kathedrale beisetzen lassen konnten, scheint nun in historischer Perspektive durch den Einfluß heidnischer Tradi-tionen im Assimilationsprozeß bedingt zu sein[262].

Sehen wir von der mehr oder weniger legendären Gestalt des ersten Bischofs Aventi-nus sowie auch von den einzigen zwei übrigen bekannten Vorgängern des Martinus Candidus ab, so ist es möglich, eine klare Übersicht über die Bestattungen sämtlicher heiliggesprochener Chartreser Bischöfe zu gewinnen[263]. Nur eine, die des heiligen Lubi-nus, bleibt bezeichnenderweise umstritten und bildet den Schlüssel zu einer eingehenden Untersuchung der Confessio.

Seit der frühesten Zeit wurden die Chartreser Bischöfe in benachbarten, manchmal von ihnen selbst gegründeten Kirchen bestattet. Die Beisetzung des Martinus Candidus (auch Martin le Blanc genannt), des ersten faßbaren Inhabers des Chartreser Stuhls, scheint noch auf dem gallo-römischen Friedhof stattgefunden zu haben, dort nämlich, wo auch die Kirche Saint-Martin-au-Val geweiht wurde[264]. Dieser Bischof wurde nicht heilig-gesprochen, seine Beisetzung ist aber durch eine Grabinschrift in Saint-Martin-au-Val überliefert[265]. Dieser Bischof als Person ist für unsere Fragestellung nur von mittelbarer Bedeutung[266], seine Bedeutung als erster historisch faßbarer Chartreser Bischof wird jedoch über seine Grabinschrift hinaus durch eine erhaltene Tradition bekräftigt, nach der die neu berufenen Bischöfe (seit Martins erstem Nachfolger) von Saint-Martin-au-Val, wo sie die Nacht vor ihrem Einzug in die Stadt verbrachten, abgeholt wurden[267]. Wir meinen, die Bischofslisten seien zu zuverlässig, als daß die Existenz des Martinus Candidus nur auf eine Verwechslung mit dem heiligen Martin von Tours zurückgeführt werden könnte[268].

Martins Nachfolger saint Aignan gründete die früheste bekannte Kirche im Stadt-gebiet mit dem Patronat Saint-Denis und ließ sich dort auch beisetzen; die Kirche wurde jedoch nach der Heiligsprechung des Bischofs ihm selber neu geweiht[269]. Auf Aignan folgen acht nicht kanonisierte Bischöfe bis zur Heiligsprechung des saint Solemnis (483/490—509), der in Saint-Solemne in Blois beigesetzt wurde (heute als Krypta der Kathe-drale Saint-Louis erhalten[270]). Unter Solemnis scheint die Chartreser Kirche endgültig zu Macht gekommen zu sein[271]; den historischen Hintergrund bildet die merowingische Ordnung schlechthin und dazu die Bekehrung Chlodwigs, beides Gegebenheiten, die sich in der Chartreser Legende von der Katechisierung Chlodwigs unter Solemnis wider-spiegeln[272].

Es folgen die Beisetzungen der kanonisierten Bischöfe Adventinus, 509—528, in der Kirche Saint-Médard im von ihm missionierten Nachbarort Chateaudun[273] (Aetherius, 528—543, wurde nicht heiliggesprochen[274]); Leobinus, französisch Lubin, 544—556, auf den wir zurückkommen werden; Calectricus, 556—570, in der gleich nördlich der Ka-thedrale gelegenen Kirche Saint-Serge-et-Saint-Bacche[275] (Babulus, 571—594, in der von ihm gegründeten Kirche Saint-Cheron südöstlich der Stadt Chartres bestattet, wurde nicht heiliggesprochen[276]); Boetharius, 594—623, im verhältnismäßig weit entfernten, nach ihm benannten Ort Saint-Bohaire (Loir-et-Cher)[277]; und als letzter heiliggesprochener Chartreser Bischof im Mittelalter Malardus, 637—654, in Saint-Martin-au-Val[278]. Wie hochberühmt sie auch gewesen sein mögen, waren die Bischöfe Fulbert (1007—1029) und Yves (1090—1115), heute weithin als Heilige verehrt, im 13. Jahrhundert jedoch nicht kanonisiert[279].

Die Vorwegnahme zweier sachlicher Überlieferungen über saint Lubin — es soll nämlich Lubinus gewesen sein, der die Grenzen der Chartreser Diözese und die Zahl der 72 Domherren festsetzte[280] — wird es uns in Zusammenhang mit der Analyse dieser Liste erlauben, eine vorläufige Vorstellung von der kirchengeschichtlichen Entwicklung der Diözese und damit ein Bild des möglichen Hintergrundes zu gewinnen, vor dem die Baugeschichte der Kathedrale zu sehen ist:

Martinus Candidus erscheint als erster Bischof einer organisierten Kirche, deren Zentrum aber noch außerhalb der Stadt auf dem Friedhof lag. Man denkt bei dem Gründungsort an Agapen und an denjenigen frühchristlichen Ritus, den erst der Nachfolger des Martinus im Stadtgebiet um die Kirche Saint-Aignan befestigen konnte. Nach dem anschließenden dunklen 5. Jahrhundert erscheint die Kirche in Chartres dann auf einmal stark genug, um missionierend zu wirken; die Gräber ihrer Bischöfe bilden Kult-Zentren in den benachbarten Orten Blois und Chateaudun, später sogar in Loir-et-Cher. (Inzwischen wird auch die Stadtgemeinde in den unmittelbaren Vororten Saint-Prest und Saint-Cheron von den zwei nicht kanonisierten Bischöfen befestigt.) Mit Solemnis hat die Kirche gewiß schon Besitz vom Kathedralbezirk ergriffen, mit Lubinus ist sie zu einer fest umrissenen politischen Einheit mit dem Kapitel ausgebildet.

Mit Malardus bricht im Jahre 654 die Reihe der heiliggesprochenen Chartreser Bischöfe ab; seit 600 werden keine eigenen Kirchengründungen mehr in den Bischofslisten angeführt, und Saint-Martin-au-Val, die älteste dokumentarisch überlieferte Chartreser Kirchengründung, zugleich die früheste bekannte Grabstätte eines Chartreser Bischofs[281], wird zum bevorzugten Ruheort der späteren merowingischen Bischöfe in nahezu ununterbrochener Reihenfolge von 600/610 bis 690[282].

(Saint-Aignan, die Kirche des ersten kanonisierten Chartreser Bischofs[283], und Saint-Cheron, seit dem Ende des 6. Jahrhunderts Ruheort des berühmten Lokalheiligen[284], dürften diese Ehre anschließend, in der anbrechenden Karolingerzeit, ebenfalls genossen haben. Von 879 bis 1060 ist es dann Saint-Père-en-Vallée[285], wo auch Fulbert bestattet wurde; danach, seit der Beisetzung des großen Chartreser Bischofs Yves 1115 in Saint-Jean-en-Vallée, teilt dieses Kloster die Ehre mit dem der Jakobiner[285].)

Die Lubinusbestattung

So dürftig die Quellen auch sein mögen[286], eines können wir ihnen mit einiger Sicherheit entnehmen: Keiner der heiliggesprochenen Bischöfe wurde an einem Ort beigesetzt, an dem schon einer seiner kanonisierten Vorgänger bestattet war — was sich mit den oben dargelegten Gedanken zum allgemeinen Brauch im Abendland deckt. Weil nun die Bestattung des heiligen Malardus um 654 in Saint-Martin-au-Val von keinem Autor angezweifelt wird[287], muß angenommen werden, daß zumindest zu dieser Zeit kein anderer heiliger Bischof dort gelegen hat[288]. Die Nachprüfung der Bischofslisten zeigt, daß es nur über den Ruheort eines einzigen heiliggesprochenen Bischofs eine widersprüchliche

Überlieferung gibt: über den des heiligen Lubinus, des bei weitem höchstverehrten frühen Lokalheiligen. Nach einigen widersprüchlichen Quellen seit dem 14. Jahrhundert, aber ohne jeglichen archäologischen Beweis, soll sein Grab in Saint-Martin-au-Val gewesen sein[289]. 1389 werden aber sowohl sein *corpus*-Schrein als auch seine Kopfreliquie in der in der Kathedrale verzeichnet[290]. Es spricht ferner sehr viel dafür, daß der kopflose Leichnam, der 1703 im Sarkophag unter der Nebenapside der abgebrochenen Kirche Saint-Serge-et-Saint-Bacche neben der Kathedrale gefunden wurde, die sterblichen Reste des Lubinus darstellte[291]; der merowingische Sarkophag trug an zwei Stellen die offenbar nachträglich eingravierten Buchstaben S. L. (sanctus Leobinus?, sepulcrum Leobini?)[292]. Wir wissen aber von Delaporte, daß dieser Sarkophag nicht der ursprüngliche gewesen sein kann, weil eine Quelle des 10. Jahrhunderts den Wortlaut einer langen Inschrift auf dem Sarkophag des Lubinus nach Augenzeugen wiedergibt; dieser Wortlaut ist auch typisch für das 6. Jahrhundert[293]. Jedoch nahmen auch diejenigen, die den Lubinus-Sarkophag in dem unter dem Nebenaltar der Kirche Saint-Serge-et-Saint-Bacche erkennen wollten, nicht an, dies sei eine ursprüngliche Bestattung. Sie meinten, der Sarkophag müsse von einer Translatio aus der Kirche Saint-Martin-au-Val stammen. Was sehr wohl für eine Translatio spricht (wenn auch nicht aus Saint-Martin), ist, daß der weniger berühmte Nachfolger des heiligen Lubinus, Calectricus, mit Sicherheit unter dem Hauptaltar der Kirche Saint-Serge-et-Saint-Bacche bestattet worden war; sein Sarkophag mit Inschrift wurde dort entdeckt[294]. Die geringere Bedeutung des Calectricus und die chronologische Folge der Todesdaten schließen von vornherein aus, daß Lubinus ursprünglich unter dem Nebenaltar beigesetzt gewesen sein könnte[295], sondern er muß nachträglich durch eine Translatio auf die Nebenstelle gekommen sein (nachdem der Hauptaltar bereits von dem Sarkophag seines Nachfolgers besetzt war) — *jedoch nicht in seinem merowingischen Sarkophag* (da sein *corpus* und sein Kopf 1389 in der Kathedrale aufbewahrt waren und weil der Sarkophag in Saint-Serge-et-Saint-Bacche nach weislich nicht der seine ist) *und auch nicht aus der Kirche Saint-Martin-au-Val.*

Wenn wir nun als Patron der Confessio östlich der Kathedrale einen heiliggesprochenen Chartreser Bischof als wahrscheinlich ansehen (in Anlehnung an das liturgische Beispiel der Peterskirche in Rom, aber, den lokalen Bedingungen unterworfen, nach außerhalb der Kirche verdrängt), dann kommt eben nur dieser Lubinus in Frage, weil alle übrigen Bischofsbestattungen anderswo nachgewiesen sind. Es wird sich zeigen, daß durch die Annahme einer Bestattung des Lubinus in der Confessio auch die widersprüchliche Überlieferung befriedigend erklärt wird. Unsicher wird vorerst nur bleiben, ob sein Sarkophag überhaupt nach seinem Tode 556 in Saint-Martin-au-Val gestanden hat. In diesem Fall müßte der Leichnam in jedem Falle vor 654 (Malardus-Bestattung in Saint-Martin) an eine andere Stelle gebracht worden sein — vermutlich schon vor 570 (Calectricus-Bestattung) in die Confessio. Sicher dagegen ist, daß bei der Überbauung und Eingliederung der Confessio in den Hauptbau der Kathedrale (1020 oder früher) der Sarkophag wegen des Bestattungsverbots innerhalb der Kathedrale wieder entfernt werden mußte: In der *an*gebauten Confessio hätte das Grab außerhalb der Kathedrale gelegen, bei der *Ein*gliederung der Confessio als Unterbau eines Umgangschores blieb keine Wahl, als den Heiligen umzubetten. Die Lubinus-Verehrung sowie auch das *corpus* wurden in die Oberkirche verlegt. Diese Annahmen lassen sich historisch und liturgisch erhärten. (Die Begründung des Patronats und die Benennung der heutigen Lubinusgruft gehen aus der einschlägigen zeitgenössischen Literatur nicht hervor[296].)

Lubinus war der berühmteste Chartreser Bischof der Merowingerzeit, 544—556[297]. Aus einer Lebensbeschreibung (wohl von der Hand seines Nachfolgers Calectricus) wissen wir mehr über ihn als über die meisten anderen Bischöfe dieser Epoche[298]. Dokumentarisch läßt er sich durch Beteiligung an den Konzilen zu Orléans 549 und zu Paris 552 belegen[299]. Im übrigen ist der Wahrheitsgehalt der Überlieferung von geringerer Bedeutung als die Legende, die seine liturgische Bedeutung bestimmte. Die Meßämter der Lokalheiligen richteten sich nach den Legenden[300].

Im Gegensatz zu seinen Vorgängern, die zum Teil adliger Herkunft waren[301], stammte Lubinus aus den unteren Ständen[302]. Er bildete sich aus eigenen Kräften, um schließlich in ein Kloster aufgenommen zu werden. Diese Vorgeschichte bestimmte ihn zum »Volksbischof«. Noch als Mönch wurden ihm verschiedene Wunder zugeschrieben, und sein Ruhm führte dazu, daß er nicht nur von den Geistlichen, sondern auch vom Volk zum Bischof ausgerufen wurde[303]. Es scheint sogar, daß seine Popularität unter dem Volk seine Weihe gegen gewisse formale Bedenken der höheren Geistlichkeit erzwungen hat[304]. Wir wissen die tatsächlichen Verhältnisse nicht, aber wäre in der ersten Hälfte des 6. Jahrhunderts die Erinnerung an den heidnischen Kultus im Volke noch wach gewesen (trotz der Enteignung und der Zwangsauflösung des Urheiligtums gut hundert Jahre früher), dann hätte es der Beliebtheit eines solchen Mannes bedurft, um eine neue Glaubenseinheit um das alte Heiligtum herzustellen. Die deutliche Betonung seiner politischen und administrativen Fähigkeiten, die in seiner Abgrenzung des Bistums und der Beschränkung und Regelung des Kapitels zum Ausdruck kommen, beweist, daß er es auch verstand, diese Beliebtheit tatkräftig der frühen Kirchenorganisation zugute kommen zu lassen[305]. Seine legendäre Gelehrsamkeit, die er schon als junger Mönch durch weite Reisen zu den Hauptbildungszentren an Loire und Rhône und in der Provence ausbildete, führte zu der Befestigung der Kathedralschule und damit zu einem wachsenden Einfluß durch die in Chartres geschulten Kleriker[306]. Entscheidend bleibt jedoch, daß seine Gemeinde ihn »wie einen Vater« verehrte[307]. Die Wunderheilungen, die er während seines Lebens bewirkte — auch Erweckungen vom Tode — »hörten nach seinem Tode nicht auf«[308]. Die Verehrung, die er schon vor seiner Wahl zum Bischof genoß, muß somit nach seinem Tode angehalten haben[309]. Bedenken wir die Abhängigkeit, Liebe und Verehrung seines Nachfolgers Calectricus[310], dann ist es nahezu undenkbar, daß diese Verehrung mit Bezug auf seine Grabstätte nicht von der Kirche geformt gewesen wäre und nicht dort auch gleich ihren liturgischen Niederschlag gefunden hätte. Es ist nun merkwürdig, daß der von den Quellen zwischen dem 14. und 17. Jahrhundert vermutete Bestattungsort Saint-Martin-au-Val davon unberührt blieb: Während diese Kirche ihr ursprüngliches Patronat behielt, wurden in der benachbarten Provinz nicht weniger als sechzehn Kirchen dem Lubinus (sogar ohne Reliquien?) geweiht[311]. Spuren der Lubinusverehrung können über einen großen Bereich Westfrankreichs verfolgt werden (Normandie, Bretagne, Vendée, Touraine, Maine und Anjou), und noch heute wird Lubinus in vier Diözesen außerhalb von Chartres verehrt (Poitiers, Versailles, Blois und Lucon)[312]. Die einzige Kirche, die dem Lubinus in der Stadt seiner gewaltigen Wirkung geweiht wurde, soll aber unglaubwürdigerweise ein kleines Oratorium, später Kloster Saint-Lubin-des-Vignes, gewesen sein — das nach einigen Autoren sogar von ihm selbst als Ruhe- und Andachtsort angelegt sein soll[313], und als solcher nicht unmittelbar der Totenverehrung gedient hatte.

(Bei der Finsternis der Überlieferung, in der wir uns bewegen, bekommt eine Bemerkung Challines in diesem Zusammenhang eine besondere Bedeutung: Bei Saint-Lubin-des-Vignes soll sich ein tiefer Brunnen befunden haben, dessen Wasser heilende Wirkung besaß[314]. Bedenkt man nun, daß die kleine Kirche schon im 10. Jahrhundert — also gut hundert Jahre vor dem Aganon Vetus des Mönches Paul (1081) — in Laien-hände gefallen war, dann ist zu fragen, ob der Zusammenhang zwischen einem St.-Lubinus-Heiligtum und einem heilwirkenden Brunnen nicht doch aus der Erinnerung an das ursprüngliche Verhältnis der Confessio zum Puits des Saints-Forts gewachsen sein könnte. Der Aganon Vetus überliefert als erster den Puits des Saints-Forts als christliche Kultstätte, angeblich durch den Märtyrertod des Frotboldus, 858 — als er geschrieben wurde, wäre die von uns angenommene Lubinus-Confessio aber schon mehr als ein hal-bes Jahrhundert umgestaltet gewesen[315].)

Die Verehrung der heiliggesprochenen Chartreser merowingischen Bischöfe zentriert sich (wo überliefert) jeweils auf ihren Bestattungsort, so Saint-Aignan, Saint-Solemnis in Blois, Saint-Adventinus in Chateaudun[316] und Saint-Boetharius in der Loir-et-Cher. Von diesen wurden *nur zwei*, die heiligen Anianus und Solemnus (nach dem ältesten calen-drier des 13. Jahrhunderts), mit vollen Meß-Lektionen *in der Kathedrale verehrt* und zwei weitere, Calectricus und Boetharius, mit einfachen *mémoires*[317]. Im Gegensatz dazu gehörte die Verehrung des heiligen Lubinus nach der Verehrung der Gottesmutter zu den wichtigsten Riten der Kathedrale: In der Liturgie des 13. Jahrhunderts gehörte die Lubinusfeier neben der Allerheiligen-Feier sowie den Feiern des Erzengels Michael, Jo-hannes des Täufers, des Petrus und Piatus zu den bevorzugten Fürbitter-Diensten[318], wobei zu beachten ist, daß damit die Engel, die Vorläufer Christi (der Alte Bund), die Apostel (der Neue Bund) und die Märtyrer je durch eine Hauptfigur vertreten sind. Lubinus vertritt in diesem Zusammenhang offensichtlich die Bekenner. Dies wird auch durch den Anruf im Meßamt zur Feier seines Todes (14. März) bestätigt: »confessor dei leobine«[319], ferner auch vom Text des *ordinaires* zum entsprechenden Tag: »sancti leobini episcopi et confessoris« und »de confessore episcopo«[320]. Daß die Verehrung des Lubinus als des Hauptbekenners der Kathedrale in einer *Confessio* untergebracht war, liegt nahe. Aus dem *ordinaire* des 13. Jahrhunderts ist der Ort einer schon 1020 und wieder im 12. Jahrhundert umgebauten östlich gelegenen Ring-*Confessio* nicht mehr zu entnehmen, aber wir werden sehen, daß aus der Unterbringung der Reliquien gewisse Schlüsse für die Übertragung des Ritus in die Oberkirche gezogen werden können. (Vor-weg muß aber darauf hingewiesen werden, daß sich nahezu alle anderen liturgischen Vorgänge, Prozessionen usw. nach dem *ordinaire* topographisch fixieren lassen, die auf Lubinus bezogenen jedoch unklar bleiben. So wurde zum Beispiel am 14. März, dem Tag seines Todes, sein Schrein in Prozessionen aufgesucht: Es wird aber nicht gesagt, an welcher Stelle in der Kirche sich der Schrein befand[321]. Auch zur zweiten Feier [am Tag seiner Einsegnung] am 15./16. September ist das Ziel der Prozession nicht näher bestimmt[322].)

Es liegt nahe, diese Unklarheit darauf zurückzuführen, daß sich der Ort ursprünglich von selbst verstand, und das als Hinweis auf die öffentliche Bedeutung der Verehrung noch im 13. Jahrhundert zu bewerten. Das wird durch die Reliquien bestätigt. Der Autor der Miracula B. Marie orientiert sich 1210 verschiedentlich nach der »capsa« oder dem »scrinium beati Leobini« und setzt den Ort der Reliquie als allgemein bekannt voraus[323]. Noch 1262 übernimmt Jehan le Marchant dieselbe Ortbeschreibung, obwohl mit baulichen Änderungen im Chorraum in der Zwischenzeit zu rechnen ist[324].

Die Vorzugsstellung, die die Lubinusverehrung bis ins 13. Jahrhundert im Chartreser religiösen Leben behaupten konnte, läßt sich noch weiter belegen:

1. Als einer von nur fünf Heiligen genoß Lubinus eine sogenannte *duplex*-Feier[325]: Dazu zählten außerdem Maria-Magdalena (»ajoutées a la liste lors de [sa] adoption, relativement tardive«[326]), Anna (nach 1204/5[327]), Piatus (offenbar deutlich erst seit dem 11. Jahrhundert[328]) und Nikolaus (später als die Einführung der Sakramentare des Gelasius und Gregors, also *nach* etwa 600[329]). Außer Nikolaus sind also alle diese Heiligenfeiern relativ spät belegt.

2. Dagegen wurde Lubinus gewiß schon vor dem Jahre 600 in der Kathedrale verehrt, und seine Feste waren in das calendarium aufgenommen[330]. Piatus, der Lubinus im 13. Jahrhundert nahezu gleichbedeutend ist und ihn seit dem 14. Jahrhundert weit überflügelt, tritt zu spät auf, um für unsere Fragestellung wichtig zu sein — außer im negativen Sinne als Verdränger des älteren Kultus.

3. Es braucht kaum noch hinzugefügt zu werden, daß Lubinus auch zu den vier wichtigsten Lokalheiligen der Stadt (im Gegensatz zu der Kathedrale) vor der Einführung der römischen Liturgie gezählt wird[331]: Laumer (in Saint-Michel[332]), Eman (in Saint-Maurice)[333] und Cheron (in Saint-Cheron). Die Meßämter dieser vier Heiligen, zu denen sich später noch Piatus gesellt, sind die wichtigsten der lokalen Kathedralliturgien[334].

4. Schließlich muß wieder auf die überregionale Bedeutung der Lubinusverehrung hingewiesen werden, die »a depassé de beaucoup les limites de l'ancien diocèse«[335]. Von den Chartreser Bischöfen wird nur Lubinus von den heutigen Ikonologen noch richtig erfaßt[336].

Nach alledem kann zusammenfassend gesagt werden, daß der außerordentlich wichtige Lubinuskult sich seit der frühesten Überlieferung auf die Kathedrale konzentrierte. Bedenken wir, wie die Heiligenverehrung mit der Zeit stets wechselte, dann überrascht die Beharrlichkeit, mit der sich dieser Kultus bis in die Neuzeit, auch auf populärer Ebene, hielt: Noch 1519 wurde eine Lubinuskapelle in den neuen Chorschranken eingerichtet[337], die bis tief in das 17. Jahrhundert erhalten blieb[338]; 1588 wurden noch *beide* Lubinusfeiertage in Chartres öffentlich anerkannt[339]. Kein anderer kanonisierter Chartreser Bischof besaß im Mittelalter eine eigene Kapelle oder einen Altar[340].

Die Ortsbestimmung der Lubinusverehrung

Anders sieht es mit der Ortsbestimmung dieses Kultes in der Frühzeit aus. Topographische Bezüge können nie allein nach den Altarweihen aufgestellt werden, besonders weil unsere frühesten Angaben (das von Delaporte veröffentlichte *ordinaire*) aus dem 13. Jahrhundert stammen, gut 200 Jahre nach der angenommenen Aufgabe der Lubinus-Confessio. Und gerade in diese 200 Jahre fällt die Tätigkeit solcher Reformer wie Fulbert und Yves. Die Forschung darf sich deswegen von der offenbaren Übereinstimmung der Altaranordnung im 12. bzw. 13. und 17. Jahrhundert nicht täuschen lassen. Zwar stimmen die Angaben Roulliards zu den fünf ältesten Altären der Krypta (»Saincts Forts, autrement de saincte Sauine & Potentienne«; Johannes der Täufer, Denis, Christophorus und Petrus »aux Liens«)[341] weitgehend mit den Angaben über die Hauptziele der Prozessionen in der 1. Hälfte des 12. Jahrhunderts überein[342], aber auch Delaporte räumt ein, daß dieses älteste Zeugnis der Altarstellungen auf eine liturgische Ordnung zurückzuführen ist, die erst um die Zeit Yves' (1090—1115) feste Formen annimmt[343].

Schon der Zustand vor Yves' Episkopat läßt sich nicht mehr mit Sicherheit rekonstruieren, noch weniger die liturgische Topographie vor dem eingreifenden Umbau Fulberts 1020. Nur für den Hochaltar und das Sanktuarium darf eine Kontinuität angenommen werden. Üblicherweise bestimmt die Lage des Hauptaltars die Anlage des Kirchenraumes, besonders dort, wo der kultische Mittelpunkt durch ein »gewachsenes« Urheiligtum festgelegt ist wie in Chartres. Seit der Neuzeit trifft dies allerdings leider nicht mehr zu. Der Hauptaltar der Unterkirche wurde bekanntlich im 17. Jahrhundert versetzt — im anschließenden Teil dieser Arbeit werden wir sehen, daß Merlets topographische Bestimmung seines ursprünglichen Standortes nicht stichhaltig ist. Auch in der Oberkirche befindet sich der Hauptaltar heute nicht mehr an seiner ursprünglichen Stelle — obwohl hier die frühere Anordnung überliefert ist und man annehmen darf, daß sie der des Fulbert-Baues entspricht. Wegen einer falschen Auslegung von Roulliards Beschreibung[344] — schon durch Pintard[345] — wird heute noch mit der Anordnung dreier Altäre hintereinander im mittelalterlichen Sanktuarium gerechnet. Nur jeweils zwei der drei werden jedoch in den Quellen gleichzeitig erwähnt. Die drei sind:

a) der Hauptaltar »in der Mitte des Chores«, im Bereich des dritten Joches östlich der Vierung (entweder hinter der Achse e2 oder vor der Achse e3)[346], der 1520 nach Osten an die Stelle des zweiten Altars versetzt wurde[347];

b) der Altar, an dem die Seelenmessen oder Gedächtnisfeiern gelesen wurden, in der Vorderflucht der Apside (hinter der Achse e4), d. h. an der Stelle, an der der Hauptaltar seit 1520 steht[348], und

c) dahinter ein dritter Altar unter der Axialarkade (Chorscheitelarkade) des Hochchorschlusses, der jedoch vor 1520 nicht bezeugt ist und der 1682 Allerheiligenaltar genannt wurde[349]. Über dem letztgenannten Altar befanden sich die großen Reliquienschreine der wichtigsten Heiligen der Kathedrale (siehe unten). Der gotische Hochaltar an seiner späteren Stelle (nach 1520) sowie auch der dahinterliegende (vermeintliche »dritte«) Allerheiligenaltar sind auf Félibiens Grundriß von 1679 deutlich zu erkennen (1767—1773 wurde der hochgotische Hauptaltar durch Bridans Gruppe der Assomption ersetzt). Nach der herkömmlichen Auffassung soll die Funktion des früheren zweiten Altars nach seiner Verdrängung durch den Hauptaltar auf den dritten Altar unter der Axialarkade des Chorschlusses (nennen wir ihn »Scheitelaltar«) übergegangen sein. Roulliard beschreibt jedoch eindeutig nur zwei Altäre: die Seelenmessen, die zu seiner Zeit am Scheitelaltar gesprochen wurden, seien früher vor einem Altar gesprochen worden, der durch die Versetzung des Hauptaltars an seine heutige Stelle verdrängt worden sei[350]. Ein Patronat für den angeblichen dritten Altar wird vor 1520 nie erwähnt und wäre wegen der engen Beziehung zwischen dem Seelenmessen-Altar und den dazugehörigen gehäuften Heiligen-Reliquien, die sich unter der Axialarkade des Hochchorschlusses (später also über dem Scheitelaltar) befanden, auch kaum zu nennen: Der zweite Altar selber, nicht nur sein Amt, muß 1520 auf die unbequeme Stelle unter der Scheitelarkade verdrängt worden sein. Auch die Quellen erlauben es keinesfalls, auf einen früheren Altar an dieser Stelle zu schließen[351]. Das enge Verhältnis der zwei östlich gelegenen Altäre zueinander entspricht keinem ursprünglichen Vorhaben. Dieses Verhältnis entstand erst aus dem vergrößerten Raumbedarf im Chorraum in Verbindung mit der Beibehaltung der wichtigen Reliquienverehrung in der Apside. Diese Reliquien bieten auch den letzten Schlüssel zu der möglichen Vorgeschichte der Lubinus-Verehrung und zu der Entwicklung des Chorumganges aus der Confessio.

Auf dem Hauptaltar befanden sich im 16. Jahrhundert nur die Hostien in einem silbernen Ziborium und ein silbernes Marienbild[352]. Hier war auch gelegentlich die sainte chasse, der Schrein mit dem Mariengewand als der Hauptreliquie der Kathedrale, ausgestellt[353]. Während ein Großteil der kleineren Reliquien zu dieser Zeit in Schatzkammern zu beiden Seiten des Hauptaltars (im Bau der Chorschranke zwischen den jeweils ersten Pfeilerpaaren des Chorrunds) aufbewahrt wurden, befanden sich die sechs großen Schreine mit den corpora wichtiger Heiligen der Kathedrale hoch oben unter der Axialarkade des Chorrundes. In etwa 10 bis 11,50 m Höhe müssen die drei Etagen des vergoldeten Aufbaues ein dominierendes Merkmal in der Achse der Kathedrale gebildet haben und von weither, über den Lettner und die Chorschranke hinweg, sichtbar gewesen sein. Wir stützen uns auf eine Beschreibung des Kanonikers Estienne aus dem Jahre 1682. Beim Bau der Chorschranke im 16. Jahrhundert ist nirgends die Rede von einem Neubau dieser Reliquienbühne, möglicherweise jedoch von einer Ausbesserung wegen der Einziehung der neuen Chorschranke (1539)[354], die in diesem Bereich nur in ihrem unteren Geschoß ununterbrochen herumgeführt wurde, während eine Lücke in der Folge der Nischenskulpturen der Stelle der heute verschwundenen Reliquienbühne entspricht (Abb. 55)[355]. Der nachträgliche Bau einer Steintreppe als Zugang zu der Reliquienbühne ist dagegen für das Jahr 1585 eindeutig überliefert[356]. Es muß also vorher eine Holztreppe existiert haben. Dies führt zu dem Schluß, daß die Reliquienbühne wahrscheinlich gänzlich aus Holz gebaut war und daß sie wegen ihrer Höhenlage von dem Bau der Chorschranke bis auf die erwähnten Ausbesserungen unberührt blieb. Erst 1716 wird von einem Umbau der Reliquienbühne gesprochen[357], bei dem die vorhandene Holzbalustrade ausdrücklich erwähnt wird[358]. In den Jahren 1722 und 1723 gibt es erhebliche Schwierigkeiten mit Gerüsten und Anschlußarbeiten an der »tour des chasses«[359]. Es ist anzunehmen, daß die mittelalterliche Anlage bis dahin erhalten geblieben war[360]. Leider ist unser einziges früheres Zeugnis aus dem Jahre 1389 widersprüchlich: Im dritten Teil der Vieille Chronique werden die Reliquienschreine wohl *in capite chori* beschrieben, jedoch mit dem Zusatz *ante majus altare*[361]. Das ist jedoch so gut wie ausgeschlossen: Die sechs großen Schreine hätten im 14. Jahrhundert im Chorraum kaum *vor* dem Hauptaltar Platz gehabt. Zwischen dem Hauptaltar und dem Chorpult waren nur ungefähr sechs Meter freier Raum[362]. In dieser Enge sind die Schreine bei der Messe kaum vorstellbar, und auch liturgisch gesehen wäre dies eine höchst merkwürdige Anordnung[363]. Einen weiteren Indizienbeweis bietet das Inventar vom Jahre 1322, das die Reliquien ausdrücklich *sine sanctis capsis aufführt*[364]. Die großen Schreine sind demnach nicht auf Altären oder in den Schatzkammern mit den restlichen Reliquien zusammengewesen. Da bis auf einen keiner der betreffenden Heiligen zu der Zeit einen eigenen Altar besaß, darf angenommen werden, daß sich die Reliquien zusammen auf der für später überlieferten Bühne befanden[365]. Eine ähnliche Anlage des 13. Jahrhunderts dürfte die rekonstruierbare Aufstellung des Elisabethschreines über und hinter dem Hochaltar der Marburger Elisabethkirche bieten. Einer der sechs Heiligenschreine auf dieser Bühne nahm 1389 noch das corpus des Heiligen Lubinus auf, wieder unter Anführung seiner Eigenschaft als *confessor*: Item corpus sancti Leobini, Carnotensis episcopi et confessoris[366]. Weil der Leichnam des Lubinus vor 1682 entfernt wurde[367] — wahrscheinlich wurde er kurz nach 1424 durch Taurin ersetzt[368] — und auch weil der Kopf des Heiligen ebenfalls in der Kathedrale (aber in einem getrennten Reliquienbehälter) aufbewahrt wurde[369], ist die Existenz des großen Lubinusschreines sogar bei den wichtigsten

Untersuchungen zur Liturgie unberücksichtigt geblieben[370]. Das *ordinaire* des 13. Jahrhunderts spricht ausschließlich von der capsa sancti leobini[371] wie von der capsa sancti piati[372], dessen Schrein nachgewiesenermaßen den ganzen Leichnam bewahrte, im Gegensatz zu den mit capud bezeichneten *Kopf*reliquiaren der Heiligen Anna, Matthäus und Theodor. Mit »capsa« ist also gewiß der Schrein des *corpus sancti Leobini* des 14. Jahrhunderts gemeint; und daß die anderen vier Schreine nicht erwähnt werden, deutet darauf hin, daß die Sechser-Aufstellung vielleicht nicht ursprünglich war.

Eine kurze Analyse der Anordnung der Schreine auf der Reliquienbühne im Jahre 1682 ist notwendig, um die spärlichen Quellen zu deuten: Der Aufbau war pyramidenförmig; auf der ersten Etage standen drei Schreine, auf der zweiten zwei und auf der dritten nur einer. Wir geben die Maße nach Estiennes Angaben in Zentimetern an:

des ossements de plusieurs
saints entre autres
Solin. 60 x 32 x 56

Taurin		Bohaire (Monulphe)
100 x 40 x 72		73 x 35 x 60
Tugual	Piat	Calectricus
64 x 32 x 60	200 x 51 x 60	70 x 35 x 64

Nur der Schrein des Piatus enthielt einen ganzen Leichnam und ist, seiner Größe entsprechend, in der Mitte unten angeordnet. Der Taurinus-Schrein beweist aber, daß die Bühne durchaus auch für Schreine, die länger wären als die übrigen, Platz bot. Da der Leichnam des Lubinus ohne Kopf war, dürfte die Länge des Lubinusschreines etwa zwischen der des Piatus- und der des Taurinus-Schreins gelegen haben. Damit könnte sogar diese spät überlieferte Aufstellung einfach durch Austausch der Schreine des Taurin und des Lubinus entstanden sein. Allerdings ist eher anzunehmen, daß die ursprüngliche Aufstellung nur drei Schreine (Tugual, Piat, Lubinus) auf einer einzigen Ebene umfaßte. (Damit hätten die zwei langen Schreine nebeneinander gestanden.) Wir schlagen diese Anordnung vor, weil die Reliquien der drei Chartreser Bischöfe Solemnis (Solin), Boetharius (Bohaire) und Calectricus im 13. Jahrhundert liturgisch kaum berücksichtigt wurden. Ihre Aufstellung an diesem Ort zu der Zeit ist daher sehr fraglich. Die Solemnisreliquien bilden von vornherein nur Teil einer nicht genau bestimmbaren Ansammlung im kleinsten Schrein der Anlage[373]. Bei den sogenannten Boethariusreliquien könnte es sich sogar um einen anderen Heiligen (Monulphe) handeln[374]. Aber auch wenn wir es hier tatsächlich mit Boetharius zu tun haben, wissen wir, daß sowohl seine Verehrung als auch die des Calectricus erst um 1368 vollgültig in die Kathedrale aufgenommen wurde[375], d. h. nur rund 20 Jahre vor der Aufstellung unseres ältesten Inventars der Leichnamreliquien. Als diese drei Schreine 1587 neu hergestellt und geweiht wurden[376], war man um Authentizität der Reliquien bemüht (es wird in diesem Zusammenhang kein Zufall sein, daß die Steintreppe zwei Jahre früher gestiftet worden war, siehe oben): Der einzige der sechs Schreine, der eine Inschrift trug (CHALÉCTRICUS), barg Reliquien, deren Herkunft nicht sicher war[377]. Zudem erfahren wir von Estienne (1682), daß die Reliquien der heiligen Solemnis und Calectricus »früher« noch verwechselt werden konnten[378]. Die dürftige Überlieferung scheint eine konsequente Verehrung seit dem Tode dieser Heiligen auszuschließen.

Im 13. Jahrhundert mit Sicherheit vorhanden und von Bedeutung waren damit neben

Lubinus nur die Heiligen Piat und Tugual. Über Piat brauchen nur wenige Worte gesagt zu werden. Wir haben gesehen, daß dieser Märtyrer im 13. Jahrhundert für die Kathedrale nahezu gleichbedeutend mit Lubinus war. Sein *corpus* war spätestens seit dem 11. Jahrhundert in der Kathedrale[379], nach der Tradition schon seit 880[380]. Die Popularität seines Kultus setzt jedoch erst 1310 mit der *reconnaissance* seiner Reliquien und der folgenden Wunderwirkung ein[381]. Über Tugual, dessen Schrein der zweitkleinste ist, sind wir weniger gut informiert. Im Inventar von 1389 wird er erst an vierter Stelle angeführt. Nach Lucien Merlet war er ein Abt von Tréguier, dessen Reliquie im 9. Jahrhundert nach Chartres gekommen ist[382], während Delaporte ihm als »évêque et confesseur« aufführt, der in der Messe des 13. Jahrhunderts (»gegen alle Wahrscheinlichkeit«) als Papst angerufen wurde[383]. (Das Inventar von 1682 findet einen Mittelweg und nennt ihn »évêque de Tréguier«.) Er soll 514 gelebt haben; auf seinen Namen wurde im 12. bis 13. Jahrhundert ein großes Meßamt von neun Lektionen gefeiert. Restlos überzeugend bleiben nur die Reliquien von Piatus und Lubinus, die auch im *ordinaire* des 13. Jahrhunderts als einzige *capse* (neben der Saint-Châsse) angeführt werden und deren *duplex*-Messen ihre Bedeutung hervorheben; sie gelten allein unter den sechs in Betracht stehenden Heiligen neben der Maria als Fürbitter in der Liturgie des 13. Jahrhunderts. Aus dem *ordinaire* wissen wir jedoch, daß sich zu dieser Zeit die Reliquie des Apostels Thomas an demselben Ort befand wie der Schrein des Lubinus[384]. Die Herkunft dieser Reliquie ist im Gegensatz zu denjenigen, die durch die Kreuzzüge erworben wurden, nicht überliefert; sie dürfte demnach wahrscheinlich schon im hohen Mittelalter vorhanden gewesen sein[385]. Denken wir uns diese drei Schreine nebeneinander auf der Reliquienbühne, dann fällt auf, daß wir durch die Vermittlung hervorragender Reliquien den Vertreter der Märtyrer, der Apostel und der Bekenner vor uns haben, die einerseits in Beziehung zu den drei Radialkapellen des Chorrundes standen, die wiederholt das Ziel der Prozessionen bildeten[386], und andererseits als Vertreter aller Heiligen direkt auf den Altar der Seelenmessen bezogen gewesen wären.

Wann Tugual die Thomasreliquie verdrängt hat, darf dahingestellt bleiben; 1389 wird sie an letzter Stelle aufgeführt.

Zusammenfassend können wir die Geschichte der liturgischen Verehrung der Lubinusreliquien an Hand der folgenden Gegebenheiten ablesen: 1389 wird sein *corpus* noch an zweiter Stelle nach den kurz vorher zu außerordentlichem Ruhm gelangten Piatus-Reliquien aufgeführt. Nur von Lubinus waren zwei Reliquien vorhanden; die Kopfreliquie wäre auf eine eigene Kapelle zu beziehen[387]. Von den übrigen Heiligen Chartreser Bischöfen, die auf der Reliquienbühne vertreten sind, kann nur für Solemnis eine ununterbrochene Verehrung liturgisch nachgewiesen werden, seine Reliquien dagegen sind einigen Zweifeln unterworfen. Da sein *corpus* an dritter Stelle gleich nach dem des Lubinus aufgeführt wird, müssen wir annehmen, daß die Reliquien 1389 doch anerkannt waren. Es liegt aber nahe, daß sie erst um 1368 zusammen mit den erst zu der Zeit wieder zu neuem Ansehen gekommenen Heiligen Boetharius und Calectricus auf die Reliquienbühne gelangt sind[388]: Nur die *capse* des Lubinus und des Piatus sowie auch die Reliquie *manus* des Thomas sind im *ordinaire* des 13. Jahrhunderts erwähnt, die im 14. Jahrhundert erwähnten Schreine *(capse)* der Reliquienbühne kommen dort überhaupt noch nicht vor. Vor dieser Zeit waren also wahrscheinlich nur drei Schreine auf der Bühne: Die des Lubinus und Piatus und möglicherweise des Tugual, wahrscheinlicher des Thomas. Eine Verdrängung der Thomasreliquien durch Tugual ließe sich im Zuge der liturgischen Umstellung um 1368 gut denken; seit über 100 Jahren waren die Lehrsätze des hohen Mittelalters schon stark angeschlagen. (Die Verehrung des Tugual und des Piatus ist im 13. Jahrhundert liturgisch gut belegt, aber auch wenn wir den Traditionen vollen Glauben schenken, sind die Reliquien dieser Heiligen frühestens im 9. Jahrhundert nach Chartres gekommen.)

Als nun um 1424 das *corpus* des hl. Taurinus in den Besitz der Kathedrale gelangte, muß das des Lubinus entfernt und in der benachbarten Kapelle Saint-Serge-et-Saint-Bacche bestattet worden sein. Daß ausgerechnet das corpus des Lubinus, der die mächtigste Tradition sowie die größte Verehrung beim Volk und in der Liturgie aufwies, weichen mußte, erklärt sich vor allem daraus, daß Lubinus als einziger der sechs Heiligen auf der Schrein-Bühne außerdem noch eine eigene Kapelle in der Kathedrale nebst einer gleichwertigen Reliquie besaß. Überdies hatte der Leichnam wohl allmählich an Bedeutung verloren und wurde in seiner Wirkung angezweifelt, während die Reliquien anderer Heiliger an Bedeutung gewannen. Ein solcher Vorgang ist nicht nur für Chartres wiederholt belegt[389]. Das Aufkommen der Verehrung der beiden Bischöfe Bohaire und Calectricus, knapp 60 Jahre früher, ist gut gesichert, die etwas gezwungene Erfindung der Reliquien des Solemnis dürfte in gleichem Zusammenhang stehen. (Auch Tugual darf in diesem Zusammenhang gesehen werden, obwohl wir für ihn in hohem Maße auf Indizienbeweise angewiesen sind.) Die Piatusverehrung war erst 14 Jahre früher stark aufgeblüht, gewiß zum Nachteil des Glaubens an die Wunderwirkung des Lubinuscorpus[390]. Die geschlossene Sechserkomposition der Aufstellung ließ keinen zusätzlichen Schrein zu, fünf der sechs vorhandenen waren erst kurz vorher aufgestellt worden.

(Blickt man zurück, dann ist es eher überraschend zu sehen, wie die Bedeutung des Lubinuskultes dem früheren Ansturm einiger der wertvollsten Reliquien des Abendlandes standgehalten hat: Die karolingische Schenkung des Mariengewandes bezog sich direkt auf den Hauptaltar und die Hauptpatronin der Kirche, aber im Laufe des 12. und 13. Jahrhunderts wurden der Kathedrale auch die Kopfreliquien der Heiligen Anna, des Heiligen Matthäus und des Heiligen Theodor geschenkt[391].)

Ergebnis

Wir nehmen an, daß Lubinus hart an der Ostwand des gallorömischen Kultbaus beigesetzt wurde. Möglicherweise fand die Beisetzung auf einem schon bestehenden Friedhof statt[392], sonst ist es ebenso wahrscheinlich, daß der schon zu Lebzeiten als heilig angesehene Mann gleich mit der Absicht an dieser Stelle begraben wurde, seine Ruhestätte von der Kathedrale aus zugänglich anzulegen. Das im Kern erhaltene Mauerwerk dieser Confessio braucht keinesfalls das ursprüngliche zu sein, ist aber jedenfalls als vorromanisch anzusehen. Ein Augenzeugenbericht aus dem 10. Jahrhundert beweist, daß die Inschrift auf dem Sarkophag sichtbar war[393]. Wir dürfen uns den Sarkophag zu dieser Zeit in der Confessio vorstellen.

Es muß nun überprüft werden, ob die Überlieferung der zwei Lubinusfeiern etwas über den von uns angenommenen Umbau der Confessio unter Fulbert aussagt. Im 9. Jahrhundert ist der 15. September schon als Lubinus-Feiertag bezeugt, aber die Feier wird dabei nicht genau bestimmt. Erst durch einen Zusatz im 11. Jahrhundert — nach dem Umbau also — wird diese Feier durch einen Zusatz auf die *translatio* bezogen, im 13. Jahrhundert gleichwohl auf die *ordinatio* oder Einsegnung[394]. Die translatio wäre demnach durchaus auf die Übertragung des *corpus* aus der Confessio und die Einrichtung der Reliquienbühne in Fulberts Oberkirche zu beziehen. Es dürfte kein Zufall sein, daß die Translations-Messe dem Fulbert selber zugeschrieben wird[395]. Die frühere Feier wäre die der ordinatio gewesen[396]. Obwohl die zweite Lubinusfeier — die des Todesdatums am 14. März — erst seit dem 11. Jahrhundert überliefert ist, darf angenommen werden, daß sie ihren Ursprung im 6. Jahrhundert hat[397]. Die zwei Feiern werden auch auf die zwei Reliquien zu beziehen sein, und die Kopfreliquie wird sich wahrscheinlich von Anfang an in der Oberkirche befunden haben. (Die älteste Erwähnung dieser Feier stammt aus einer Chartreser Kopie des Usuard aus dem 11. Jahrhundert. Dem karolingischen Märtyrologium — in dem ursprünglichen fehlte Lubinus — hat der Chartreser Kopist *Carnotis, depositio sancti Leobini episcopi et confessoris* für den 14. März hinzugefügt[398].)

Mit der Einverleibung der Confessio in Fulberts Neubau mußte dann die Beisetzung formal aufgehoben werden. Entweder blieb der Sarkophag unter dem zur Hälfte zugeschütteten Kryptengeschoß liegen, oder er wurde entfernt und zerstört. Die Aufstellung des *corpus* auf einer erhöhten Reliquienbühne würde dem Bestattungsverbot in der Kathedrale am ehesten entsprechen — wir haben aus dem 16. Jahrhundert ein Parallelbeispiel in dem Grabmal des Barons de Bourdeilles, das auch nicht den Boden berühren durfte[399]. Am bezeichnendsten ist aber die Tatsache, daß das corpus im Grundriß an genau derselben Stelle blieb, nur wurde es der Baukonzeption entsprechend höher gelegt. Obwohl die drei Radialkapellen einen integralen Teil der vorromanischen Confessio bildeten, spielten sie bei dem Ausbau der Confessio zum Chorumgang auch der Oberkirche eine entscheidende Rolle bei einer weiteren Erscheinung: Wie Fulberts Neubau die bis dahin zerstreut liegenden Kultbauten in einer monumentalen Kathedrale vereinigte (man denke z. B. auch an die Täufer-Kapelle, die in der Südgalerie der Krypta untergebracht wurde), so wurde auch möglicherweise eine Zusammenlegung der Reliquien angestrebt. Diese beiden Aspekte würden die von uns vorgeschlagene und weitgehend belegte Vereinigung der Märtyrer-, Apostel- und Bekennerreliquien über einem einzigen Sanktuariumsaltar entsprechen (die den Brennpunkt der dazugehörigen Radialkapellen bildete). In dem zentrifugal gerichteten Messedienst und der zentripetalen Blickrichtung der Gläubigen vom Umgang her wäre die Tradition der alten Confessio beibehalten worden. Weil jedoch beide Altäre nunmehr in ein und demselben Sanktuarium standen, war man dem Ziel, die vor- und frühchristlichen Kulte in einen Gesamtzusammenhang zu bringen, einen Schritt näher gekommen. Dieser Gedanke findet seine Bestätigung in der Tatsache, daß Fulbert mit der endgültigen Verlegung des Brunnenkultes in die Oberkirche weniger Glück hatte — Notre-Dame-sous-Terre blieb das populärste Kultzentrum bis in die Neuzeit. (In Parenthese darf auch erwähnt werden, daß noch im 13. Jahrhundert — wahrscheinlich der Liturgie des 12. Jahrhunderts entsprechend — die Allerheiligenverehrung, deren Altar unter den Heiligenschreinen stand, auch direkt auf die Unterkirche bezogen war[400].)

Beim Brand von 1194 ist nirgends die Rede von verlorengegangenen Heiligenreliquien; auch der 1120 geschenkte Kopf des heiligen Theodor überstand die Katastrophe. Aus der Baugeschichte der Kathedrale ist auch zu schließen, daß der Chor seit der Mitte des 12. Jahrhunderts eingewölbt gewesen war. Das *ordinaire* beweist, daß der Brand die Liturgie kaum beeinflußt hat. Erst nach der 2. Hälfte des 14. Jahrhunderts scheint sich die Verehrung der Lokalheiligen stärker gewandelt zu haben, bis schließlich um 1424 das Lubinus-*corpus* in einem der Sarkophage seiner merowingischen Vorgänger nach Saint-Serge-et-Saint-Bacche transferiert wurde. Aus diesem Anlaß werden wohl erst die Buchstaben S. L. angebracht worden sein — mit gutem Grund, wie sich nachträglich herausgestellt hat. Der kopflose Leichnam kann kaum ein anderer als der des Lubinus sein, denn sonst ist in Chartres keine Dekapitation und keine andere Kopfreliquie eines Lokalheiligen überliefert.

Es ist aber notwendig, die uns betreffenden Vorgänge in der Kirche Saint-Serge-et-Saint-Bacche im Zusammenhang mit dem Sarkophag des Calectricus kurz zu überprüfen. Es ist kaum anzuzweifeln, daß Calectricus bei seinem Tode hier unter dem Hauptaltar beigesetzt wurde[401]; seine Feier wurde noch im 13. Jahrhundert am selben Tag wie die der Patrone seines Bestattungsortes gefeiert. (Es liegt nahe, dasselbe für Lubinus vorauszusetzen, wäre er an irgendeinem anderen Ort in Chartres begraben worden als in — formal gesehen neben — der Kathedrale.) Eine translatio des Calectricus von Saint-Martin-au-Val wäre schwer zu begründen[402]. 1389 war das *corpus* bestimmt schon in der Kathedrale[403], auch noch 1682. Als sein Sarkophag dann 1703 entdeckt wurde, befanden sich darinnen nur einige merowingische Ornamentplatten[404]. Das Lubinus-*corpus* hingegen, ebenfalls 1389 in der Kathedrale nachgewiesen, fehlt im Inventar von 1682 und wurde entsprechenderweise 1703 in »seinem« S. L. bezeichneten Sarkophag vollständig wiedergefunden.

Bekanntlich wechselte die Kirche Saint-Serge-et-Saint-Bacche im Laufe der Zeit ihr Patronat auf das des großen Bekenners Nikolaus. Steht dieser Wechsel in irgendeinem Zusammenhang mit der Bekennerbestattung des Lubinus? (Das Datum der translatio des Calectricus ist unbekannt und kann deswegen nicht herangezogen werden.) Schon 1114 wird der Name Nikolaus im Zusammenhang mit den Patronen der Kirchen erwähnt, aber liturgisch macht sich dieser Name bis 1387 in keiner Hinsicht bemerkbar[405]. Sowohl im *veridicus* des 12. Jahrhunderts wie im *ordinaire* des 13. Jahrhunderts ist stets nur die Rede von der Kirche Saint-Serge, und unter diesem Namen wird sie auch 1190 dem Kapitel übermacht. 1322 sind die Reliquien der beiden Patron-Heiligen in der Schatzkammer der Kathedrale aufgeführt[406], und in einer Akte von 1387 fehlen ihre Namen zugunsten des Nikolaus völlig[407]. Gleichwohl fehlt aber der Name des heiligen Nikolaus in einem Dokument aus dem Jahre 1412[408]. Erst nach dem Datum der angenommenen Umbettung des heiligen Lubinus 1424 verschwinden die Namen Sergius und Bacchus endgültig aus den Akten[409]. Diese Beobachtung darf jedoch nicht überbewertet werden.

Schließlich steht uns noch ein ikonographisches Hilfsmittel zur Verfügung. Die vorletzte rekonstruierbare Fassung des Skulpturenprogramms der Kathedrale von Chartres ist nämlich für die Frage der Bedeutung der Bekenner aufschlußreich. Das vorausgehende Programm aus der ersten Hälfte des 12. Jahrhunderts können wir mit Hilfe des portail royal nur mangelhaft überblicken. Das portail royal belegt eine beherrschende Christozentrik der Westfassade. Ob Querhaus- oder, genauer gesagt, Seitenportale an der Längsseite des Gebäudes dieses frühe Programm vervollständigen sollten, kann noch nicht beantwortet werden. Aber die Gewändefiguren des heutigen mittleren Nordportals lassen sich *nach* 1194 schwer stilistisch unterbringen. Die christozentrische Bestimmung des Haupteinganges behielt auch das Programm von 1194 bei: Gerichtsportal als Mittelportal, flankiert von einem Märtyrerportal (Christus als erster Märtyrer gedacht) und ein Inkarnationsportal. Die ursprünglichen *Einzel*portale der Querhausfassaden wurden dann im Norden der heiligen Maria und im Süden den Bekennern gewidmet[410]. Daß das große Marienportal von der lokalen Liturgie bestimmt war, geht aus dem Programmwechsel nach 1204 hervor: Die Marienfigur wurde gegen eine Annenfigur mit Bezug auf die neuerworbene Schädelreliquie der heiligen Anna ausgetauscht. In ähnlicher Weise muß das Bekennerportal auch in seinem Bezug auf die lokalen Bischöfe gesehen werden, deren Reliquien ebenfalls zu den wertvollsten Chartreser Traditionen gehörten. Das Programm des ausgehenden 12. Jahrhunderts bietet damit einen wichtigen letzten Einblick in die Entwicklung der franko-gallischen Kirche aus den lokalen spätantiken Traditionen. Die Programme der Seitenportale wurden von den lokalen Traditionen mitgeprägt: einerseits von der Tradition des Urheiligtums der Muttergottheit, andererseits von der Paralleltradition der ersten Umbildung dieser lokalen Tradition zur christlichen Kultstätte durch Bekenner, über deren Verehrung der Weg zum Verständnis der christlichen Religion eröffnet wurde. Das klare christozentrische Dogma — nicht zuletzt von der Chartreser Schule präzisiert und durchgebildet — hätte aber in diesem Programm das ganze System vom Hauptportal her bestimmt.

ANHANG: BEMERKUNGEN ZU DEN VERÖFFENTLICHTEN KRYPTAGRUNDRISSEN

(Anmerkungen zum Anhang S. 122 ff.)

Wie wichtig die genauen Maßverhältnisse des jeweiligen Grundrisses sowohl für den Entwurf einer Kathedrale als auch für die Erforschung ihrer Baugeschichte sind, wird von der Kunstwissenschaft nicht immer hinreichend gewürdigt. Im Fall der Chartreser Kathedralkrypta freilich liegt die Bedeutung dieser Verhältnisse auf der Hand: Da in der Krypta Mauermassive und ummantelndes Mauerwerk der verschiedensten Epochen nebeneinanderstehen — frühmittelalterliche Teile schließen an gallorömische an und sind ihrerseits in späterer Zeit umgebaut worden — hat der Grundriß einen unmittelbaren und anschaulichen Bezug zur Baugeschichte. Seine Darstellung spiegelt den jeweiligen Forschungsstand; sie wird hier nicht um ihrer selbst willen behandelt, sondern als Voraussetzung für jede Untersuchung des Befundes.

Die Krypta ist bisher am besten durch den Grundriß bekannt, den die Architekten Paul Laffolye und Clément Miroux 1908 für René Merlet anfertigten. Er erschien in Vierfarbendruck in früheren Auflagen der Petite Monographie und wurde später durch ein schraffiertes Schwarz-Weiß-Klischee ersetzt[1].

Dieser weitverbreitete Grundriß beruht aber keineswegs auf eigenen Bauaufnahmen der verantwortlichen Herausgeber, sondern ist lediglich eine Umarbeitung des vor 1867 herausgegebenen großen Folio-Grundrisses von Lassus[2]. Im Gegensatz zu den anscheinend sehr genauen Aufmaßen, die den Grundrissen der oberen Teile der Kathedrale zugrunde liegen, hat für den Kryptagrundriß auch Lassus offenbar keine genaue Vermessung vornehmen lassen. Es scheint vielmehr, daß er seinerseits den Grundriß Félibiens aus dem Jahre 1678 auf die Neuvermessung der Oberkirche abstimmen und zeu zeichnen ließ. Der Grundriß Félibiens ist zwar im Original nicht erhalten[3], doch wurde ein Kryptagrundriß nach dieser Unterlage (oder nach einer Kopie) von der Société Archéologique d'Eure-et-Loir angefertigt und zweimal veröffentlicht[4];aus übereinstimmenden kleinen Fehlern in den Grundrissen von Félibien und Lassus kann geschlossen werden, daß sich Lassus auf die ältere Aufnahme gestützt hat[5]. Bei der Umzeichnung wurden einerseits einige Fehler der älteren Darstellung korrigiert[6], andererseits aber kamen einige neue hinzu[7].

Diese Fehler wurden alle von Merlet übernommen, der aber noch andere Punkte falsch darstellte — teils nachlässig, teils offenbar absichtlich. Seine Verfälschungen betreffen einmal den leicht kontrollierbaren sichtbaren Befund[8] und zweitens das Verhältnis der gotischen Ummantelung zum älteren Mauerwerk[9], dies besonders im Bereich der nördlichen Langchor-Außenmauer (EIII—IVn2). Hier werden nämlich die gotischen Strebepfeiler dargestellt, als seien sie dem älteren Mauerwerk beziehungslos vorgesetzt. Die Bauvorgänge an dieser Stelle gehören zu den kompliziertesten der Kathedrale; sie sind auch beim heutigen Stand der Forschung noch nicht eindeutig zu klären. Doch kann schon soviel gesagt werden, daß Merlets Darstellung des Mauerbefundes in diesem Bereich falsch und äußerst irreführend ist. Die von Merlet als homogen (schwarz) dargestellte rund 2,65 m starke vorgotische Außenmauer EIII—IVn2 besteht in Wirklichkeit eindeutig aus zwei Schichten: einer inneren Schicht von 1,34—1,45 m und einer weitgehend mit den gotischen Strebepfeilern in Verband stehenden Außenschicht von 1,25 m Stärke, zu der auch das Portal in EIVn2 gehört[10]. Daß diese falsche Darstellung des Baubefundes beabsichtigt gewesen sein muß, geht aus einem schon 1893 veröffentlichten Grundriß Merlets[11] hervor, der auf einer eingehenden Untersuchung eben dieses Bereiches beruht[12]. Es ging Merlet dabei um den Nachweis, daß wir es in diesem Bereich mit den Resten eines freistehenden karolingischen Glockenturmes zu tun hätten; der vorgefundene Baubefund stimmte jedoch nicht mit seinen Vorstellungen überein[13]. Daß auch der entsprechende Baubefund an der Südseite EIII—IVs2 teilweise in ähnlicher Art falsch dargestellt wird, läßt sich nur auf den Versuch zurückführen, daß im Norden Gezeigte zu bestätigen[14]. Ob weitere Fehler in diesem Grundriß auf eine vorgefaßte Vorstellung von der Baugeschichte zurückzuführen sind oder ob sie lediglich einer Vereinfachung darstellen, darf dahingestellt bleiben. Wie irreführend jedoch unvereinbare Bauteile kommentarlos in ein und dieselbe Epoche zusammengefaßt sind, soll an einem letzten Beispiel aus dem eben besprochenen Bereich gezeigt werden: Das kleine Portal im südlichen Langchor (EIVs2) und sein Gegenstück im Norden (EIVn2) waren schon vor 1888 sowohl von Bulteau[15] als auch von Durand[16] mit Recht in das 12. bzw. 13. Jahrhundert datiert worden. Nach dem Grundriß der Petite Monographie gehören sie jedoch beide noch ins 11. Jahrhundert.

Die Grabungsbefunde sind bei Merlet nicht besser wiedergegeben als das sichtbare Mauerwerk. Wir zählen sie in chronologischer Reihefolge auf (und behandeln die Berichte über die Ausgrabungen später in dem zweiten Band). Erstens wird im südlichen Querhaus der Bereich des Mittelschiffes als remblais inexplorés angegeben; tatsächlich waren hier jedoch vier aufschlußreiche Probegrabungen durchgeführt worden. Zweitens werden zwei (rosafarbene) Mauerreste « s » und « s' » im östlichen Vierungsbereich (nE und sE) als murs latéraux de la cathédrale du IXe découverts en 1891 angegeben; was bei der Grabung von 1891 an vergleichbaren Mauerresten gefunden worden war, befand sich aber in den westlichen Winkeln der Vierung (also nW und sW) und ist durchaus nicht als karolingisch zu bezeichnen, sondern steht im Verband des 13. Jahrhunderts. Drittens war das vielzitierte Mauerwerk « K » — « K' » im nördlichen Querhausarm, die sogenannten Fondations du porche de la fin du XIe, keineswegs, wie dargestellt, nach Westen abgewinkelt, sondern nach Osten. Die « Entdeckung » des Puits des Saints-Forts zwang Merlet zu irreführenden Darstellungen: Für den Verlauf und die Chronologie des benachbarten Mauerwerks gibt es keinen veröffentlichten Anhaltspunkt; das von Merlet ins 9. Jahrhundert datierte und homogen (rosa getönt) dargestellte Mauerwerk besteht aus mindestens vier verschiedenen Mauertechniken. Dagegen ist kein Unterschied zwischen den Seiten- und Rückwänden der fünf « karolingischen Fenster » in der Lubinusgruft festzustellen, die von Merlet unterschiedlich ins 9. bzw. 11. Jahrhundert datiert werden; dem Mauerwerk nach zu urteilen, sind diese Wandöffnungen Nischen.

Was an Merlets leider so einflußreicher Darstellung des vorgotischen Baubefundes am stärksten in die Irre führt, betrifft das gallo-römische Mauerwerk (blau) « B » auf seinem Grundriß. Schon 1940 hat Maurice Jusselin bewiesen, daß wir es hier nicht mit Resten der antiken Standbefestigung zu tun haben[17]; trotzdem wurde die Bezeichnung « enceinte de la cité gallo-romaine » in die späteren Auflagen der Petite Monographie beibehalten, und die Flanken des Mittelstückes wurden immer noch — ohne jeden Grund — geschwungen dargestellt[18]. Nun führt Merlet den Verlauf dieses Mauerwerks « B » nach Norden nur gestrichelt weiter und läßt es ungefärbt bzw. unschraffiert. Demnach soll hier ein offener Durchgang zum 1904 entdeckten « corridor voûte de IXe conduisant au caveau Saint-Lubin » an der Westseite dieses Mauerwerks sein. In Wirklichkeit aber läuft das antike Mauerwerk nach Norden durch — wie aus Lecocqs grundlegender Veröffentlichung aus dem Jahre 1874 deutlich hervorgeht[19]. Den Zugang zu dem dahinterliegenden « corridor » D schuf erst Merlet selber in Form eines unregelmäßigen Durchbruches, was keinesfalls seine Darstellung rechtfertigt. Die wichtigen Ausgrabungen von 1904 sind nie veröffentlicht worden, obwohl sehr genaue maßstabsgerechte Aufnahmen vom Architekten Mouton vorlagen. Die Veröffentlichung des falschen Befundes[20] in der Petite Monographie bildet seitdem eine dauernde Fehlenquelle für die Wissenschaft, nicht zuletzt, weil die erheblichen Niveauunterschiede nicht zum Ausdruck gebracht worden sind — so bei Maître, 1910, und jüngst bei Hilberry, 1959[21]. Hilberry setzt den Merletschen Grundriß so selbstverständlich als richtig und bekannt voraus, daß er, ohne ihn zu überprüfen oder auch nur abzubilden, seine eigenen Rekonstruktionsversuche darauf gründet.

Clervals zuerst 1905 erschienener kleiner Führer ist uns erst in einer Auflage aus dem Jahr 1926 zugänglich[22]. Es war also nicht auszumachen, ob sein Grundriß schon vor Merlets Version erschienen war. Dieser Grundriß bietet im wesentlichen zwar nur eine Schematisierung der fehlerhaften Merletschen Darstellung sowie einige unbegründete Abänderungen nach den Vorstellungen des Autors; er bringt jedoch auch eine wichtige Verbesserung: Die gallo-römische Westwand der Lubinusgruft ist richtig wiedergegeben; der von Merlet 1904 ausgegrabene Raum westlich des Nordabschnitts dieser Mauer wird als Prison de Saint-Savinien bezeichnet.

Zwei weitere von Bulteau veröffentlichte Grundrisse der Krypta sollen hier abschließend erwähnt werden. Der erste um 1850[23] wurde von Guenebault kurz danach abgezeichnet[24] und noch 1873 von der Baronne de Chabannes direkt übernommen[25]. Es scheint als ob Félibiens Grundriß auch hier als Vorlage gedient habe, nur sind dem Lithographen Bulteaus, L'Anglois, mehrere Fehler bei der Schematisierung, besonders des Kapellenkranzes, unterlaufen[26]. Aber es hat sich herausgestellt, daß dieser Grundriß einige wertvolle frühere Befunde aus dem Bereich der im Nordosten anschließenden Sakristei wiedergibt. So skizzenhaft ein alter Grundriß auch sein mag, hat er doch oft durch zufällig aufgenommene Elemente einen Aussagewert.

Ein weiterer Grundriß der Krypta wurde 1887 im ersten Band der Monographie veröffentlicht[27]. Er gibt, streng genommen, keine Darstellung der gesamten Krypta, sondern nur derjenigen Teile, die Paul Durand als Bestandteile des vorgotischen Baues angesehen hatte. Trotz seinem kleinen Maßstab und der skizzenhaften Darstellung bildet der Grundriß ein wertvolles nachträgliches Zeugnis für zwei Gegebenheiten, die Durand aus seinen intimen Kenntnissen des sous-œuvre der Kathedrale offenbar für gesichert hielt[28]. Erstens war Durand der Meinung, daß der Ostumgang der Kryptengalerie mit den drei Radialkapellen auf einer anderen Ebene gelegen haben muß als die Längsgalerien (weil am Ansatz des Umgangs Treppen eingezeichnet sind). Zweitens zeichnet er auf seinem Grundriß als no. 7 « kleine Gewölbe als Träger der Treppen » ein, die im Bereich des gotischen Querhauses (vor nW und nE; und vor sW und sE) zur Oberkirche hinaufführen. In seiner Explication des Planches der Monographie von Lassus erwähnt Durand die zugehörigen Fenster, die auch hier eingezeichnet sind[29], aber schon elf Jahre später derart in Vergessenheit geraten waren, daß sie von Merlet neu « entdeckt » werden konnten[30]. Als 1894 vergeblich nach Durands hinterlassenen Aufzeichnungen gesucht wurde, war die mögliche Bedeutung dieses veröffentlichten Grundrisses bereits vergessen[31].

Mayeux' großes Verdienst in der Chartreser Forschung wird durch die Unzuverlässigkeit der Zeichnungen zu einer seiner wichtigsten Untersuchungen der Étude sur l'Abside[32] sehr eingeschränkt. Die eingetragenen Maße und die schöne Präsentation der Zeichnungen des späteren Architecte des Monuments Historiques haben bis in die jüngste Zeit zu unbedachtem Lob ihrer Genauigkeit verführt[33]. Dabei zeigt schon ein Vergleich mit gängigen Abbildungen die gröbsten, ein Rundgang durch die Krypta die gefährlichsten Fehler in seiner Darstellung der Querschnitte — ohne daß man dabei zum Zollstock greifen müßte[34]. Im Falle der Grundrisse zeigt sogar ein flüchtiger Vergleich der Zeichnungen untereinander den Vorbehalt, der bei der Benützung des Ensembles geboten ist[35]. Der Sachverhalt wird falsch dargestellt, die eingetragenen Maße können nicht stimmen, ihre Verwendung setzt in jedem Einzelfall die Überprüfung voraus.

ANMERKUNGEN

Kurztitel verweisen auf unsere Bibliographie

[1] Eine bestimmte Simplifizierung hat der früheren Kunsthistorikergeneration noch eine übersichtliche Zusammenfassung erlaubt: Hans Jantzen, Kunst der Gotik, Hamburg 1957, und Die Gotik des Abendlandes, Köln 1962, bezeichnenderweise Taschenbücher, welche diese leichte Zugänglichkeit der vereinfachten Kunstwissenschaft materiell widerspiegeln. Das Forschungsbild, in dem die Stellung der Kathedrale von Chartres in der Architekturentwicklung fixiert ist, wurzelt in den Arbeiten Franz Kuglers (Handbuch der Kunstgeschichte, Stuttgart 1842) und Franz Mertens' (Paris baugeschichtlich im Mittelalter, Försters Allgemeine Bauzeitung, VIII, Wien 1843, pp. 159 ff., 253 ff. und XII, 1848, p. 76 f.), also zum Teil in Zeitschriften jener Art, wie sie seit der Trennung von Bauen und Geschichte bzw. von Bauaufnahmen und Kunstgeschichte nicht mehr üblich ist. Aber die zunehmende Vertiefung der philosophischen Begriffe und Verdichtung der stilanalytischen Vergleiche bis zu Jantzens Generation war nur bei zunehmender Vernachlässigung der wahren Gegebenheiten des Einzelbauwerkes möglich, d. h. durch eine Vereinfachung und Verflachung der Grundlagen der Baugeschichte. Daß der vereinfachte analytische Überblick, der zu Jantzens Erfolg führte, Gefahren in sich barg, hätte der Kunstgeschichte schon an dem Mißlingen von Ernst Galls anders angelegtem Unternehmen bewußt werden müssen: Seine Gotische Baukunst in Frankreich und Deutschland ist nie über die Vorstufen hinausgekommen (Teil I, Leipzig 1925, mit beispielhaftem Überblick über den Gang der Forschung). Galls langes und fruchtbares Leben reichte nicht aus, die geplante Baugeschichte (dem Titel seines Werkes entsprechend) mit Chartres weiterzuführen, sondern nur dazu, 30 Jahre später eine zweite Auflage des gleichen ersten Teils herauszubringen (Braunschweig 1955). In Frankreich erfuhr im Jahre 1967 sogar das Gründungswerk de Caumonts, des Zeitgenossen Kuglers und Mertens', nach 120 Jahren einen ähnlichen Neudruck (Statistique monumentale du Calvados, Caen/Paris 1846—67 — Mayenne 1967) — ebenfalls anstelle fruchtbarer neuer Impulse zur Baugeschichte der Hauptkathedralen und der Stadt- und Klosterkirchen. Wo Einzeluntersuchungen, manchmal nach langer Vorankündigung, heute doch erscheinen, bleiben sie verstrickt in die herkömmliche Voreingenommenheit durch verfrühte Begriffsbildung und weitgespannte stilistische »Einordnung« — so daß auch sie keinen Beitrag zu einer Verdichtung der Forschungsgrundlage leisten (Branner: Bourges; Reinhardt: Reims).

[2] Die Auseinandersetzung zwischen Louis Grodecki und Paul Frankl, den Hauptkontrahenten in dieser Frage, wurde weitgehend in den Spalten des Art Bulletin ausgetragen. Einen Überblick über ihre Methoden — und den heutigen Stand der Forschung überhaupt — bietet unser »Recent literature on the chronology of Chartres Cathedral«, Art Bulletin, XLIX (1967), pp. 152—172. Darin werden auch Grodeckis Ergebnisse zur Baugeschichte der Querhausfassaden widerlegt. Louis Grodecki vertrat noch 1965 die Ansicht: »Les données que nous possédons ... sont trop imprécises... La controverse n'a pas encore eu de conclusion décisive« (vgl. Recent Literature, op. cit., p. 159 n. 50).

[3] Grundlage der Interpretationen bildete die herkömmliche absolute Datierung verschiedener Bauteile nach Quellen, die nur mittelbar in einen Bezug zur Bauausführung gesetzt werden können. Besonders den Glasfensterstiftungen wurde eine bedeutende Aussagekraft beigemessen — obwohl die zwar nicht belegten, aber vorauszusetzenden Zerstörungen und Versetzungen von Fenstern als auch die nachgewiesenen Reparaturen und Auswechslungen ganzer Bildfelder nicht immer berücksichtigt wurden. Zur Glasmalerei vgl. unseren »A Logos creator at Chartres and its copy«, Journal of the Warburg and Courtauld Institutes, XXIX (1966), pp. 82—100 und Recent Literature, op. cit., bes. pp. 154—157 und Appendix J, pp. 168—172.

[4] Willibald Sauerländers Versuch, die kunstgeschichtliche Stellung der Straßburger Querhausskulpturen zu präzisieren (Von Sens bis Straßburg, Berlin 1966), betrifft zu 40 Prozent Chartreser Plastik.

[5] Vgl. Anm. 3.

[6] Vgl. Recent Literature, op. cit., p. 152, die einleitenden Bemerkungen.

[7] Sauerländer, op. cit. Anm. 4, betont nach wiederholtem Zitieren des betreffenden Aufsatzes: »Grundlegend stets Grodecki« (ebenda n. 148).

[8] Es kommt noch hinzu, daß gewisse Auffassungen des 19. Jahrhunderts wiedergegeben werden, als ob es sich dabei um durch Quellen belegte Daten handele. Vgl. z. B. zu der kritiklos übernommenen Legende, daß Pierre Mauclerc der Stifter des mittleren Südportals sei (wodurch das Portal ca. 1214 zu datieren wäre), unseren Vorbericht, op. cit. Anm. 12, p. 120 f. Jüngst erkennt auch Willibald Sauerländer (Gotische Skulptur in Frankreich, 1140—1270, p. 115) die Gegenstandslosigkeit der alten Zuschreibung, mißachtet aber die positiven Möglichkeiten der Zuschreibung (Louis de Blois) und bleibt somit in das Netz der herkömmlich gewonnenen Datierungen verstrickt.

[9] Vgl. Anm. 2.

[10] Die unglückliche Entwicklung der »großen Kunstgeschichte« unter Mißachtung der »Lokalforschung« wird in unserer Literaturübersicht, op. cit. Anm. 13, kurz geschildert. Auch der heutigen Forschung droht ein ähnliches Schicksal: Die bedeutendste zeitgenössische Arbeit über die Chartreser Querhausportale, Yves Delaportes Remarques sur la chronologie de la cathédrale de Chartres, Mém. S.A.E.-L., XXI (1959), pp. 299—320, bes. p. 309 ff., wird von Sauerländer wortlos übergangen. Vgl. zur Kenntnis der örtlichen Literatur Sauerländers eigene Bemerkungen, op. cit. Anm. 4, n. 127!

[11] Hans Kunze, Das Fassadenproblem der französischen Früh- und Hochgotik, Leipzig 1912. Die Bedeutungen dieser Arbeit ist andernorts von uns ausführlicher dargelegt worden, vgl. op. cit. Anm. 2 und 12.

[12] Vgl. unseren Vorbericht »Die Baugeschichte der Kathedrale Notre-Dame de Chartres«, Mém. S.A.E.-L., XXIII (1965), pp. 79—126.

[13] Unsere kritische Literaturübersicht nebst Bibliographie erscheint demnächst.

[14] Op. cit. Anm. 12, bes. Inhaltsverzeichnis, p. 123 ff.

[15] Die Beweisführung wurde schon 1966 vor den Kunsthistorischen Seminaren in Bonn, Hamburg und Berlin vorgetragen, vgl. Wallraf-Richartz-Jahrbuch, XXVIII (1966), p. 343.

[16] Anhand von zwei der Kriterien (Zuganker und Schlußsteine, Vorbericht, op. cit. Anm. 12, Teil III/5 und III/7) wurde die relative Chronologie 1966 vor dem X. Deutschen Kunsthistorikertag, Münster, besprochen, vgl. Kunstchronik 19 (1966), p. 286 f.

[17] Op. cit. Anm. 13.

[18] Unser Literaturbericht, op. cit., beweist unsere Schuldigkeit dem 19. Jahrhundert gegenüber. Mehrere wichtige Ergebnisse sind nur durch die Beobachtungen und die gewissenhafte Dokumentation der Lokalforscher ermöglicht worden — auch die Zuschüttung der Seitenschiffe eines Vorgängerbaus zur Krypta wurde von der Forschung des 19. Jh. geahnt, nur falsch interpretiert: Die versuchte Datierung ins 11. Jh. ermöglichte es der Gegenseite, diese These abzutun. Eine ins einzelne gehende Auseinandersetzung mit dem früheren Stand der Forschung vor dem Eingreifen Merlets und Lefèvre-Pontalis' hat heute keinen Eigenwert mehr.

[19] Z. B. wird es schließlich notwendig sein, eine Null-Linie am Bau der Kathedrale zu ziehen (Meter-Riß). Unter den vorliegenden Arbeitsbedingungen mußte ein Kompromiß gewählt werden: Wir nehmen die Schwelle des mittleren Westportals als einprägsame Null-Linie.

[20] Vgl. Anhang »Bemerkungen zu den veröffentlichten Kryptagrundrissen«, p. 83. Unser Dank gebührt Lydia Rheeder für ihre zeichnerische Hilfe bei der Herstellung der ersten Fassung unseres schematischen Grundrisses.

[21] Die wechselnde Interpretation in der Kunstgeschichte bildet eine Parallele zu der Abneigung des Künstlers gegen die Arbeit der jeweils vorangehenden Zeitepoche.

[22] Das heißt bei der Forschungsrichtung, die von Vöge bis Sauerländer führt und zuletzt in »Sens bis Straßburg« gipfelt, op. cit. Anm. 4.

[23] Die bequeme Komprimierung der Bauvorgänge auf Branddaten ist derart verbreitet, daß für den Baubeginn des älteren (nördlichen) Westturmes von Chartres die jüngere Forschung (seit 1906) noch stets einen Stadtbrand vom Jahre 1134 heranzieht, obwohl zwei Quellen ausdrücklich erwähnen, daß die Kathedrale von dem Brand verschont blieb:
A) Hujus tempore, civitas Carnotensis, reservata per Dei gratiam ecclesia, fuit tota combusta, anno Domini M⁰ CXXXIIII, heißt es in der *Vieille Chronique* vom Jahre 1389, veröffentlicht von E. de Lépinois und Lucien Merlet, Cartulaire de Notre-Dame de Chartres, I (1862), p. 18. Diese Quelle diente schon Roulliard, Parthenie (1609), II, p. 9: La ville ayat este tout bruslee . . . & toutes ses Églises, fors (hors) celle de nostre Dame; Souchet, Histoire

(1654), II, p. 418: la ville de Chartres, laquelle fut consommée des flammes; lesquelles pardonnèrent seulement à la cathédrale, qui fut miraculeusement préservée; Doublet de Boisthibault, Réponse (1839), p. 6: direktes Zitat; Bulteau, Description (1850), p. 302: zitiert Roulliard; und noch Durand, Explication (1881), p. ii: direktes Zitat.

B) Quinta quidem facta est anno... (1134) ..., in qua fere tota civitate consumpta, sed per mirabilem Jesu Christi misericordiam suae (gloriose) genitricis ecclesia a flammis incumbentibus liberata est, hieß es in den noch zuverlässigeren Translationes S. Aniani carnotensis episcopi, einer früheren Handschrift der Chartreser Bibliothèque Municipale, die vor 1874 von Lecocq entdeckt wurde (Maîtres [1874], p. 419 n. 52) und 1888 (ohne Hinweis auf Lecocq) von Clerval herausgegeben wurde: Analecta Bollandiana, VI (1888), pp. 321—335, bes. p. 331.

Das weitere Schicksal der Quelle spiegelt noch einmal die Zustände der Chartreser Forschung gegen Ende des vorigen Jahrhunderts: Die betreffende Stelle der Translationes S. Aniani wurde noch 1893 von Clerval selber, in Zusammenarbeit mit René Merlet, vollständig übersetzt und veröffentlicht (Un manuscrit [1893], p. 57). Spätestens mit Lanore (Rev. de l'art chrét. [1899] 334), vielleicht schon bei Clerval selber (Guide chartraine, 6. Aufl., 1948 — möglicherweise auch erste Ausgabe, 1896, p. 21 f.) wurde dann die Beschädigung des benachbarten hôtel Dieu auf die Fassade der Kathedrale bezogen, so daß es 1906 René Merlet (Petite Monographie, 1909, p. 19, bis 1960, p. 17) möglich geworden war, seine wohlbekannte, detaillierte, aber auf nichts weiterem beruhende Schilderung des Baubeginnes am Nordturm gleich nach 1134 zu geben. Auf dieser unglücklichen Grundlage schleicht sich sogar heute die Vorstellung ein, die ganze Kathedrale sei 1134 »verschwunden« (René Gobillot, Chartres, La Cathédrale et son cadre, Paris o. J., pp. 3 und 6).

24 Bandmann, op. cit. Anm. 49.

25 Gerade die Schule, die durch ihre Quellenauswertung die Forschung abzuschließen glaubt, entzieht sich selbst gelegentlich schon der pragmatischen Überlieferung des 19. Jahrhunderts: So ist noch z. B. eine bei Bulteau 1888 abgebildete »construction« (Monogr., II, p. 268) 1958 von den West-to-East-Kontrahenten als »n'existe sur aucun relevé ou document du XIXe siècle« gemeldet (Bull. Mon., CXVI, p. 110, n. 2 ex p. 109).

26 Als Beispiel darf der oben in Anm. 23 zitierte Fall 1134 dienen.

27 Maurice Jusselin, La maîtrise de l'œuvre a Notre-Dame de Chartres..., les travaux du XIVe siècle, Mém. S.A.E.-L., XV (1921), p. 342 f.

28 Ibidem und Jusselin, Bibliographie de Maurice Jusselin, Nogent-le-Rotrou 1952, p. 25, no. 77 bis.

29 Vgl. Anm. 2 und 12.

30 Die Quellenforschung dürfte durchaus Recht haben, wenn sie annimmt »que les deux sinistres qui causèrent le plus de dommages furent les incendies de 1020 et de 1194« (Merlet/Clerval, Un manuscrit [1893], p. 58).

31 Einen kurzen Überblick bietet unser Recent Literature op. cit. Anm. 2, p. 153 n. 11, der Wortlaut des Haupttextes Appendix A.

32 Vgl. A. Clerval, op. cit. Anm. 23 (B), p. 331. Diese Quelle datiert aus dem Jahre 1138. Nach der Vieille Chronique, 1389 (op. cit. Anm. 23 [A], p. 14): civitas et ecclesia incendio totaliter devastatur.

33 E. de Lépinois / L. Merlet, Cartulaire (op. cit. Anm. 23 [A]), III, p. 85, vgl. ferner die Translationes S. Aniani, op. cit. Anm. 23 (B). Auch die Vieille Chronique (op. et loc. cit.) fügt hinzu: Sed postmodum idem Fulbertus... dictam ecclesiam, a fundamento usque ad summum ejus, in decore quo nunc est fere totaliter consummavit. Die Autoren des Cartulaire (op. cit., I, p. 14 n. 4) zitieren ferner auch Wilhelm von Malmesbury... cujus fundamentum jecerat ... (De gestis regum Anglorum, lib. II § 186 — vgl. Migne, Patrologia latina, CLXXIX, col. 1166). Bulteau (Monogr., I, 1887, p. 61) führt zwei weitere Quellen an: Albéric de Trois-fontaines (ad annum 1022) und ein anonymes Manuskript aus dem Collège de Navarre in Paris (Migne, CXLI, col. 187).

34 Vier Jahre nach dem Brande schreibt Fulbert an seinen Gönner, den Herzog von Aquitanien, er habe seine Krypten beinahe vollendet: Gratia namque Dei cum adjutorio vestro cryptas nostras persolvimus, easque priusquam hiemalis inclementia laedat, cooperire satagimus (Migne, Patrologia latina, CXLI [1880], p. 236, Epistola LXXI. Auch Bouquet, Recueil des

historiens des Gaules et de la France, X [1760], p. 468, Ep. L). Die irrtümliche Datierung dieses Briefes in das Jahr 1021 bzw. 1028 wurde von René Merlet richtiggestellt, Date de la construction des cryptes de la cathédrale de Chartres (1020—1024), Mém. S.A.E.-L., X (1892), pp. 161—171, wo der volle Wortlaut der Quelle, p. 163 in Übersetzung, p. 164 n. 1 im Original, wiedergegeben wird.

[35] Diese Einwölbung könnte die abschließende Arbeit gewesen sein, auf die sich Fulbert mit *cooperire* bezieht.

[36] Schon Lecocq (Maîtres, 1874, p. 424) ist es aufgefallen, daß Sablon (Histoire, 1671, p. 19; 1863, p. 16; 1864, in veränderter Form, p. 9) von einer Restaurierung im Gegensatz zu einem Neubau sprach. Ob Sablon eine seither verschollene Quelle für seine Ausführungen über den Erhaltungszustand des Vorgängerbaus nach dem Brand 1020 benützte, darf dahingestellt bleiben (Il y avoit encore plusieurs murailles et plusieurs colonnes debout...). Wie dem auch sei, Bulteau (Monogr., I, 1887, p. 57 n. 1) gebührt die Ehre entdeckt zu haben, daß Fulbert selber ausschließlich von »restauration« und »restaurare« spricht, und zwar sowohl in den Briefen an Gönner wie den König Robertus und den Herzog von Aquitanien als auch an seine geistlichen Brüder Hildegarius und Theodoricus, Bischof von Orléans. Es sind dies die sieben Briefe bei Migne, Patrologia latina, CXLI (1880), Nr. LI, LV, LVII, LVIII, LIX, LX und LXIV, col. 227—233, die im Recueil des Historiens des Gaules et de la France (Bouquet), X, 1760, die Nrn. XLI, XL, XXXIX, XXXVIII, XLVIII, XLIX und XLIII tragen. Die eigenen Briefe schließen Lob aus; aber auch wo das Lob einem anderen als Fulbert gilt, sprechen die Quellen nur von der »restauratio«: Diese letzte Bestätigung, die auch Bulteau zu verdanken ist (p. 55), bietet die Todeseintragung Eudes II., Graf von Chartres und Blois (gefallen 1037), in der es heißt »Qui plurimis hoc divinitatis templum clarificavit donariis, ac in ejus restauratione multiplices largitus est terras«, Cartulaire (op. cit. Anm. 23 [A]), III, p. 209.

[37] Translationes S. Aniani, op. et loc. cit. Anm. 23 (B); an den dort zitierten Text schließt sich an: quam idem episcopus Fulbertus gloriosus, industria sua, labore atque sumptu, a fundamento reaedificavit, et in statu mirae magnitudinis et pulchritudinis sublimatam fere consummavit. Vgl. Hierzu René Merlets für die anschließende Forschung entscheidenden, aber irrtümlichen Schlußfolgerungen, op. cit. Anm. 34, p. 162 f.

[38] Wir verzichten in diesem Abschnitt auf die Angabe derjenigen Originalquellen, die für unsere Fragestellung keine unmittelbare Bedeutung haben. Es genügt vorerst der Hinweis auf leichter zugängliche Zusammenfassungen; zu 1037 vgl. Bulteau, Monogr., I (1887), p. 65 n. 1. (Dieses Vorgehen besagt nicht, daß wir uns den Schlußfolgerungen dieser Autoren anschließen!)

[39] Vgl. Delaporte, Saint Louis, est-il venu à Chartres en Octobre 1260?, Mém. S.A.E.-L., XXI (1959), pp. 296—298.

[40] Vgl. Bulteau, Monogr., I (1887), passim; und René Merlet, Petite Monographie (1909 ff.) passim.

[41] Gabriel Plat, La cathédrale carolingienne, Bull. de la Société nationale des Antiquaires de France (1930), pp. 135—139, séance du 29 avril, in bezug auf Victor Mortets Recueil de textes pour servir à l'histoire de l'architecture, I, Paris 1911 (Fortsetzung durch Paul Deschamps, II, Paris 1929) und auf Charpentiers Supplément zu Du Canges Glossarium ad scriptores mediae et infimae latinitatis, 3 Bde., 1678, neu hrsg. von L. Vavre in 10 Bdn., Niort 1883—1888. Das Wort »frons« fehlt bei Du Cange.

[42] Plat entnimmt dieses Beispiel Mortets eigenem Werk, op. cit., I, p. 219. Das Original konnte von uns nicht überprüft werden.

[43] Im Nekrolog der Kathedrale von Chartres heißt es: Obiit Teudo, ... qui frontem hujus ecclesiae fecit et ipsam ecclesiam cooperuit (Cartulaire, III, op. cit. Anm. 23 [A], p. 221; Merlet/Clerval, Un manuscrit [1893], pp. 128—130, 184; Plat, op. cit., p. 137 und Lesueur, St. Martin, Bull. Mon. 107 (1949), p. 55 n. 3, der die Fragen in Zusammenhang mit den wohl eindeutigen Bauvorgängen an der *prima frons* von Saint-Philibert-de-Grandlieu aufrollt). Wenn sich diese Teudo-Quelle auf den Bau des Chorhauptes beziehen, dann sind die Bauvorgänge in Chartres vielleicht weitaus komplizierter, als in den vorliegenden Studien angenommen wird. Der ungewöhnlich hervorgehobene Bau eines Chorhauptes vor 1020 würde wahrscheinlich so gedeutet werden müssen, daß schon Teudo die ältere Außenkrypta

als Chorumgang mit Radialkapellen durch Aufstockung in den Hauptbau einbezog und dessen Apside dementsprechend nach Osten verlegte. Wir werden nämlich sehen, daß der Langchor in jedem Fall schon zu sehr früher Zeit erheblich höher lag als der ursprüngliche Fußboden der Seitenschiffe. Die Undurchdringlichkeit der gallo-römischen Ostmauer hätte also den vorgeschlagenen Bauvorgang nicht verhindert. Fulberts Umbau von 1020 wäre demnach weniger durchgreifend gewesen und beträfe ausschließlich die Höhenentwicklung. Allerdings werden wir sehen, daß sehr viel für die sinnvolle Kombination dieses Bauvorhabens erst mit der Bildung der Krypta spricht. Eine endgültige Erörterung dieses Problems setzt ausführlichere Untersuchungen voraus, als sie dem Einzelforscher möglich sind.

44 Im Ordinaire des 13. Jh. (Delaporte, op. cit. Anm. 78 [1952—53], pp. 58 und 179) heißt es zum Fest des hl. Piatus, dessen *corpus* sich um diese Zeit unter der Axialarkade der Chorapside befand (vgl. unsere Auslegungen hierunter): Chorus non paratur, sed frons ecclesie tantum leonis dorsalibus. Es wäre — sowohl aus dem Gegensatz zum »chorus« wie auch von der Topographie der Reliquien her — doch anzunehmen, daß wir es hier eher mit einer Ausstattung der Apside zu tun haben als mit der Westfassade (Delaporte, op. et loc. cit., schlägt vor, daß »l'entrée de l'église — *frons* — est ornée de tentures figurant des lions«).

45 Eine Einführung bietet Bulteau, Monogr., I (1887), p. 84 ff. und p. 128 f. Der *terminus ante quem* 1120 des Cartulaire kann auch nicht mit Hilfe von René Merlet / A. Clerval, Un manuscrit (1893) näher präzisiert werden, da die drei Namen im betreffenden Nekrolog nicht erscheinen. Wieder betrifft eine genaue Auseinandersetzung mit diesen Quellen nicht die vorliegende Fragestellung. Aber da die Angaben Bulteaus verhältnismäßig wirr sind, soll hier eine vorläufige Klärung der Stiftungen geboten werden:

vor 1092, von:	Adelardus	»ad edificationem turris« (162)
vor 1120, von:	Matheus	»ad edificationem turris« (1)
	Adam	»ad opus turris« (124)
	Gauterius	»ad opus turris« (124)
vor 1139, von:	Ansgerius	»ad edificationem turris« (131)
vor 1158, von:	Goslinus	»ad opus turris« (32 f.)
vor 1180, von:	Nivelo	»ad opus turris« (93)
	Hugo	»ad opus turris« (137)
	Ernaldus	»ad opus turris« (204 f.)
	Arnulfus	»ad edificationem turris« (179)
	Raginaldus	»ad edificationem turris« (195)
	Hugo	»ad edificationem turris« (208)
	Albert	»ad turris edificationem« (97)
	Johannes	»ad restaurationem turris« (212)
	Hamelinus	»ad turrem« (17)
	Henricus	»ad opus turrium« (80)
	Odo	»ad opus turrium« (143)
	Symon	»ad opus turrium« (200)
vor 1244, von:	Albericus	»qui supersunt pulsatoribus campanarum qui etiam grossiora cimbala in *utraque turre*« (198)
vor 1250, von:	Reinerius	»ad edificationem turrium« (184)
	Odo	»ad opus etiam *turris*« (155)
	Teobaldus	»ad opus *turris*« (224)
vor 1261, von:	Petrus	»qui fecit fieri grossam campanam in *turris nova;* pro cujus pulsatione . . .« (162)
um 1300, von:	Constantinus	»matricularii vero laici pro pulsatione campanarum in *duabus turribus*« (161)

(Die Nummern in Klammern beziehen sich auf die Seitenzahl im 3. Band des Cartulaire.)

46 Vgl. Anm. 23.

47 Die Chronik von Robert de Thorigny (Robert de Monte) wurde schon im Recueil des historiens des Gaules et de la France (Bouquet), XIII (1786), veröffentlicht, unsere Stelle p. 290 D; später auch von Bethmann in Monumenta Germaniae Historica (Pertz), I (1826), p. 496 (50).

[48] Außer bei Robert de Thorigny werden die Arbeiten offenbar auch von Orderic Vitalis und Raoul de Diceto beschrieben wie auch in erhaltenen Briefen von Hugues d'Amiens, Erzbischof von Rouen, und von Haimon, Abt von Saint-Pierre-sur-Dive, bestätigt, vgl. Bulteau, op. cit., pp. 87—93.

[49] Günter Bandmann, Zur Bedeutung der romanischen Apsis, Wallraf-Richartz-Jahrbuch, XV (1953), p. 46.

[50] Bandmann, op. et loc. cit.

[51] Vgl. hierunter. Da Bestattungen in der Kathedrale nicht erlaubt waren, standen die Schreine auf einer hohen Bühne unter der Axialarkade des Chorhochschiffes.

[52] René Merlet / A. Clerval, Un manuscrit (1893), Titelblatt und p. 46 ff. Möglicherweise ist der Turm über dem Vorchor zu denken. Es ist in diesem Zusammenhang von besonderer Bedeutung, daß der von Wilhelm dem Eroberer gestiftete Glockenturm nicht die Bezeichnung »turris« trägt, sondern »campanarium quod est super ecclesiam« genannt wird (Cartulaire, III, p. 218).

[53] Über seine Tätigkeit und das Todesdatum besteht kein Zweifel, vgl. Lucien und René Merlet, Dignitaires de l'église Notre-Dame de Chartres (Archives du diocèse de Chartres, V), Chartres 1900, p. 9. (Der Chartres-Forscher findet sich aber gerne von Jusselin bestätigt! Mém. S.A.E.-L., XV, p. 323.)

[54] Cartulaire, III (op. cit. Anm. 23 [A]), p. 162 f. Die Quellen, die vor 1120 liegen, müssen stets mit R. Merlet / A. Clerval, Un manuscrit (1893), verglichen werden, hierzu p. 174.

[55] Siehe unsere »Angrenzenden Bauwerke«, Jahrbuch der Berliner Museen, XVI (1974).

[56] Vgl. Anm. 23.

[57] Die Stiftungen von Matheus, Adam und Gauterius, vgl. Anm. 45.

[58] Vgl. Anm. 45. Weil die beiden Daten 1120 und 1180 nur termini ante quem bieten, schließt der Terminus »vor 1180« die beiden Daten 1139 und 1158 (welche bekannte Todesdaten der Stifter sind) ein. Es muß nochmals betont werden, daß viele dieser zunächst nur vorläufig geklärten Stiftungen noch näher bestimmt werden können.

[59] Ibidem.

[60] Ibidem.

[61] Der Vierungsturm war im Urplan der Kathedrale von 1194 gewiß die formale hochgotische Umdeutung des Chor-»turris« des Fulbertbaus. Es sei daran erinnert, daß das kürzere, turmlose Querhaus einen Grundriß wie in Reims ergeben hätte, bei dem das Querhaus formal eher zum Chor gehört als es ein selbständiges Bauelement dargestellt hätte. Die romanischen Vierungstürme stellten schon die Bekrönung der sich auftürmenden Chorhäupter dar. Die Stiftung des Reinerius muß sich wohl auf Querhausfassaden- oder Chorflankentürme beziehen.

[62] Vgl. Anm. 45: Die in Anm. 58 angeführten Todesdaten erlauben den vorläufigen Schluß, daß nur zwischen 1139 und 1158 an beiden Türmen (genauer, an »mehr als einem« Turm) gearbeitet wurde, weil die betreffenden beiden Stiftungen jeweils nur einen Turm erwähnen. Die drei Stiftungen »ad opus turrium« müßten also in dieser Zeit erfolgt sein. Diese Sachlage würde auch mit dem Zeugnis Robert de Torignys von 1145 übereinstimmen und ließe sich wahrscheinlich sogar stilkritisch bestätigen. Die neun übrigen Stiftungen vor 1180 könnten sowohl vor 1139 wie nach 1158 erfolgt sein. Eine nähere Untersuchung der einzelnen Stifter wird wahrscheinlich die genaueren Umstände klären können, würde aber den Rahmen unserer Fragestellung sprengen.

[63] Siehe Anm. 62. Möglicherweise liegen nämlich alle der erwähnten früheren Stiftungen »ad opus turris« vor 1145. Wenn dies sich nicht ergeben sollte, so bleibt von vornherein die Möglichkeit, daß »turris« wechselweise für beide Bauteile angewandt wurde — oder sogar, daß Robert de Thorignys Zeugnis sich auf den gleichzeitigen Bau der Chor- und Westtürme bezieht.

[64] Recent literature, op. cit. Anm. 2, Appendix J.

[65] Ebenda, p. 152 f. und n. 10.

[66] Vgl. Angrenzende Bauwerke, op. cit. Anm. 55.

[67] Die heutige Altarstätte entspricht nicht der ursprünglichen Stelle. Auch der Brunnen dürfte ein anderer sein als der, der im Mittelalter noch Verehrung genoß: Es ist archäologisch nicht vertretbar, diesen schon in keinem sinnvollen topographischen Verhältnis zur Architektur

stehenden Brunnen als den mittelalterlichen anzusehen, denn es wurden überhaupt keine mittelalterlichen Gegenstände in ihm entdeckt — wohl dagegen gallo-römische oder gallische Scherben, vgl. Band 2. Daß Brunnen und Altar, wenn auch an anderer Stelle, vorhanden waren, darf aber als bewiesen gelten.

[68] Abbé A.-C. Henault, Origines chrétiennes (Recherches sur la fondation de l'église de Chartres [1884]). *Derselbe*, Supplément ... Réponse aux objections des contradicteurs (1885). Einige Beobachtungen Henaults wurden von Albert Mayeux, L'abside (1901), aufgegriffen. Diese Thesen konnten von den bekannten Arbeiten Merlets und Lefèvre-Pontalis' widerlegt werden, da Mayeux von falschen chronologischen Voraussetzungen ausgegangen war, siehe oben.

[69] Vgl. Anm. 72.

[70] C. Julii Caesaris Commentarii, lib. VI, cap. XIII (hrsg. von F. Kraner, Leipzig 1861, p. 102): hic certo anni tempore in finibus carnutum, quae regio totius Galliae media habetur, considunt in loco consecrato, huc omnes undique, qui controversias habent, conveniunt eorumque decretis indiciisque parent.

[71] Vgl. Jusselin, op. cit. Anm. 72 (1914), p. 9.

[72] Grundlegend im Hinblick auf die kultische Tradition von Chartres sind zwei Aufsätze Maurice Jusselins, Les traditions de l'église de Chartres a propos d'une bulle du pape Léon X, Mém. S.A.E.-L., XV (1914), pp. 1—26 (bes. p. 5), und Dernières recherches sur les traditions de l'église de Chartres, Mém. S.A.E.-L., XV (1915), pp. 100—116. Jusselins Ergebnisse sind übersichtlich zusammengefaßt in seinen Les traditions bi-millénaires de l'église de Chartres, Chartres 1926. Vgl. auch René Merlet, Les traditions de l'église de Chartres, Archives du diocèse de Chartres, XXIII (pièces détaches, 4e vol.), Chartres 1921, bes. p. 15. Die jüngsten maßgebenden Ergänzungen bietet Yves Delaporte, Les 3 Notre-Dame de la Cathédrale de Chartres, Chartres 1965. Sowohl Jusselin wie Delaporte widerlegen einige Bedenken Emile Mâles, L'art religieux de XIIe siècle en France, Paris ⁷1966, pp. 282—283 und Notre-Dame de Chartres, Paris 1963, p. 7 f. Selbstverständlich bietet z. B. Mâles La fin du paganisme en Gaule, Paris 1950, grundlegende Ergänzungen. Unserer Methode entsprechend beschränken wir uns jedoch auf die Lokalliteratur und vermeiden zunächst die Auseinandersetzung mit möglichen weiteren Perspektiven.

[73] Abbé Baudry, Puits funéraires gallo-romains du Bernard, La Roche-sur-Yonne 1873, p. 180.

[74] Lecocq, Maîtres, p. 406 und n. 20.

[75] René Merlet, Le puits, p. 228.

[76] Quérard, Cartulaire de l'abbaye de Saint-Père de Chartres, tome I (Collection des cartulaires de France; Collection de documents inédits, t. I), Paris 1840, p. 46 n. 1: Populus denique qui effugere potuit gladium barbarorum ad concrematam urbem regreditur atque collegit busta crematorum, et in puteo quodam, intra ipsam ecclesiam sito, projecit; unde ipse puteus Locus Fortis a civibus usque hodie vocitatur, ubi jugiter meritis eorum quorum ibi cineres proestolantur cum Christo resurgere atque in coelis cum eo regnare, ipso cooperante, multa fiunt mirabilia.

[77] Es handelt sich um die schnell zu großer Popularität gelangte Legende von der Passion der Heiligen Savinien und Potentien, die das Martyrium christlicher Gläubiger in römische Zeit versetzt und zum erstenmal die Namen Altin und Modeste nennt. Abbé Duchesne, Fastes episcopaux de l'ancienne Gaule, II, pp. 396—410, vgl. René Merlet, op. cit. Anm. 75, pp. 231—233.

[78] Yves Delaporte, L'ordinaire chartrain du XIIIe siècle, (Mém. S.A.E.-L., XIX), Chartres 1953, pp. 62 und 185.

[79] René Merlet, op. cit. Anm. 75, p. 233 ff.

[80] René Merlet, op. cit. Anm. 75, p. 244 ff.

[81] Ibidem.

[82] Yves Delaporte, op. cit. Anm. 72.

[83] Jusselin, op. cit. Anm. 72 (1914), p. 8 ff. und (1915), p. 101 ff. Eine Quelle um 1469 ist sogar Jusselin entgangen, vgl. Lecocq, Mém. S.A.E.-L., I (1857), p. 133.

[84] Jusselin, op. cit. (1914), p. 6 sieht in dem früheren Schweigen der Quellen nur das natürliche Fehlen an Dokumentation wohlbekannter Traditionen. Wir sehen aber, daß vieles auch sonst in der Chartreser Tradition gegen eine frühere Identifizierung spricht.

[85] Jusselin, op. cit. (1914), p. 10 und (1915), p. 107.

[86] Delaporte, op. cit. Anm. 72, p. 26, glaubt sogar, daß alles, was darüber geschrieben worden ist, einer Revision unterzogen werden solle. Vgl. Band 2.

[87] René Merlet, Le puits, pp. 230 und 238 n. 1, vgl. auch p. 240 n. 1 und die dort in den anschließenden Anmerkungen zitierten Beschreibungen.

[87a] Vgl. Anm. 364.

[88] Die Vorgänge sind bei Delaporte, op. cit. Anm. 72, p. 33 ff., überzeugend dargelegt. Im 18. Jh., zwischen dem Abbruch des Lettners und der Revolution, befand sich die Figur an der Südwestseite des nordwestlichen Vierungspfeilers.

[89] Lecocq, Maîtres (1874), p. 408 n. 23. Es gibt zu denken, daß die Kunstgeschichte Merlets Angaben (Petite Monographie [1909]) zum Verlauf des angeblichen karolingischen Mauerwerks der Kathedrale von Chartres seit 60 Jahren verwendet, obwohl Merlets Bericht über die einzige Grabung, die am Puits des Saints-Forts hart an dieses Mauerwerk bis über den »sol naturel« hinaus im Joch EIII NI getrieben wurde, weder das Mauerwerk noch die Fundamente erwähnt.

[90] Vgl. unseren Bericht zur Maunoury-Grabung, Mém. S.A.E.-L., XXIII (1967), pp. 207—214.

[91] Paul Durand, Remarques sur la découverte de fragments ... sur le sol de la salle Saint-Côme, P.-V. S.A.E.-L., IV (1869), p. 165 f.

[92] Nicht jedoch nach den Querhaustreppen, die beliebig verkürzt werden konnten (und die zudem eingreifenden Restaurierungen unterworfen worden sind). Dies gilt in beschränktem Maß theoretisch auch für die Türschwellen der Krypta (die — wo keine Sockelprofile vorhanden sind — durch Verlängerung der jeweiligen Innentreppe leicht höher verlegt werden können), jedoch kaum für die Fenster (zumindest von Chartres, wo der technische Aufwand einer späteren Versetzung leicht zu erkennen wäre).

[93] Lépinois, Histoire, I (1854), p. 472, gibt das Datum 1483 an. Lecocq, op. cit. Anm. 111, p. 133 f., bes. p. 135 n. 1, hat seitdem bewiesen, daß der cloître zumindest zum Teil schon 1469 gepflastert gewesen sein muß.

[94] Nach Marcel Couturier, einem der besten Kenner, L'amphithéâtre de Chartres, Bulletin des Sociétés archéologiques d'Eure-et-Loir, Chroniques 2 (1966), pp. 18—25. Die Verhältnisse werden unten eingehender untersucht. Vgl. auch Anm. 97.

[95] Lecocq, Maîtres, 1874, p. 407 f.: »Le sol de ce coteau est composé, à son sommet, d'un terrain ou tuf argileux contenant beaucoup de silex crétacés, sur une épaisseur d'environ huit mètres.« Die Feuersteinbrocken bilden bis heute das gängigste Rohbaumaterial primitiver Bauwerke in Chartres. Deren Vorkommen in frühen Siedlungsschichten wäre zu erwarten. Der Hügel von Chartres ist heute rund 30 m hoch (über dem Eure-Fluß), vgl. Louis Bonnard, Les fortifications de Chartres, Mém. S.A.E.-L., XVI (ca. 1931), p. 260. Dies entspricht der Tiefe, in der Merlet (Grabungsbericht Nr. 7) auf Grundwasser stieß. Zur Terminologie der alten Beschreibungen siehe unten.

[96] Vgl. Grabung Nr. 7, Textabbildung.

[97] Über die Schwierigkeiten, im Stadtgebiet zu graben vgl. die jüngsten Beobachtungen Marcel Couturiers, Relevés archéologiques en suivant les tranchées urbaines 1954—1958, Mém. S.A.E.-L., XXI (1957—1961), pp. 279—288.

[98] Vgl. die Tiefengrabung Jean Maunourys, op. cit. Anm. 90.

[99] Merlet, Le puits, p. 252.

[100] Vgl. Anm. 94.

[101] Lecocq, op. cit. Anm. 89, p. 410.

[102] Leprince, Contribution au plan de Chartres gallo-romain, P.-V. S.A.E.-L., XV (7 juillet 1938) bes. pp. 132—135 (vgl. auch den vorausgehenden Essai de restitution du plan, P.-V. S.A.E.-L., XV (4 mars 1937), pp. 98—103.

[103] Rue Percheronne und rue Cheval-Blanc: Lecocq, op. cit. Anm. 89, p. 408.

[104] Anonymer Diskussionsbeitrag bei einer Sitzung der Société, vgl. Anm. 112.

[105] Wir führen nur einige Beispiele aus der unmittelbaren Umgebung der Kathedrale an (aus Lépinois, Histoire, I [1854]), Appendice no. 4: Topographie Chartraine, pp. 461—490. Das vollständigere, aber schwerer zugängliche Werk von P. Buisson und P. Bellier de la Chavignerie, Tableau de la Ville de Chartres en 1750, S.A.E.-L., Chartres 1896, bietet für unsere Fragestellung kaum zusätzliche Anhaltspunkte). Die *rues* des Lisses, Muret und Chantault, nördlich des cloître Notre-Dame, wurden 1504 und 1505 gepflastert (Lépinois, p. 475

bzw. 465), die westlich gelegene rue Sainte-Même 1507 (Lépinois, p. 484) und die rue des Changes, südlich der Kathedrale, im Jahre 1507 (Lépinois, p. 478). Beim Letzteren heißt es ausdrücklich »grandes réparations«, so daß der Schluß berechtigt scheint, die 1504 erfolgte Befestigung des benachbarten westlichen Teils der heutigen rue Soleil d'Or (Lépinois, p. 480: »fit des travaux«) sei ebenfalls nur als Verbesserung einer nicht überlieferten früheren Pflasterung anzusehen, die mit der schon 1388 erfolgten Pflasterung des Ostteiles dieser Straße (rue des Trois-Maillets, Lépinois, p. 478) zusammenhänge, vgl. unsere folgende Anmerkung.

[106] So z. B. 1388 für die rue des Trois-Maillets (Lépinois, p. 478, vgl. unsere vorhergehende Anm.), 1389 für die rue du Cygne (Lépinois, p. 480 f.), 1368 im noch weiter westlich gelegenen faubourg des Épars und 1390 für die Haupteinfallstraße rue du Bourg (Lépinois, p. 468) — und sogar 1388/90 für die östlich des Eure-Flusses liegende Querstraße, rue de la Tannerie (Lépinois, p. 466). Für sämtliche angeführten Straßen sind jedoch zwischen 1505 und 1508 wieder Befestigungsarbeiten überliefert (loc. cit.).

[107] Lecocq, op. cit. Anm. 89, p. 409 n. 29. Lecocq hat diese Beobachtung lediglich während Tiefbauarbeiten bei der Verlegung der städtischen Gas- und Wasserleitungen machen können.

[108] Vgl. Anm. 105 und 106. Wenn eine Hauptstraße wie die rue Saint-Pierre bei der Neupflasterung nicht erwähnt wird, kann dies durchaus bedeuten, daß die Arbeiten von 1388 und 1394 (Lépinois, p. 470) endgültig gewesen waren. Dies wird durch die Tatsache bestätigt, daß seit dem 13. Jh. keine Bodenhebung vor dem Nordportal der Abteikirche Saint-Pierre zu verzeichnen ist.

Die Straßenbefestigung von 1504—1506 bekommt dagegen entscheidendes Gewicht durch die wiederholte Erwähnung einer damit zusammenhängenden Nivellierung und eines Neigungsausgleichs, so z. B. für die rue Chantault (Lépinois, p. 464 f.), die südlich gelegene rue des Ecuyers (Lépinois, p. 467) und die tiefliegende rue aux Juifs (Lépinois, p. 468). Es scheint, als ob die in diesem Viertel östlich der Eure liegenden Straßen erst 1526 bzw. 1529 gepflastert worden seien: rue du Puits Berchot (Lépinois, p. 469) und rue de la Grenoillère (p. 471). Auch für Straßen der Oberstadt sind gelegentlich nur späte Neupflasterungen überliefert, z. B. für die rue de la Mairie, 1565 (Lépinois, p. 482), jedoch gaben möglicherweise in diesen Fällen lediglich besondere Anlässe wie der Abbruch benachbarter Bauten oder freiwerdende Pflastersteine den Anstoß zu den Neuarbeiten, wie im Falle der rue du Cheval Blanc (Lépinois, p. 474).

[109] Lecocq, op. et loc. cit. Anm. 107.

[110] Diese Erscheinung kann vielleicht am leichtesten verstanden werden, wenn man sich vergegenwärtigt, daß Baumaterialien, Verpflegung und sämtliche Gegenstände menschlicher Bedürfnisse täglich in die Stadt hereingeholt wurden, daß es aber keine organisierte Abfuhr gab. Nach jedem Stadtbrand wurden Holz, Lehm und Kalk neu herangeschafft, die alten Parzellen auf das inzwischen durch Unrat und Bauschutt angestiegene Straßenniveau nivelliert und neugebaut. »Nos pères nivelaient mais ne deblayaient jamais!« (Lecocq, op. cit., p. 409).

[111] In der berühmten Prozeß-Eingabe der Bürger von Chartres aus dem Jahre 1469 (Lecocq, Mém. S.A.E.-L., I [1857], p. 136) heißt es: »ladicte ville hors le cloistre, est édifiée pour la pluspart de petits édifices de bois couvers d'essaune (Schindeln) sugecte à péril de feu«.

[112] Dort wo Privathäuser in Stein gebaut waren, unterlagen sie selbstverständlich denselben Bedingungen (vgl. hierzu auch Lecocqs Bemerkungen zu den Kellerräumen der Altstadt von Chartres, op. cit. Anm. 89, p. 409 f.). In einer Sitzung der S.A.E.-L. am 8. Mai 1913 (P.-V. XIII, p. 279) heißt es zu den heutigen Kellerräumen der Chartreser Häuser, daß »beaucoup présentent les charactères de salles enterrées sous l'exhaussement général de niveau apporté dans toute la ville«. Die Bodenhebung, wird ferner gesagt, betrage je nach Stadtviertel 3,50 m bis 5,00 m und mehr. Einen Einblick in die Fülle des Forschungsmaterials, das die Bauarbeiten eines einzelnen Jahres bieten (und das im fortschreitenden 20. Jh. zunehmend vernachlässigt wird), gibt A. Leprince, Substructions trouvées dans les rues de Chartres au cours de l'année 1935, P.-V. S.A.E.-L., XV (9 janvier 1936), pp. 34—38. Nach Möglichkeit werden derartige Beobachtungen von der Société Archéologique auch heute gefördert, vgl. Couturier, op. cit. Anm. 94, und P. Charpin, Le chantier de la rue des Bouchers à Chartres, Bull. des Sociétés archéologiques d'Eure-et-Loir, Chroniques 2, 1966, pp. 26—39. Ein unseren Problemkreis unmittelbar betreffendes Beispiel boten die Häuser, die früher westlich der Kathedrale in der rue de l'Étroit-Degré standen: Sie waren durch eine 8 bis 10 Fuß hohe Anhäufung an ihrer

Rückseite bis über das erste Stockwerk hinaus zugeschüttet (Doyen, Histoire, 1786, I, p. 43, zitiert bei Lépinois, op. cit., I, p. 471 f.). Hier schritt die Hebung des Bodenniveaus an der einen Seite offenbar erheblich schneller voran, als daß der normale Zyklus der Neubebauung der angrenzenden Parzellen sie hätte auffangen können. Das scheint auf einen über die natürliche Aufschüttung hinausgehenden Vorgang zu deuten, und der Gedanke liegt nahe, diese Anhäufung stamme von der dauernden Abtragung vor der Westfassade der Kathedrale, die nötig war, um das Portail royal in der Zeit zwischen dem frühen 12. Jh. und der Pflasterung des 15. Jh. frei zu halten, vgl. allerdings hierzu Anm. 116. Doyens Beschreibung deckt sich ferner mit Lecocqs Bericht über die steinerne Maison de l'Étroit-Degré, nach deren Abbruch ein Niveau-Unterschied von 2,50 m zwischen beiden Straßen blieb. Das Haus, das nach den häufig auftretenden Spitzbögen datiert werden kann, besaß an der einen Seite »une cave à douze mètres de profondeur« (Lecocq, P.-V. S.A.E.-L., IV (8 juillet 1869), pp. 225—232. Vgl. auch M. Jusselin, P.-V. S.A.E.-L., XV (2 décembre 1937), p. 119 f.).

[113] Lecocq, Dissertation ... sur la question: ou est l'emplacement du tombeau du Fulbert ... au XIe siècle, Mém. S.A.E.-L., V (1870), p. 334. Im Hinblick auf die Bodenhebung bietet die Kirche Saint-Père vergleichbare Anhaltspunkte, die hier nicht näher erläutert werden können.

[114] Jusselin, Chapelle Saint-Serge (1940), p. 140.

[115] Unser ältestes Zeugnis ist Félibiens Grundriß aus dem Jahre 1678 (vgl. Anhang: Bemerkungen zu den Kryptagrundrissen, p. 83 n. 3, und Houvet, Chartres [1919], Bd. »Architecture« Pl. 1). Félibien zeigt überall eine Stufenlinie in der inneren Flucht der Türpfosten. Das nördliche Querhausportal trug bis zur jüngsten Restaurierung Anfang des 20. Jh. erkennbare Spuren dieses Sachverhaltes; dazu später.

[116] Bei Félibien, op. cit., liegt die sechste Stufe in der Flucht, die oberen fünf weichen jedoch in der Anlage erheblich von der heutigen ab. Bei Lassus, Monographie (1837—1867), stimmt seine eigene Aufnahme der Westfassade, Pl. 4 (= IV), mit Adams unnumeriertem Längsschnitt (Pl. XXXV) überein, nämlich mit fünf Stufen eingefaßt, die sechste vor der Flucht der Westtürme. Bei Lassus' »Plan au dessus du sol« Pl. 3 (= I), liegt schon die fünfte Stufe vor der Flucht — offenbar ein Zeichenfehler —, eine sechste wird jedoch noch hinzugefügt. Äußerst wichtig ist Roulliards Bemerkung zum Westportal (Parthenie, I [1609], fol. 132 f.): »dehors un grand escalier pour y monter, maintenant caché dessoubs terre, à cause que le cloistre de ladicte Église auroit du depuis esté relevé en l'estat qu'on le void de present, de sorte que dudict escalier ne se voient plus à present que quatre ou cinq degrez«.

[117] Die Bemühungen der Lokalforschung (wohlbemerkt seit 1922), die irrige Datierung des südlichen Portalvorbaus um 1224 zu widerlegen, sind mit bemerkenswerter Konsequenz von der Kunstgeschichte übergangen worden: Trotz unserer eigenen Mahnung, Baugeschichte, op. cit. Anm. 12, p. 119, hält Sauerländer, op. cit. Anm. 4, p. 82, kritiklos an diesem Datum fest. Es gibt neuerdings unveröffentlichte Anzeichen dafür, daß diese Stellung aufgegeben wird. Der südliche Portalvorbau wurde in seiner heutigen Form wahrscheinlich erst nach 1285 errichtet, vgl. Clerval, Une monnaie trouvée au portail méridional, La Voix de Notre-Dame de Chartres, supplément 1899, p. 458. Die entdeckte Münze wurde zwischen 1285 und 1290 geprägt. Es ist schon angesichts der Beispiele der südlichen Westportalprogramme von Reims und Paris unverständlich, warum die heutige Stilkunde noch stets genaue chronologische Zusammenhänge zwischen der Ausführung skulpierter Bauglieder und ihrer konstruktiven Versetzung voraussetzt. Die Methode zwingt zu oft zu einer Vernachlässigung archäologischer Kriterien aus der Lokalforschung.

[118] Obwohl die Treppenanlage selbst wahrscheinlich erst aus der Neuzeit stammt und möglicherweise schon seit 1678 zweimal umgebaut worden ist, behält sie nach allen Zeugnissen die 17 Stufen. Lassus, op. cit., »Plan au dessus du sol«, stimmt mit der »Coupe sur le transept et les porches« (Pl. XXXVI) und in diesem Punkt auch mit allen alten Photographien überein. Daß auf dem Aufriß »Façade méridional«, Pl. 5 (= X), eine 18. Stufe hinzugekommen ist, fällt dagegen kaum ins Gewicht — erst recht gilt das für die 15 Stufen, die beiläufig auf dem Aufriß der »Façade occidentale«, Pl. 4 (= IV), erscheinen.
Von Lassus' Grundriß und Südansicht, wie auch von den alten Photographien, wissen wir, daß das obere Podest des Portalvorbaus sich nach Osten hin bis in die Flucht der Stirnseite des östlichen Flankenstrebepfeilers s3 EII erstreckte. Nach Lassus war eine ähnliche Sachlage am Westende der Treppenanlage zu verzeichnen, was jedoch zur Zeit der ältesten Photo-

graphien nicht mehr der Fall war. Wahrscheinlich haben jedoch gerade die Bauarbeiten an dieser Seite der Treppenanlage, die auf dem Photo von Lefèvre-Pontalis, Mon. Hist. LP 3730, aus der Zeit vor der Restaurierung des Portalvorbaus zu sehen sind, zu der Verkürzung geführt, die dann das Photo MH 82583 zeigt. Die neuen scharfkantig und fein gefügten Ecksteine der Treppen sind auf mehreren späteren Aufnahmen noch zu erkennen (Neurdin 53, 203, 204 und, mit fortschreitender Ausfugung der restlichen Vorderseite der Anlage, die Nrn. 109, 258 und Lefèvre-Pontalis' LP 3728 und 3729). Zu Félibiens Zeit wiederum scheint die Anlage eher den heutigen Verhältnissen entsprochen zu haben: Das obere Podest schließt auf seinem Grundriß in allen Richtungen knapp hinter den äußeren Stützen des Portalvorbaus ab.

[118a] Die Laibungs-Vorderkanten dieser Eingänge sind abgeschrägt. Diese Abschrägung läuft nach unten zu in Form einer Blattkehle aus — dort, wo der ursprüngliche Zustand heute noch meßbar ist 0,06 m bzw. 0,20 m über der Schwelle. Das Niveau der unteren Spitzen der Laibungsschrägen haben wir in Klammern auf unserer Tafel eingetragen. Diese im Mauerverband stehenden Blattkehlen bieten ein zuverlässiges Zeugnis der ursprünglichen Schwellenhöhe, weil die Schwellen selber mit mehr oder weniger Aufwand gesenkt bzw. vertieft werden können; beide Möglichkeiten sind in Chartres ausgenutzt worden: Während die südöstlichen und nordwestlichen Eingänge offenbar ihre ursprünglichen Schwellenverhältnisse eingehalten haben, ist die südöstliche Schwelle im Zuge der Restaurierung und des Neubaus der südlichen Querhaus-Treppenanlage um etwa 0,23 m erhöht worden. Die linke Blattkehle ist von dem neuen Pflaster beinahe völlig verschluckt (die rechte scheint bei der Auswechslung der angrenzenden Quader höher versetzt gewesen zu sein). Im Nordosten führt der Eingang heute zum Heizwerk der Kathedrale, bei dessen Anlage die Schwelle um rund 1,00 m gesenkt worden ist (u. a. um Platz zu schaffen für den darüber horizontal eingebauten Lüftungsschacht).

[119] Das Niveau des oberen Podests hat sich im Zuge der jüngsten Restaurierung (anders als beim nördlichen Portalvorbau) nicht geändert. Obwohl die Schwellenstufe heute an allen drei Portalen fehlt, betrifft die Änderung lediglich den Treppenlauf der drei übrigen Stufen (die, nach Félibien zu urteilen und im Vergleich mit den weiter unten besprochenen Verhältnisse des Nordportals, die ursprünglichen *zwei* Stufen nach 1678 ersetzt haben müssen), nicht das Podestniveau. Die Schwellenstufe des westlichen Südportals war schon vor der jüngsten Restaurierung entfernt worden, vgl. Lassus Pl. 21 (= XIII), die mittlere und östliche dagegen verschwanden offenbar erst um 1900 im Zuge einer Senkung des inneren Bodenniveaus und der Tilgung verschiedenen Innen-Mobiliars im südlichen Querhaus (vgl. A. Clerval, Les travaux à l'intérieur du transept méridional de la cathédrale, La Voix de Notre-Dame de Chartres, 1902, 15 mars, p. 131 f.). Eine schöne Gesamtansicht des früheren Zustandes gibt Neurdins Photographie 257.

[120] Die niedrige Stützmauer, die an der Südseite des Langhauses als Fundament des Gitterzaunes dient — nach der Restaurierung der südlichen Langhausfassade (1862—1865) und des westlichen Südturmes und der Vendôme-Kapelle (1866—1873) 1869 errichtet (Bulteau, Monogr., I [1887], p. 275) —, bildet heute eine etwa 0,65 m tiefe Wanne vor dieser Fassade. Das etwas erhöhte Pflaster vor den Fenstern zwischen den Strebepfeilern (vgl. Abb. 4) liegt bei etwa —1,76 m, die Fenstersohlbänke 10—15 cm höher.

[121] Nach Bulteau, Monogr., II (1888), p. 277, hatte dieser Eingang »une certaine importance; c'est par elle que passaient tous les grands personnages venant en pélerinage à Notre-Dame de Sous-Terre«. Das ist wohl ohne Beleg in den Quellen, entspricht aber der Ausstattung.

[122] Zu Bulteaus Zeit (op. et loc. cit.) war die Schwelle dieses Portals dementsprechend unter vier Stufen verdeckt. Früher befand sich (nach Bulteau) ein zweites, mit dem Wappen des Königshauses verziertes Portal vor dem romanischen. Daß in diesem Bereich nicht mehr alles dem Zustand zur Zeit der rundbogigen gotischen Ummantelung entspricht, geht ferner aus Lassus' Südansicht (unsere Abb. 1) hervor. An Stelle des im gleichen Joch liegenden Kryptafensters war offenbar um 1850 noch eine viereckige Öffnung, deren Sturzlage heute noch im Mauerverband erkennbar ist. Dieser Teil der Kathedrale wurde nach 1876 restauriert, möglicherweise schon 1846 (Bulteau, Monogr., I [1887], p. 274 f.).

[123] Challine, Recherches, p. 122. Vgl. Anm. 144.

[124] Bulteau, Monogr., II (1888), p. 158 n. 1.

[125] Paul Durand, op. et loc. cit. Anm. 91, erwähnt 1869, daß »il y a quelques années, l'on a

baissé sensiblement le sol de la voie publique du côté nord de la cathédrale. Je me souviens qu'alors, plusiers charretées de tuiles romaines furent enlevées près de la base du clocher neuf où elles formaient une accumulation considerable.«

[126] Siehe oben.

[127] Op. cit. Anm. 115.

[128] Lassus, Monogr. 1): »Plan au dessus du sol«, Pl. 3 (= I); 2): die unnumerierte »Elevation...« und »Coupe du Porche Nord«, Pls. XVIII und XIX, von Adam und Gaucherel; und 3): ihre »Coupe sur le transept et les porches«, Pl. XXXVI; schließlich 4): die äußerst genaue perspektivische Kupferstich-Ansicht »Porche du Nord«, Pl. 38 (= XVII), von Adam und Guillaumot (unsere Abb. 5). Auch auf Lassus' eigener Aufnahme der Westfassade (Pl. 4 [= IV]) sind die Höhenverhältnisse im Bereich des Nordquerhauses zu erkennen.

[129] Gailhabaud, L'architecture du Vme au XVIIme siècle, Bd. I, Paris 1858, die beiden Tafeln betreffend die »Porche septentrional, Plan et Elevation lateral«, von Adam und Sulpis.

[130] Archives Photographiques des Monuments Historiques, 001-P-327, offenbar eine Aufnahme von Le Secq. Die anschließende Aufnahme der Ostteile, 001-P-328, läßt sich für diese Frage nicht heranziehen, da sie am unteren Rand zu knapp beschnitten ist, aber die Photographie A.G. no. 9259 von Photo Giraudon bietet einen gleichwertigen Ersatz.

[131] Bulteaus fehlerhafte Zählung von neun Stufen ist leicht zu erklären: Es gab tatsächlich eine achte Trittstufe, die aber 1850 völlig in den Boden versenkt war, so daß ihre Trittfläche in der Ebene der Straßenpflasterung lag und keine neunte Setzstufe bildete — vgl. den Guillaumot-Stich bei Lassus, unsere Abb. 5. Der Grundriß sowohl bei Lassus als auch bei Gailhabaud zeigt dementsprechend nur sieben Trittstufen. Gilberts *Description* von 1824, »on monte par un perron composé de sept marches«, braucht nicht in die Waagschale geworfen zu werden: Auch Jolimont spricht 1824 von sieben Stufen, obwohl die beiden dazugehörigen Tafeln von Chapuy Pls. 6 und 7 deutlich acht Setzstufen zeigen. (Es kommt uns bei diesen Überlegungen weniger auf die rund 20 cm Niveauunterschied an als darauf, ein Lehrbeispiel in der Behandlung der zur Verfügung stehenden Quellen zu bieten. In diesem Zusammenhang muß auch auf weitere gemeinsame Fehler in den Grundrissen bei Lassus und Gailhabaud hingewiesen werden, die darauf zurückzuführen sind, daß die Stiche in beiden Publikationen nach einer gemeinsamen Vorlage [von Adam] angefertigt worden sind.)

[132] Der Verlauf der ursprünglich achtstufigen Treppenanlage war gegenüber der Flucht der äußeren Stützen des Portalvorbaus leicht nach Nordwesten geneigt. Dies kann am deutlichsten auf dem Stich von Guillaumot (Abb. 5) erkannt werden und wird von den alten Photographien (op. cit. Anm. 130) bestätigt: Statt wie heute mit der Stirnseite der Vorportalstützen bündig zu verlaufen, lag die zweite Setzstufenfläche (von oben gezählt) ursprünglich im Westjoch zwischen den Flanken der Stützensockel, im Ostjoch ragte sie dagegen über deren Stirnseite hervor. Dieser Sachverhalt wurde auch bei der Erweiterung der Treppenanlage um 1850 beibehalten (aber auf den betreffenden Grundrissen bei Lassus und Gailhabaud wie üblich einfach »gerichtet«).
Der Beweis, daß die Treppenanlage nicht in dem zu erwartenden geschlossenen Zusammenhang mit der Architektur der Kathedrale gestanden hat, bekräftigt unsere Vermutung (Mém. S.A.E.-L., XXIII [1965], p. 113), daß diese Monumentalisierung des Aufganges erst aus der Neuzeit stammt. Allerdings muß dabei das Zeugnis Félibiens (Oberkirche-Grundriß, op. cit. Anm. 115) in diesem Zusammenhang näher untersucht werden, da er 1678 ein anderes Verhältnis der oberen Stufe zu den Vorportalstützen angibt. Aber Félibien, oder sein Kopist, »richtet« seine Zeichnung erst recht (im Gegensatz zu seinem Grundriß der Krypta): Der Sakristeikomplex wird axial zur Kathedrale angegeben — und gerade seine Abwinklung, glauben wir, muß der Anlaß für die Neigung der Treppenanlage gewesen sein, die dann möglicherweise mit der neuzeitlichen Neugestaltung des Einganges in den bischöflichen Palasthof in Zusammenhang gebracht werden muß (vgl. op. cit. Anm. 55).

[133] Heute liegt das Pflaster des Portalvorbaupodestes bei +0,55 m. Es muß früher bei rund 0,73 m gelegen haben. Da das Bodenniveau des Bürgersteigs nach den Photographien das gleiche geblieben zu sein scheint, müssen bei gleicher Stufenzahl (13) die alten Setzstufen rund 18 cm gemessen haben (statt heute rund 16,6 cm).
Da diese Überlegungen die Grundlage unserer späteren Untersuchungen der Querhaus-Portalanlagen bilden werden, müssen sie mit einem weiteren Hinweis abgeschlossen werden. Die

Senkung des Portalvorbau-Pflasters hätte ja zunächst eine Erhöhung der Stufenzahl von zwei auf drei mit sich gebracht. Der Sachverhalt ist jedoch keinesfalls so einfach. Von den alten Photographien (Giraudon: ND 259 und »Chartres 55«) wissen wir, daß vor der Restaurierung die Portalschwelle auch hier im Norden durch eine erhöhte Stufe gebildet wurde. Daß dies der ursprüngliche Zustand war, beweist der zur Zeit der Photographie noch intakt erhaltene durchgehende Sockelstein der westlichen Laibung. Auf der erwähnten Photographie ist ferner zu erkennen, daß die Stufe ursprünglich noch höher war: Bei einer früheren Ersetzung des abgetretenen mittleren Steines durch einen niedrigeren mußten die in Verband stehenden Steine an der Laibungsfläche abgearbeitet werden. Bei der Restaurierung wurde diese Stufe entfernt (wodurch das Trumeau erst den auffallenden unteren Sockelstein hinzubekam). Daß trotz der Entfernung dieser obersten Stufe eine zusätzliche dritte Stufe bei der Pflastersenkung hinzugekommen ist, kann nur auf veränderte Steigungsverhältnisse der Treppe und ein geringeres Gefälle des Podests des Portalvorbaues zurückgeführt werden.

Nach den beiden Photographien zu urteilen, scheint es, als seien vor der Restaurierung Reste der dritten Stufe der ursprünglichen Portaltreppe erhalten gewesen. Diese Stufe war in der Ebene der Pflasterung verschluckt, aber am westlichen Gewändeansatz deutlich zu erkennen. Daß dies der Fall war, geht aus zwei weiteren wertvollen alten Aufnahmen hervor. Ein ähnlicher Gewändeansatzstein ist an der östlichen Seite des Portals auf dem Neurdin-Photo ND 309 zu erkennen. Bei der jüngsten Senkung der Treppe mußte dieser Stein abgearbeitet werden, ein Vorgang, der auf Lefèvre-Pontalis' Aufnahme (Mon. Hist. LP 3531) während der Restaurierungsarbeiten zu erkennen ist. Der Stein stand demnach im Verband des hochgotischen Portalmauerwerks, daraus kann der ursprüngliche Treppenverlauf rekonstruiert werden.

[134] Die neueren, scharfkantigen Steine der fünf Erweiterungsstufen können von den älteren unterschieden werden, besonders deutlich auf Neurdins Photographie ND 59 (Giraudon). Einzelne Steine der oberen Stufen können sogar sowohl auf den Aufnahmen vor wie auch nach 1850 wiedererkannt werden, besonders im Bereich der Belüftungsschlitze des westlichen Kryptenstollens (nur zum Zweck der Anbringung von Belüftungsschlitzen auch für den östlichen Kryptastollen sind einige Steine der vorhandenen Treppenanlage zur Zeit der Erweiterungsarbeiten ausgewechselt worden).

[135] Keine uns bekannte Photographie gibt diesen Zustand wieder, und Lassus' Zeichnung (vgl. Anm. 116: Pl. 4) weicht in diesem Bereich zu sehr von den Gegebenheiten ab, um als Beweis herangezogen werden zu können. Dagegen bietet Adams Seitenansicht bei Gailhabaud (vgl. Anm. 129) offenbar eine ziemlich genaue, obwohl keineswegs steingerechte Wiedergabe des Sachverhaltes. Sie zeigt weder eine Schwelle noch den unteren auslaufenden Abschluß der Türlaibungsschräge. Vgl. Anm. 118 a — wo auch die Verhältnisse des nordöstlichen Eingangs besprochen sind. Die Laibungsschrägen laufen in —0,65 m bzw. —0,70 m aus.

[136] Bulteau, Descript. 1850, Grundriß gegenüber p. 269.

[137] Das Fehlen der Schwelle und des Laibungsabschlusses werden nur von den Unterlagen Lassus', Pls. 38 und 4, bestätigt, op. cit. Anm. 128. Pl. 38, haben wir gesehen, ist aber sehr zuverlässig. Das heutige Schwellenniveau von —1,08 m scheint dem ursprünglichen zu entsprechen.

[138] Vgl. Anm. 93.

[139] Vgl. Anm. 55. Grundrisse nach Félibiens Plan sind bei Bulteau, Monogr., III (1892—1901), p. 331, und Challine, Recherches (1918), p. 118, veröffentlicht worden. Vgl. Anhang: Bemerkungen zu den Kryptagrundrissen, p. 83, n. 3. und 4.

[140] So daß die Verbindung zwischen dem Krypteneingang und der gleich hoch angelegten Tür zur Sakristei über eine Brücke hergestellt werden muß. Bulteaus Grundriß der Krypta von 1850 (Description, p. 269) zeigt hier unverständlicherweise sieben Stufen zwischen der Brücke und dem Sakristeihof (Chabannes Übernahme dieses Grundrisses, 1873, p. 23, macht daraus sogar neun). Dies muß ein Fehler sein.

[141] Vgl. unsere Untersuchung zum Nordostbereich, Band 2.

[142] Bulteau, Monogr., II (1888), p. 155, und I (1887), p. 275. Vgl. op. cit. Anm. 55.

[143] Bulteau, op. et loc. cit., »la restauration du soubassement ... a été faite de manière à ... assainir la crypte en y faisant pénétrer davantage l'air, la lumière et la chaleur du jour«.

[144] Challine, Recherches, p. 121 f. Da die dazwischenliegende Kapelle A III N II als »fort claire« beschrieben wird, können wir diese Quelle nicht kategorisch als Beweis für das Bodenniveau auslegen. Obwohl die Fenster der südlich gelegenen Kapelle A III S II nur heute leicht vom Bodenniveau bedroht ´sind, war die Kapelle nach Challines Zeugnis damals ebenfalls »obscure«. Die Lichtverhältnisse der beiden Kapellen A III N II und A III S II sind also umgekehrt, als wir es nach dem nachgewiesenen Bodenniveau erwarten würden. Spielen hier kultische Gesichtspunkte eine Rolle — oder hat Challine die beiden Kapellen verwechselt?

[145] Op. cit. Anm. 55.

[146] Bulteau, Monogr., I, p. 275 ff, bes. p. 277 f. Auch La Voix de Notre-Dame, IV, 1860, p. 2 bis 6, 49—50 und 169—176. Die restaurative Neuausstattung durch Paul Durand muß in Zusammenhang mit der zur gleichen Zeit ins Stocken geratenen Veröffentlichung des Textes zur großen Monographie von Lassus gesehen werden (vgl. unsere Literaturübersicht, op. cit. Anm. 13). Die 1838 in Auftrag gegebenen Untersuchungen wurden 1857, zwei Jahre, nachdem mit dem Neuverputz des dadurch sichtbar gewesenen Mauerbefundes begonnen worden war, endgültig eingestellt. Durands eigene 1874 verfaßte Notpublikation zum archäologischen Befund der Krypta läßt kaum vermuten, daß er selbst den Mauerbefund am besten gekannt habe.

[147] Abb. 6 aus Lassus, Monographie (1837—1867), Pl. 2 (= III) mit Korrekturen. Abb. 7 nach Lecocq, Maîtres (1874), Pl. VII, p. 412 f.

[148] Plat, Bull. Soc. des Antiquaires (1930), p. 135 ff.; Jusselin, Chapelle Saint-Serge (1940); Lesueur, Bull. mon. 119 (1961), pp. 211—242, sowie auch alle jüngeren Monographien. (Hubert, L'architecture du haut moyen âge en France, Paris 1952, Nr. 29 und Pl. VIII, regt eine neue Erörterung der Chronologie an, schließt sich aber bei der Erläuterung seines Grundrisses an die herkömmliche Datierung an.) Dabei beharren sowohl die kleinen Führer (Clerval, Guide Chartrain 1948[8], p. 169; Houvet, Monographie, Auflage von 1962, p. 17 und 29; besonders Merlet, Petite Monographie, siehe unten) wie auch einige größere Monographien auf der überkommen (schon bei Lecocq, op. et loc. cit.) Vorstellung, dieses gallorömische Mauerwerk habe einen Teil der Stadtbefestigung gebildet, obwohl Jusselin schon 1940 nachgewiesen hat, daß (wie Mayeux schon vermutete) dies nicht zutreffen kann (vgl. Anhang: Bemerkungen zu den veröffentlichten Kryptagrundrissen. Ferner auch Anm. 156. Zu der Stadtbefestigung vgl. auch Louis Bonnard, op. cit. Anm. 95). Am bezeichnendsten ist aber die Tatsache, daß in der an anderen Stellen (z. B. für den Westbau, p. 19 ff.) verbesserten Auflage R. Merlets Petite Monographie von 1960 trotz Huberts Anregung diese Auffassung noch immer bekräftigt wird. Daß die Kunstgeschichte der jüngsten Zeit sich im Hinblick auf die vorromanische Baugeschichte noch immer blind auf Merlets kleines populäres Werk verläßt, geht auch daraus hervor, daß Aubert (Cathédrale de Chartres, 1961, p. 8) sogar die Entdeckung *der Lubinusgruft* Merlet zuschreibt! Dieser Irrtum Auberts läßt sich nämlich nur aus Merlets zweideutiger Beschriftung des Kryptagrundrisses (Ziffer »D«) verstehen, wo von dem »corridor voûté du IXe conduisant au caveau Saint-Lubin, découvert en 1904« die Rede ist. Selbstverständlich bezieht sich die Entdeckung auf den corridor und nicht auf das caveau. Es ist zu früh, eine genaue Datierung des »karolingischen« Bestandes vorzunehmen. Der wissenschaftliche Anfang dieser Datierung liegt bei Ramé, Édifices d'Orléans (1856) 1860, p. 73 ff. Die später fast einstimmig daran anschließende jüngere Forschung schwankte in bezug auf Chartres in der 2. Hälfte des 19. Jahrhunderts noch ein wenig (vgl. Bulteau, Monogr., I [1887], passim, und Lucien Merlets Ausgabe von Sablons Histoire [1864], p. 64); viele dieser Äußerungen sind aber unbegründet und werden auch unten nicht im einzelnen berücksichtigt.

[149] Op. cit. Anm. 147, Pl. VIII, p. 414 f.; Text, p. 413 f. Lecocq strebt in einigen Teilen seines Aufrisses sogar Steingerechtigkeit an, jedoch sind ihm einige schwerwiegende Fehler unterlaufen. Auch stimmen die Buchstaben-Bezeichnungen nicht mit denjenigen seines Grundrisses überein. Daß diese Westwand von den früheren Lokalhistorikern unberücksichtigt blieb, bis sie Lecocq um die Mitte des Jahrhunderts entdeckte (Causeries et recherches beauceronnes, Chartres 1882, p. 82), würde sich dadurch erklären, daß sie mit einem Verputz verkleidet gewesen sein könnte, der die Quadern eines der davorliegenden Wandpfeilers bzw. der damit zusammenhängenden Erhöhung der Wand selber nachahmte (siehe später). Aus der sauberen Fugen-Zeichnung dieser Restflächen der Erhöhung ist zu schließen, daß diese als

Scheinverband auf Putz auch über die übrigen Flächen, also auch nach unten, gezogen war. Lecocq zeigt die ganze Fläche frei von Putz — also auch den südlichen Abschnitt. Paul Durands Horizontalschürfung 1860 (siehe Anm. 152) ist ein Beweis dafür, daß um die Mitte des vorigen Jahrhunderts archäologische Untersuchungen an dieser Wand durchgeführt wurden; und die Annahme ist begründet, man habe im Zuge solcher Arbeiten den Verputz abgeklopft, um die Wandstruktur freizulegen. Wir dürfen ferner annehmen, daß, als der Raum anschließend zur Kapelle Saint-Lubin umgestaltet werden sollte, ein neuer Verputz für die nunmehr unansehnliche rauhe Westwand vorgesehen war. Man kam aber nicht über den Spritzbewurf der Südfläche hinaus, bevor wieder archäologisches Interesse in den Vordergrund gestellt wurde. Ramé, der die Wand gemeinsam mit Paul Durand 1856 besichtigte, beschreibt sie in einem Zustand, welcher dem heutigen annähernd entspricht (op. cit., p. 74). Früh im Jahre 1860 war schon beschlossen worden, an dieser Stelle eine Lubinusgruft einzurichten (La Voix de Notre-Dame de Chartres, IV, p. 49 f.). Am 18. April desselben Jahres besuchten de Caumont, der Engländer Parker, Raymond Bordeaux und M. Bouet die Lubinusgruft. Sie äußerten den Wunsch, daß die Restaurierung äußerst nüchtern (schmucklos) und behutsam durchgeführt würde. Es wäre, meinten sie, unbefriedigend, wenn die faßbaren Zeugnisse des Alters der Kathedrale von Bewurf und Schmuck verdeckt werden würden (La Voix, op. cit., p. 95). Im Oktober wurde die Kapelle offenbar in ihrem heutigen Zustand geweiht (La Voix, op. cit., p. 176).

150 Lecocq, op. cit., p. 415 ff.

151 Mayeux, L'abside (1901), p. 49, erwähnt den Fundamentansatz 2,40 m unterhalb des heutigen Fußbodens. Wir kommen auf diese Frage zurück.

152 Als die Füllerde neben dem mittleren Abschnitt der Westwand 1860 ausgehoben wurde, trieb Paul Durand eine Sondierung horizontal zwischen zwei Ziegelstein-Bindeschichten 0,87 m in das Mauerwerk hinein (Abb. 8: »M«). Wegen der Härte des Materials mußte das Vorhaben eingestellt werden, bevor die innere Wandfläche erreicht war. Die Sondierung ermöglicht es uns immerhin, die Tiefe der Ziegelsteinschichten festzustellen und daraus — weil die entsprechenden Ziegel der inneren Wandseite nicht erreicht wurden — die Schlußfolgerung zu ziehen, daß das Mauerwerk mehr als 1,42 m stark sein muß (0,87 m + 0,55 m). Vgl. Lecocq, op. cit., p. 416 »M«, und René Merlet, 13, Les fouilles (1904), p. 4.

153 Die Schichten werden bei Lecocq auch vollständig eingezeichnet. Möglicherweise hatte Lecocq feste Anhaltspunkte, die ihn zu dieser Darstellung berechtigten, aber seine sonstigen Angaben sind in diesem Bereich nicht zuverlässig genug, um das zu verbürgen. Zum Beispiel stimmt keine von Lecocqs Angaben zur Schichtzahl der Ziegelbänder.

154 Vgl. Anm. 152.

155 Lecocq, op. cit., p. 416, beschreibt das Mauerwerk im Bereich der horizontalen Sondierung »M« als sehr hart, aus Sand, Kies, Kalk und Feuerstein bestehend, wobei die Schichtung des groben Zuschlagstoffes betont wird. Daß die Schichten größerer Steine bei den Römern mit der Hand gelegt wurden, wird von Middleton, The remains of ancient Rome, London 1892, betont (zitiert bei W. J. Anderson und R. Phené Spiers, Die Architektur von Griechenland und Rom, Leipzig 1905, p. 166).

156 Diese eingehende Beschreibung ist auch nötig, um einer Auffassung Lefèvre-Pontalis' entgegenzuwirken, die teilweise schon von Jusselin mit anderer Beweisführung widerlegt wurde (vgl. Anm. 148). Es handelt sich um Lefèvre-Pontalis' Beschreibung dieser Wandfläche als Kernstruktur eines runden gallo-römischen Stadtmauerturmes, der durch die Abarbeitung des Vorderteils um mehr als die Hälfte seiner Ausladung diese geradlinige Sichtfläche geboten hatte (Le puits des Saints-Forts et les cryptes [1903], p. 391 und Plan zwischen p. 392 und 393). Bei einem Besuch, den er im »vergangenen Frühling« mit M. de Lasteyrie unternommen habe, hätten sie angeblich erkannt, a) daß alle Ziegelsteinfüllungen Bruchstellen aufwiesen und b) daß der Kleinverband roh verhackt worden sei. Dies soll beweisen, daß die Vorderfläche des Turmes abgerissen worden sei. Daß die Furcht vor einem Frühlingsbesuch Lefèvre-Pontalis zur Veröffentlichung dieser wahrhaft phantasiereichen (um eine Formulierung Lefèvre-Pontalis' gegen seinen Kontrahenten Mayeux zu gebrauchen, p. 391) Rekonstruktion führen konnte, spiegelt nur eine soziologische Entwicklungsstufe der Kunstgeschichte, die längst überwunden ist — aber die Weiterwirkung der schon technisch unhaltbaren Darstellung über das seither verflossene halbe Jahrhundert hinweg ist weitaus bedenklicher. Daß die

Ziegelsteine keine Spur von Abarbeitungen zeigen — wie Lefèvre-Pontalis sie gesehen haben will —, wiegt noch leicht gegen die einfache Tatsache, daß die Ziegel doch nur 55 cm in den Gußkern eingreifen und daher bei der postulierten Abarbeitung des halben Turmes gar nicht auf dieser Residualfläche erscheinen könnten. Dasselbe gilt für die von Lefèvre-Pontalis vorgeschlagene »piochage du petit appareil«: Die *Schichtung* der Bruchstein-Zuschlagstoffe des Gußmauerkerns darf nicht mit der gewissermaßen in situ gebliebenen Kleinquader-Kopfstein-*schalung* des opus incertum eines petit appareil verwechselt werden. Nach Lefèvre-Pontalis und seinen Anhängern reicht aber das Kleinquaderwerk des petit appareil durch die ganze Mauerstärke hindurch und mußte in der Schnittfläche abgehackt werden. Schließlich will der Sinn eines derart vollgemauerten Wehrturmes nicht so recht einleuchten, da es sich hier in 5,00 m Höhe (über dem zur Römerzeit noch mindestens einen Meter tiefer liegenden Erdreich) keinesfalls um Fundamentmauerwerk handeln kann.

[157] An der Nordseite des Durchbruchs fehlen die Bruchsteinschichten bis in rund 1,10 m Höhe (Abb. 23).

[158] Der ursprüngliche Verband dürfte beim Einwölben gestört worden sein, siehe unten.

[159] Paul Durand, op. et loc. cit. Anm. 91, zitiert Anm. 125.

[160] Vgl. hierzu unseren Anhang.

[161] Ibidem.

[162] Lecocq, op. cit., p. 412 »K« und p. 416 »O«; Durand, Explication (1881), p. 10; Mayeux, l'abside (1901), p. 49. Auch Gilbert, Description (1821), p. 124 »M«, und Bulteau, Description (1850), p. 275 (nach Félibien, 1678), gleich Monogr., III (1901), p. 341 f., erwähnen die Kammer, ohne sie zu beschreiben. Am nützlichsten ist Mayeux' Bemerkung, daß die Kammer die Besichtigung der Fundamentsohle der gallorömischen Mauer 2,40 m unter dem Niveau des heutigen Lubinusgruft-Fußbodens ermögliche. Dies ergäbe ein Niveau von —8,14 m. Dem steht Lecocqs Angabe entgegen, die Kammersohle befinde sich 9,75 m unterhalb des Chorfußbodens, also umgerechnet auf —8,43 m. Welche Anhaltspunkte Lecocq bei der Ermittlung der absoluten Tiefe der Lubinusgruft zur Verfügung standen, wird nicht gesagt. Da wir dieses Niveau heute nach Moutons maßgerechter Aufnahme von Merlets Grabung genau feststellen können (vgl. Band 2), ist Mayeux' Angabe vorzuziehen.

[163] Bei der Tilgung der Tür (oder des Fensters) müßte der Sturz entfernt werden, andererseits gäbe es keinen Grund etwa höher liegende Falzschichten zu entfernen. Der oberste Falzstein dürfte deswegen die ursprüngliche Durchgangshöhe der Öffnung wiedergeben.

[164] Entweder überschnitt die (punktiert eingezeichnete) Westmauer der Lubinusgruft das ältere (gestrichelt eingezeichnet) Mauerwerk in der Flucht der Laibung, oder sie wurde parallel zum älteren Mauerwerk und hart gegengebaut, so daß die Öffnung vermauert wurde. Letzteres ist weniger wahrscheinlich. Weitere Grabungen und das Öffnen des Mauerwerks in diesem Bereich würden keine Schwierigkeiten bieten.

[165] Vgl. unseren Anhang, p. 83; u. a. werden von Félibien und Lassus die zwei Wandvorlagen rechtwinklig und parallel zueinander gezeichnet; das Verhältnis der zwei Freistützen zu den fünf Wandnischen ist erheblich falsch. Moutons Aufnahme der Nordwestecke gibt das Verhältnis des nördlichen Wandpfeilers zur Flucht der Merletschen Grabung richtig wieder, aber der entstehende Winkel des mittleren Abschnittes der antiken Mauer kann kaum stimmen

[166] Lefèvre-Pontalis, Le puits (1903), passim; Grundriß Merlets zwischen p. 392 und 393, von Maître, Rev. de l'art chrét., 53, (1910), p. 145 ff., übernommen, ergänzt und weiter verfälscht men — siehe Band 2. Gilbert, Description (1824), p. 122, und Henault, op. cit. Anm. 68, p. 431, erheben keinen Anspruch auf Maßgerechtigkeit.
(vgl. Mouton). Mayeux, L'abside (1901), pp. 51 und 61, erfaßte als erster das annähernd richtige Verhältnis der Freistützen zu den Wandnischen, wenn auch nicht maßgerecht, verfehlte aber das richtige Verhältnis der Wandvorlagen zueinander. Daß es dem Architekten Mayeux trotz seines mühevollen Versuchs, die Maßangaben bei einer zunächst überzeugenden, aber nur scheinbar exakten Reinzeichnung zu präsentieren (S. 51), nicht gelungen ist, die bestimmenden Verhältnisse der Teile zueinander zu erfassen, beweist nur die Gefahren seines Vorgehens. Auch die für die Baugeschichte äußerst wichtige Achsenverschiebung der Axialkapelle ist der Zeichnung zuliebe unterdrückt worden — vgl. ferner unseren Anhang.

[167] Vgl. unseren Anhang.

[168] Das heutige Gewölbe wurde in Zusammenhang mit der Errichtung der Maria-Himmelfahrts-Gruppe Bridans 1768 oder 1773 ausgeführt, vgl. Lecocq, Maîtres (1874), p. 415 »F« (auch p. 411 n. 34). Ramé, Édifices d'Orléans (1856), p. 74.

[169] Vgl. Anm. 165 und 166.

[170] Daß dieses Niveau der Höhe des antiken Mauerwerks entspricht, hat zunächst keine Bedeutung, siehe unten.

[171] Ob diese Polygonalbrechung ursprünglich ist oder erst durch Abarbeitung (siehe unten) entstand, spielt dabei keine Rolle. Die unebene Oberfläche verhütet eine einfache Nachprüfung mit Hilfe eines Maurerwinkels, aber daß die Polygonalbrechung vorhanden ist, geht aus Moutons offensichtlich irriger Annahme hervor, es handele sich um einen rechten Winkel, vgl. Anm. 165.
Genaue zeichnerische Konstruktion ist hier wieder nicht möglich, da wir es keinesfalls mit genauen Maßen zu tun haben. Dem Maß 1,28—1,33 m der Innenseite entspricht 1,31—1,53 m der meßbare Verlauf der Nordseite; 1,37 m entspricht lediglich dem längsten sichtbaren Vertikalverlauf der Stoßfuge der Nordseite.

[172] Die Rechtwinkligkeit der vier Ecken der Pfeiler schien bei der Überprüfung mit dem Winkel exakt zu sein. Nachträglich aber bewies die optische Projektion der (Radial-)Flanken auf die Ostwand des Raumes, daß wir trotz der gemessenen Gleichseitigkeit des nördlichen Freipfeilers möglicherweise mit einem geringen Radialausgleich zu rechnen haben: Die Projektionsfläche der Flanken mißt rund 1,20 m, gegenüber 1,12 m Seitenlänge der entsprechenden Pfeilerfläche; von diesen 0,08 m Differenz ist nur 1 cm auf die schräge, gekrümmte Projektionsfläche zurückzuführen (durch zeichnerische Rekonstruktion als Parallelogramm ermittelt). Die Differenz beträgt also immerhin noch 0,07 m (bei durchschnittl. 1,02 m Entfernung gleich 7 %). Für den südlichen Freipfeiler ergibt sich bei dem gleichen Meßvorgang 1,40 m Projektionsfläche gegenüber 1,37 m Seitenlänge, aber die volle 3 cm Differenz stammt in diesem Fall von der Schräge der Projektionsfläche. Also doch Rechtwinkligkeit des Freipfeilers! — obwohl gerade dieser Pfeiler bei der Linealmessung ungleiche Seitenlängen aufweist. Die hier dargestellte Verkehrung der Verhältnisse (im Norden gleiche Seitenlängen bei anscheinend schräg verlaufenden Flanken; im Süden ungleiche Seitenlängen bei Rechtwinkligkeit) beweist, daß die optischen Fluchtlinien (so nützlich sie auch bei der Bestimmung der wahrnehmbaren, also ästhetisch wirksamen Verhältnisse sein mögen und so genau sie auch mit dem Zollstock erfaßt werden können), zu einer mathematischen Rekonstruktion der feineren Gegebenheiten derart roher Oberflächen nicht ausreichen — oder zumindest nicht ohne zusätzliche Hilfskonstruktionen (z. B. in dem vorliegenden Fall eine parallele Projektionsebene statt der gekrümmten Wandfläche).

[173] Die äußeren, d. h. den zentralen Wandsäulen abgekehrten Seiten können nicht genau gemessen werden, vgl. oben.

[174] Petite Monographie, alle Auflagen, zuletzt 1960, p. 14 f.: Le bas côté de l'église (der Oberkirche) ... se prolongeait jusqu'à l'extrémité du chœur et enveloppait l'abside, où il se transformait en un couloir semi-circulaire très étroit. Ce couloir, *qui communiquait avec le sanctuaire au moyen de larges arcades supportées par des piliers rectangulaires* ... Merlet will also sogar die Pfeilerform übertragen sehen.

[175] Die Unregelmäßigkeiten anderer Dimensionen wie die der Stützenstärke und der Radialentfernung von der Mittelsäule lassen sich gleichfalls auf die Bedingungen der Planung zurückführen (Rechteckpfeiler auf Kreisgrundriß bei Achsenverschiebung), brauchen aber nicht im einzelnen untersucht zu werden — zumindest solange, bis der Gesamtzusammenhang mit den äußeren Elementen des ursprünglichen Systems freigelegt und aufgenommen werden kann.

[176] Vgl. unsere Bemerkungen zu dieser Frage im Zusammenhang mit Jean Maunourys Grabung, op. cit. Anm. 90, p. 210. Es kommt durchschnittlich ein Ziegelstein pro heute sichtbare Fläche vor, d. h. nur ein Ausgleich pro 7 bis 10 Schichten. An der oben beschriebenen Nordflanke des nördlichen Mauerpfeilers kommen (außer einem Ziegel in der zweiten Schicht) in der achten Schicht sogar zwei Ziegel vor, und zwar nur um eine Vertikalfuge voneinander entfernt; wie wir sahen, handelt es sich aber in diesem Fall überhaupt nur um Ausgleichsmauerwerk.

[177] Auch auf der Rückwand der Nische, wo allerdings diese Unregelmäßigkeit spätere Schatzgräber zu einer Horizontalgrabung veranlaßt hat. Die Zerstörung der Rückwand an dieser

Stelle erlaubt einen Einblick in den unregelmäßigen Gußkern der Mauer: Die groben Zuschlagstoffe sind im Gegensatz zum antiken Verfahren nicht geschichtet. Die abweichende Einschalung dieser Nische spiegelt sich ebenfalls in den Höhenverhältnissen. Die nördlichste Nische ist nämlich nur, von Sohle bis Scheitel gemessen, 1,65 m hoch, die übrigen drei sind alle über 1,70 m hoch (1,74 m, 1,72 m, 1,77 m und 1,70 m).

[178] Die einzelnen Stellen brauchen nach den vorhergehenden Anmerkungen nicht angeführt zu werden. Feste Grundlage der heutigen Vorstellung, die Nischen stellten zugemauerte Fenster dar, bildet wie üblich der von Lefèvre-Pontalis veröffentlichte Grundriß Merlets (Bull. Mon., 67 [1903], pp. 392—393), ungeachtet der merkwürdigen Stollenform der Fenster. Die von Mayeux vorgeschlagene Abschrägung nur der *Außen*laibungen (Mém. S.A.E.-L., XIII, pp. 50—51) hätte ein Unikum dargestellt. Ramé hat schon 1856—1860 (Édifices d'Orléans, p. 75) behauptet, daß »les travaux de Fulbert au XIe siècle ont eu pour effet... d'aveugler les cinq ouvertures par lesquelle il recevait le jour à l'orient, et de les transformer en niches...«, aber erst 1887 gelangte diese Vorstellung durch Bulteaus Meinungsänderung zur Alleingültigkeit (Monogr., I, p. 41): »(les) cinq ouvertures ne sont autres que cinq fenêtres donnant autrefois sur le coteau désert vers l'orient«. (Die spätere Herausgabe des dritten Bandes der Monographie nahm [p. 341] Bulteaus frühere Äußerung [vgl. folgende Anmerkung] — gewiß aus Versehen und unbemerkt — 1901 wieder auf! Aber zu dieser Zeit wurde Bulteau schon kaum mehr gelesen.)

[179] Bulteaus frühere Beschreibung der Nischen (Description, p. 275, von Lucien Merlet in seiner Ausgabe von Sablons Histoire 1864 noch übernommen, p. 64) als »niches pratiquées dans le mur et qui servaient comme d'armoires pour serrer les objets de trésor« dürfte möglicherweise von der Darstellung Félibiens (vgl. Anhang) angeregt gewesen sein. Schon 1824 sah Gilbert (Description hist., p. 123) sie als »niches ou petits caveaux pratiquées dans l'épaisseur et les fondements des piliers du rond-point du chœur, et dont on pouvoit murer l'entrée en cas de nécessité urgente«. Lecocq (Maîtres, 1874, p. 412 »G«) schließt sich hieran an. Als letzter konnte Paul Durand noch Stellung zwischen der zu Unrecht gefürchteten Naivität der älteren Auslegung und der aufkommenden anscheinend sachlichen Wissenschaft beziehen: »dans le mur... sont creusées de grandes et profondes niches ou arcades...; de sont probablement des arcs de décharge«.

[180] Vgl. Anm. 174. Hilberrys Annahme eines Apsidialumganges auch in der Krypta zeigt, wie gefährlich es sein kann, entwicklungsgeschichtliche Theorien ungeachtet des einfachen Baubefundes zu diskutieren (Speculum, XXXIV/4, 1959, p. 564 und Figure 6a). Hilberrys als eben verlaufend dargestellter Zugang zu dem Apsidialumgang der Lubinusgruft würde nämlich (weil er das heutige Höhenniveau in allen Räumen voraussetzt) hinter der heutigen Chapelle Saint-Savinien 1,26 m (von —4,10 m auf —2,84 m) auf karolingische Fußbodenpflasterung hinaufsteigen, um sich alsdann gleich im rechten Winkel um 4,62 m (von —2,84 m auf —7,46 m) senken zu müssen. Selbst danach bliebe aber der Zugang zu der Lubinusgruft aus dieser Richtung noch immer durch gallo-römisches Mauerwerk versperrt. Diese Tatsachen überfordern selbst Hilberrys bescheidenen Vorbehalt, sein Plan stelle »only a reasonable schematic diagram« dar — schließlich fühlt Hilberry sich an Hand solcher Voraussetzungen doch berechtigt, den gesamten Fulbertbau dreidimensional zu rekonstruieren.

[181] Die als Anten angebrachten Mauerpfeiler ragen, dieser Stellung an der Tangente entsprechend und trotz des angestrebten Ausgleichs (leichte Neigung nach innen), etwas über den durchschnittlichen Radius hinaus: 2,84 m bzw. 2,89 m gegenüber 2,67 m bis 2,79 m für die Freistützen.

[182] Und zwar an der kürzesten Stelle, nämlich dem Radius der Peripheralmauer. Gemessen an dem Radius des Stützensystems (d. h. von der mittleren Wandsäule) wäre das Maß näher an 2,00 m.

[183] Aus den Maßverhältnissen scheint diesmal eine Verschiebung der Achse des Neubaus nach Süden hervorzugehen. Es wäre aber voreilig, auf diesem Stand der Forschung daraus schon Schlüsse ziehen zu wollen. Beim Fehlen einer maßgerechten Aufnahme des Gesamtkomplexes muß manche Beobachtung lediglich gespeichert werden, um für diese endgültige Aufnahme als Teilvoraussetzung mitberücksichtigt zu werden.

[184] Man darf sich in dieser Frage nicht von dem Treppenansatz verführen lassen (vgl. Abb. 7 und 9). Sollten die Nischen jemals Fenster gewesen sein, dann muß es zu einer Zeit gewesen

sein, als der Fußboden rund 1,72 m tiefer lag und keine Treppe vorhanden war oder zumindest ihre erste Stufe rund 3,20 m nach Norden hinter der südlichen Freistütze lag.

[185] Wegen der verschiedenen Kreismittelpunkte verlaufen die Nischenlaibungen in dem ausgeführten Zustand ohnehin nicht parallel zu den Radialflanken der Freipfeiler.

[186] Nur Mayeux stellt die Struktur dieser Wand richtig dar, L'abside (1901), p. 61. Wir werden sehen, daß er — der Polemik Lefèvre-Pontalis' zum Trotz (Bull. Mon. 67 [1903], p. 395 n. 1) — auch mit seiner weitergehenden Interpretation in diesem Punkt (p. 51) recht hatte. Nur infolge der Voreingenommenheit seiner Zeit ist seine Auslegung des inneren Verlaufs des Mauermassives falsch, vgl. Anm. 178.

[187] Nach Betreten des Umgangs kann der eigene Standort vom Besucher nur schwer bestimmt werden. Eine dauernde Kontrolle am Orthogonal-Bezug der Längsgalerien ist beim Arbeiten in diesem Bereich erforderlich. Einen zweiten Orientierungspunkt bietet nur noch die im 19. Jh. angebrachte Skulpturengruppe gegenüber der Axialkapelle. Im Außenbau wirkt selbstverständlich der aktuelle Axialbezug der Mittelkapelle; unsere Fragestellung betrifft jedoch nur die innere Raumgliederung.

[188] Vgl. unseren Anhang.

[189] Bulteau, Description (1850), p. 275, »cette entrée n'existait pas autrefois, aussi n'est-elle pas figurée sur le plan de 1678«; vgl. Gilbert, Description historique (1824), p. 124. Zum Datum der Eröffnung des heutigen Zugangs, 1768, siehe Lecocq, Maîtres (1874), p. 411, 412 »O«, und zum Ausbau der Treppe zwischen April und Oktober 1860 siehe La Voix de Notre-Dame de Chartres, IV, avril 1860, p. 49 f. und p. 176 (vgl. auch Lecocq, op. et loc. cit. und p. 416 »Q«, und Durand, Explication [1881], p. 10).

[190] Die Mittelpunkt-Verschiebung zwischen den inneren und äußeren Wänden des Umgangs kann schon mit den uns gebotenen Mitteln festgestellt werden: Einfache Radialmessungen der Umgangsbreite an verschiedenen Stellen (Radialortung beim Messen mittels zentripetaler Schwenkung des Bandmaßes auf das kürzeste Maß) ergeben ein Höchstmaß von $3,57^5$ m neben der Axialkapelle und ein Geringstmaß von 3,24 m beim nördlichen Ansatz des Umgangs (3,31 m im Süden). Daß es sich dabei um eine tatsächliche Versetzung des geometrischen Konstruktionspunktes handelt und nicht einfach um eine Unregelmäßigkeit an den Ansatzstellen, geht aus der regelmäßigen Zunahme der Maße nach Osten hin hervor (3,24 m — 3,37 m — 3,51 m — $3,57^5$ m, bzw. 3,31 m — 3,40 m — 3,51 m — 3,55 m). Der Mittelpunkt ist auf Abb. 35 mit »C« bezeichnet, die tatsächliche Führung der Wandfläche relativ zu den konzentrischen Angaben Lassus' ist gestrichelt angegeben. Nach dem wissen wir, daß Félibiens Grundriß — zumindest in Lassus' Übermittlung — einem gewissen Zwang zur Konzentrisierung (entgegen dem Baubefund) unterworfen war.

[191] Es war Mouton gelungen, durch die Schrägführung des heutigen Eingangs hindurch eine rechtwinklig angelegte Verbindungs-Grundlinie zu legen, mit deren Hilfe die Anlage der Lubinusgruft (als Nebensache bei der Einmessung von R. Merlets Chorgrabung) mit der äußeren Kryptenanlage in Bezug gesetzt werden kann, siehe Band 2. Die Vorderkante des nördlichen Anten-Wandpfeilers der Lubinusgruft liegt 0,65 m östlich dieser verbindenden Grundlinie; in der Krypta selber liegt die Grundlinie $2,41^5$ m (0,325 m + 2,09 m) östlich der Wandvorlage e4(n) (südliche Bogenwiderlage der nördlichen Umgangsmündung). Stecken wir nun dieses Gesamtmaß von $3,06^5$ m auf der Maßskala des Lassus-Grundrisses ab, dann überrascht die Genauigkeit der Übereinstimmung dieses Maßes mit dem Abstand zwischen den entsprechenden Bezugspunkten auf dem Grundriß selber. Um eine größere Spanne zu erreichen, können 8,58 m (1,45 + 7,13) hinzugezählt werden und der Anten-Wandpfeiler nach demselben Verfahren auf die Wandvorlage östlich neben dem Puits des Saints-Forts bezogen werden. Mit Hilfe von Pausen ist es möglich, die Genauigkeit sogar in bezug auf die Pfeilerachse e2n (Moutons »Pile ronde«) der Oberkirche nachzuprüfen: Das Maß 14,94 m bis zur Ostfläche der antiken Westmauer der Lubinusgruft (1,55 + 2,56 + 2,00 + 2,00 + 2,00 + 2,00 + 1,81 + 1,02) läßt sich ebenfalls abstecken und auf den Lassus-Grundriß übertragen.

[192] Gilbert, op. et loc. cit. Anm. 189.

[193] Die Wandvorlage am Ansatz des Umgangs liegt $2,41^5$ m (2,09 + 0,325) westlich der verbindenden Grundlinie. Das entsprechende Maß in der Lubinusgruft fehlt auf unserer Kopie des Mouton-Originals; aber der in die Schräge gemessene Wandabschnitt mißt 2,46 m, so daß das senkrechte Maß annähernd $2,41^5$ entsprechen würde.

[194] An dieser Stelle müssen wir auf einen zusätzlichen Fehler bei René Merlets Krypta-Grundriß in der Petite Monographie hinweisen (vgl. unseren Anhang, Bemerkungen). Obwohl Merlet einiges über die Auswechslung der Fenster 1892 selber veröffentlicht hat (Bull. Arch. du Comité, 1892, pp. XVI, 244 ff.), kommt der chronologische Unterschied zwischen den jüngeren Fenstern und dem alten Mauerwerk in seinem Grundriß 1908 nicht zum Ausdruck. Nach Merlets eigener Datierung hätten die Fensterlaibungen des Langhauses (bis auf die zwei Fenster H und H') auf dem Grundriß alle grün eingefaßt werden müssen, da er die Auswechslung in das 12. Jh. datiert. Zu den Fenstern des Chorhauptes nimmt Merlet nicht Stellung, wegen des offenkundigen Zusammenhangs hätten aber auch diese grün dargestellt werden müssen.

[195] Daß die dazwischenliegenden Maße jeweils um 2 bzw. 3 cm in entgegengesetzter Richtung kleiner bzw. größer sind, beeinträchtigt nicht die grundsätzliche Konzentrizität, die durch die äußersten Maße ermittelt werden muß. Wir werden aber sehen, daß diese und andere Abweichungen möglicherweise auf eine Außengliederung des späteren oberen Mauerwerks zurückzuführen sind.

[196] Die dazwischenliegenden Maße nehmen in regelmäßiger Progression über 0,33 m, 0,15 m und 0,10 m ab.

[197] Weil die äußersten meßbaren Stellen auf Sektoren-Radien liegen und nicht auf dem vollen Durchmesser der Apside, wird die Verschiebung der Achsen einige Zentimeter mehr betragen.

[198] Vgl. Anm. 196. Die Differenz der Durchmesser von 0,30 m wäre sonst voll im östlichen Axialfenster zur Geltung gekommen. Allerdings muß mit der Möglichkeit einer unterbrochenen Führung der Außenfläche gerechnet werden.

[199] $\dfrac{45 + 28}{2} = 36{,}5$

[200] Vgl. Anm. 195.

[201] Der Vorgang wurde in den Bogenöffnungen des davorliegenden ummantelnden Mauerwerks später sinngemäß wiederholt: Dort, wo die Sohlbankplatten fehlen — Abb. 40, im Vergleich zu Abb. 41 (schon oben erwähnt) —, kann der »weiche«, durch einen Estrich abgeglättete Kern des äußeren Mauerwerks erkannt werden. Allzuoft wird in der kunsthistorischen Forschung das vorgotische Mauerwerk als homogener Verband beurteilt, technische Bedingungen des Umgestaltens werden dadurch nicht berücksichtigt.

[202] Diese Beobachtung ist nicht beweiskräftig genug, um die »erhaltene Mauerführung« zu sichern. Beweiskräftiger bleibt die Konzentrizität der frühen und der späteren Apsidialwandführung. Durch eine Beschädigung an der Sohlschräge des Axialfensters (Abb. 39) kommt auch hier die Oberkante eines massiven Sohlbankblockes, der dem vorromanischen entspricht, zum Vorschein.

[203] Wir werden bei der Untersuchung der Gewölbe sehen, daß bei der Umgestaltung zur Unterkirche Gewölbescheitel ausschlaggebend war: Um einen horizontalen Fußboden in der Oberkirche zu ermöglichen, mußten die Gewölbeansätze tiefer gelegt werden.

[204] Op. cit. Anm. 90.

[204a] Die heutige Gesamtmauerstärke kann durch die Fensteröffnungen wohl approximativ ermittelt werden: Man mißt jeweils von der inneren bzw. äußeren Wandflucht bis zur Glasscheibe bzw. bis zum Bretterverschlag. Die Gesamtstärken von der inneren Wandfläche bis zur Außenkante der Sohlbankplatten haben wir jeweils (unterstrichen) auf der Tafel eingetragen. Es ergaben sich für die Nordostkapelle AII NIII 2,35 m und 2,43 m; für die Axialkapelle 2,51 m, 2,08 m(?) und 1,92 m; für die Südostkapelle AII SIII 2,28 m, 2,19 m und 2,24 m. Darunter ist die jeweilige frühromanische Endstärke eingetragen: AII NIII 1,68 m und 1,88 m; Axialkapelle 1,98 m, 1,96 m und 1,92 m; AII SIII 1,98 m, 1,90 m und 1,96 m. Aus dem Verhältnis zu der Mauerstärke der Kapellen-Längswände (die durch die fünf im 19. Jahrhundert freigelegten Fensteröffnungen genauer eingemessen werden konnten: AII NIII, Südostmauer 2,32 m; Axialkapelle, Nord 2,36 m, Süd 2,37 m; AII SIII, Nord 2,55 m, Süd 2,54 m) ergaben sich viele Interpretationsmöglichkeiten; diese zu erörtern ist jedoch müßig, solange die einfache Freilegung der betreffenden Wandstreifen nicht vorgenommen wird.

[205] Die Kapellen messen in der Breite: AII NIII: 5,04 m; AmIII: 5,32 m; AII SIII: 4,80 m. Wir sahen, daß vor dem nicht versetzten Mauerwerk der nordöstlichen Kapelle (AII NIII) eine

zusätzliche Wandschicht als Gewölbeträger eingezogen werden mußte. Infolge der Achsen-verschiebung der Axialkapelle (AmIII) nach Süden bildete deren vorgeblendete nördliche Mauerschicht einen ähnlichen Gewölbeträger. Die südliche Mauer ihrerseits mußte versetzt und bei dem Wiederaufbau von vornherein mit dem Gewölbe zusammen ausgeführt werden. Dadurch brauchte keine Reduktion der ursprünglichen Kapellenbreite stattzufinden, und die Kapelle ist dementsprechend die breiteste. Die südöstliche Kapelle (AII SIII) ist beinahe einen halben Meter schmäler; dies scheint ihre ursprüngliche Breite zu sein, weil (wie wir oben gesehen haben) ihre Apsidialmauerstärke und damit deren innere Flucht die ursprüng-liche zu sein scheint (nur ca. 2,24 m und nicht versetzt). Dies würde auch erklären, warum in diesem Fall die Verstärkung der Längswände an der Außenseite stattfand (siehe oben).

[206] Innerhalb der zwei »versetzten« Radialkapellen kann heute nichts Auffallendes verzeichnet werden. An ihren Außenwänden, die heute in den frühgotischen Zwischenkapellen zum Teil noch sichtbar sind, scheinen aber mehrere Unregelmäßigkeiten vorzukommen. Der Sockel-verputz unterhalb des echten scharf gefügten Quaderwerks, das in der oberen Zone überall unter dem aufgemalten Verband sichtbar ist, könnte möglicherweise einen Materialwechsel vermuten lassen, aber die untere Zone der nördlichen Außenmauer (= Südwand der Zwi-schenkapelle AIII SII) war 1966 bis in etwa 1,30 m Höhe derart unregelmäßig und »aus-gebeult«, daß es nahelag, hier Gußmauerwerk zu vermuten. Man dürfte sonst annehmen, daß man bei der Ausmalung im 19. Jahrhundert den Putz ausgeglichen hätte. Oberhalb sind scharf gefügte große Quader, die wiederum in der Fensterzone einen etwa 0,10-m-Absatz aufweisen. Ein ähnlicher Absatz befindet sich in Fenstersohlbankhöhe an der südlichen Außen-wand der nordöstlichen Radialkapellen in etwa 3,20 m Höhe (auf dem Niveau —0,90 m) an der Ostseite des Fensters.

[207] Die letzten Ziegelstein-Bindeschichten des Gußmauerwerks liegen in —3,16 m Höhe, weitere 0,30 m des Gußmauerwerks scheinen aber noch oberhalb erhalten zu sein.

[208] Siehe oben, bes. Anm. 149.

[209] Wir erinnern diesbezüglich an die Nordwest-Kammer, die im Bereich des inneren »Umganges« liegt und deren Fußboden schon beinahe einen Meter tiefer ist als die Basis der mittleren Halbsäule.

[210] An den Außenseiten wäre der Balken wohl nicht über den Stützen, sondern auf Konsolen an deren Flanken (oder sogar eingemauert) zu denken.

[211] Vgl. Anm. 210; an die Stelle der Säule hätte dann sogar ebenfalls eine Konsole treten können.

[212] Siehe Bandmann, op. cit. Anm. 49.

[213] Lecocq, Maîtres (1874), p. 420, auch von Mayeux, L'abside (1901), p. 55, zitiert. Lecocqs weitere Ausführungen über eventuelle Fenster in der Innenwand der Krypta werden in Zu-sammenhang mit den Querhausgrabungen unten besprochen.

[214] Am Beispiel der Axialkapelle sehen wir, daß bei einer regelmäßigen Halbtonne die Gewölbe-ansätze der 5,32 m breiten Kapelle rund 2,66 m unter dem Scheitel liegen müssen, im 3,56 m breiten Umgang jedoch nur rund 1,78 m unter dem Scheitel. Diese Differenz von rund 0,88 m kann wegen der Verwischung der Ansätze genauer errechnet als gemessen werden.

[215] Die Spannweite des östlichen Joches der nördlichen Längsgalerie (EIV NI) beträgt rund 4,95 m, gegenüber der Spannweite von nur 3,24 m des (an der Achse e4) anschließenden Um-ganges. Im Süden betragen die entsprechenden Maße rund 4,70 m gegenüber 3,31 m.

[216] Am Ostabschluß der nördlichen Galerie (EIV NI, Ostseite) liegt der Scheitel auf +0,43 m Höhe, der Scheitel der Tonne auf der Ostseite des Bogens auf +0,21 m; an der entsprechen-den Stelle im Süden auf +0,09 m (Längsgalerie) und +0,07 m (Umgang); in der Ostachse liegt der Scheitel des Umganges auf +0,22 m Höhe.

[217] Im Chorumgangsbereich bis zum Querhaus war es dem gotischen Baumeister und gewiß auch seinem frühromanischen Vorgänger gelungen, die Höhendifferenzen der Gewölbescheitel durch Auffüllung des Fußbodens auszugleichen. (Im Joch WI NI und EII NI beträgt die Gewölbe-stärke nur rund 0,53—0,54 m. Die geringste Gewölbestärke der Südgalerie beträgt dagegen in WI SI 0,82 m, im Langchor sogar über 1,00 m.) Obwohl nach Westen hin (WIV NI) ge-wagt worden ist, auf weniger als 0,30 m Materialstärke herunterzugehen (gegenüber ca. 0,90 m in WIV SI), konnte die Höhe der Seitenschiffe nicht mehr ausgeglichen werden, so

daß in der Oberkirche die bekannte unterschiedliche Stufenzahl zum Mittelschiff hin in Kauf genommen werden mußte.

[218] Daß ein solcher eventueller Riß (infolge einer Senkung um volle 0,30 m über die rund 16 m Mittelschiffsbreite) nie durch die Restaurierung endgültig ausgebessert werden könnte, läßt sich schon an dem Chartreser Beispiel im Joch WV erkennen: Trotz wiederholter Ausbesserung hat sich der (im Verhältnis viel geringere) Riß im Mauerwerk des 13. Jahrhunderts sowie auch in dem Kryptagewölbe WV SI immer wieder geöffnet. Wo die Fundierung schon bei der Errichtung nicht ausreicht, die Bewegung des Bauwerks zu verhüten, kommt das Mauerwerk nie zur Ruhe.

[219] Bei dem minimalen Niveau der Traufe von 0,60 m, einer Bogen-Materialstärke von 0,50 m und einer Spannweite von rund 5,00 m (Stichhöhe 2,50 m) würden die Kämpferplatten auf —3,60 m Niveau liegen oder rund einen halben Meter über dem heutigen Fußboden der Krypta.

[220] Die in Anm. 219 ermittelte Minimal-Kämpferhöhe von —3,60 m wäre rund 0,60 m tiefer als die erhaltene Kämpferplatte der Lubinusgruft. Dies wäre bei einer eventuellen Abstufung der Umgänge (vgl. Anm. 209) durchaus denkbar; man blickte dann zum gewölbten Sanktuarium hinauf. Allerdings ergibt sich dieses Niveau von —3,60 m aus der *Minimal*-Traufhöhe. Würden wir die Dachkonstruktion 0,60 m höher annehmen, so müßten wir auch die Kämpferlinien der beiden Mauerarkaden in der gleichen Höhe ansetzen.

[221] Jusselin, Saint-Serge-et-Saint-Bacche (1940), passim.

[222] Früher Bibliothèque municipale, Chartres, Ms. no. 98, fol. 2r und fol. 168v. Ein dritter Grundriß existierte früher, und es ist zu hoffen, daß er wieder auftauchen wird. Jules Duvergie erstattete auf der Sitzung der S.A.E.-L. am 15. Juni 1913 (P.-V. S.A.E.-L., XIII, p. 281 f.) einen Bericht über die Skizzen. Duvergie wollte zunächst in dem Grundriß in Abb. 53 die vorromanische Kathedrale selber wiedererkennen (Abb. 54 sollte dabei Saint-Père dargestellt haben). Er ging dementsprechend daran, diese Grundrißskizze auf den Kryptagrundriß der Kathedrale zu übertragen, und fertigte eine Reinzeichnung der postulierten Fundamentzüge an, die wie ein Grabungsbefund wirkte. Eine Blaupause dieser irreführenden Zeichnung existiert noch im Büro Maunoury. Daß dieser unzuverlässige Forscher (vgl. auch Mém. S.A.E.-L., XVI, p. 78) auf dieser Pause im Anschluß sowohl an Mayeux wie auch an seine Kritiker die nicht nachgewiesenen Fundamentzüge auf die Zeit zwischen 1030 und 1194 datieren wollte, braucht uns hier nicht zu beschäftigen.

[223] Die mitphotographierte Schrift kann nicht auf die Originalblätter geschrieben gewesen sein.

[224] Ob der Fulbertbau noch einen erhöhten Chorraum besaß, wird im anschließenden Abschnitt der Arbeit erörtert. Der Chorraum wäre von den Bedingungen des Umgangs nicht betroffen gewesen.

[225] Wir meinen allerdings, daß dieser Eingang auch schon bei der Umgestaltung der Ostanlage als Not- und Geheimzugang ausgespart geblieben war und nur außen durch relativ dünnes Mauerwerk verblendet war. Eine uns augenblicklich nicht auffindbare Quelle besagt, daß die antike Grabstele, die sich heute in dem südöstlichen Eingang in die Krypta (EIV SI) befindet, ursprünglich zum Verschluß dieses Einganges verwendet gewesen sei. Die Verhältnisse auf Gilberts Plan (der vor der Eröffnung des Einganges gezeichnet wurde) bestätigen diese Vermutung. Dementsprechend ist die Öffnung in unserer Rekonstruktion Abb. 36 berücksichtigt worden. Der obere Lauf der Treppe zum Chor wurde 1768 zugemauert und erst 1906 wieder freigelegt, vgl. P.-V. S.A.E.-L., XII (1906), p. 144.

[226] Die Unregelmäßigkeiten werden auf den meisten Grundrissen unterdrückt, sie können aber aus unserer Abb. 9 entnommen werden. Die unteren Setzstufen betragen jeweils 33, 18^5, 20, 14, 20^5, 21, 28 und 22^5 cm!

[227] Merlet, Petite Monographie, und Hilberry — vgl. unseren Anhang.

[228] Lecocq, Maîtres (1874), p. 415 »J«, wollte in diesem Gewölberest einen Rest der ursprünglichen Einwölbung sehen und gibt auf seinem Schnitt gegenüber p. 414 das Gewölbe falsch als Quaderwerk wieder.

[229] Der Schnitt bei Mayeux, L'abside (1901), gegenüber p. 50, gibt den Sachverhalt des Mauerabsatzes richtig wieder. Sonst ist die Wiedergabe des Baubefundes und des Höhenniveaus sowie auch die Interpretation der Umgestaltung unbrauchbar.

[230] Wir sind von Herrn Marcel Couturier darauf aufmerksam gemacht worden, daß Maunoury,

op. cit. Anm. 90, gewiß nicht Sichtmauerwerk im baukünstlerischen Sinne meinte. Er habe vielmehr mit dem Ausdruck »en élévation« angedeutet, daß das Mauerwerk, im Gegensatz zu »en tranchée«, über dem Erdreich gebaut wurde. Diese Auslegung des Grabungsbefundes stimmt also mit unserer Interpretation überein, ohne daß Maunoury ein Irrtum zuzuschreiben wäre.

[221] Lecocq, vgl. Anm. 213.

[222] Vgl. unseren Bericht, op. cit. Anm. 90.

[233] Bei Bulteau oder sogar Doublet de Boisthibault.

[234] In den südöstlichen Radialkapellen (AII SIII) wiesen die Fensterbänke die gleiche Abschrägung auf. In der radikal umgesalteten Axialkapelle fehlt sie. Daß im letztgenannten Fall die Fensterbänke ausgewechselt worden sind, geht jedoch eindeutig aus dem Verband hervor: Sie sind *zwischen* die Laibungssteine (außer Verband) eingeschoben worden.

[235] In den folgenden Kapiteln wird dieser Punkt durch die Analyse früherer Veröffentlichungen ein wenig präzisiert werden können.

[236] Jean Hubert, L'art pré-roman, Paris 1938, p. 53 ff.

[237] Hubert, op. cit., bes. p. 56.

[238] Dabei konnte das Grab als Confessio in einem tieferliegenden Bauteil mittels eines Umganges den Betenden erschlossen werden.

[239] Bandmann, op. cit. Anm. 49, stellt die Bedeutung der Anastasis der Grabeskirche in Jerusalem für diese Entwicklung überzeugend dar.

[240] Roulliard, Parthenie, I (1609), p. 161 ff.

[241] Doyen, Histoire, II (1786), p. 73 f. Beide, Roulliard und Doyen, sind bei Gilbert, Description (1824), p. 125 f., zitiert und bei Doublet de Boisthibault, Rev. Arch. XII (1855), p. 104, gekürzt wiedergegeben.

[242] Doyen, op. et loc. cit.; vgl. auch Doublet de Boisthibault, Rev. Arch. VIII (1852), p. 447. Lecocq (op. cit. Anm. 113, p. 333) dürfte mit seiner weiteren Begründung dieses Verbots durch eine Gefährdung der Standfestigkeit des Gebäudes nicht recht haben. Die Bemerkung ist jedoch bezeichnend für die Zeit: Gerade Lecocqs Generation hat die Teilzuschüttung zwecks Stabilisierung der Vorgängerbauten erkannt.

[243] Jüngst zuverlässig und übersichtlich zusammengefaßt von Yves Delaporte, Chartres, Dictionnaire d'histoire et de géographie ecclésiastiques (Hrsg. Baudrillart und van Couvenbergh), t. 12, Paris 1953, Sp. 544—574, origines chrétiennes, Sp. 546 f. Henri Leclercqs Beitrag »Chartres«, Dictionnaire d'archéologie chrétienne et de liturgie (Hrsg. Cabrol und Leclercq), t. 13, Paris 1913, Sp. 1019—1045; Kap. IV und V, Sp. 1027—1033, ist von der späteren Forschung widerlegt und deswegen hier nicht im einzelnen berücksichtigt, vgl. René Merlet, Les traditions de l'Église de Chartres (1914), Archives du diocèse de Chartres, XXIII (Pièces détachées, 4), 1921; und Maurice Jusselin, Les traditions de l'Église de Chartres à propos d'une bulle du Pape Leon X, Mém. S.A.E.-L., XV (1914), p. 1—26, und Dernières recherches sur les traditions de l'Église de Chartres, Mém. S.A.E.-L., XV (1915), pp. 100—116. Schließlich auch Jusselins Les traditions bi-millénaires de l'Église de Chartres, Chartres 1926.

[244] Delaporte, op. cit., Sp. 545: Nous ne croyons pas utile de résumer l'histoire de Chartres pendant la longue période qui s'étend de la chute de l'Empire romain aux premiers Capétiens. Der Blick in diese entscheidende Zeit ist durch die falsche Einschätzung von Fulberts Bauleistung versperrt worden.

[245] Nicht am Kapitol, nicht am Forum sucht man die christlichen Ursprünge Roms, sondern in oder nahe den Grabstätten außerhalb der Stadt; anschließend höchstens in den kleinen versteckten Stadtkirchen. Noch die konstantinischen Basiliken halten sich im 4. Jh. trotz kaiserlicher Begünstigung von den Hochburgen der Ur- und Staatsreligion fern. Dabei soll nicht an die topographisch bedingten Grabeskirchen der Apostel gedacht werden, sondern vielmehr an die erste konstantinische Gründung der Lateransbasilika als Bischofskirche innerhalb der Stadtmauer. Die Gründung (358) und der spätere Prunkausbau von Santa Maria Maggiore (432) setzen das Bild fort. Die Ausmaße dieser Gründungen täuschen nicht über die Aussage der Topographie hinweg. Im Gegenteil, daß der kaiserliche Aufwand nicht die Urkulte der Stadt zu verdrängen vermochte, beweist nur deren Macht und Bedeutung, die erst viel später allmählich besiegt wurden. Der anerkannte Satz, daß die »öffentliche christliche Baukunst ... anfangs nur neben die Tempelarchitektur trat«, muß vor allem bei der Beurteilung der weni-

ger gut dokumentierten Entwicklung der provinzialrömischen Baukunst kirchengeschichtlich ausgewertet werden (Deichmann, Frühchristliche Kirchen in Rom, Basel 1948). Obwohl Delaporte nicht eindeutig von der Gründung anderer Kirchen vor der Übernahme des Kathedralbezirks ausgeht, ebnet er (op. cit. Anm. 243, Sp. 547) durch seinen Anschluß an Duchesne den Weg für die hier vorgeschlagene Entwicklungsgeschichte: il fait distinguer entre la constitution des Églises épiscopales et l'existence, qui peut remonter plus haut, de fidèles isolés ou même de petits groupes de chrétiens ...

[246] Die Untersuchung der Westwand der Lubinusgruft beweist, daß typisch gallo-römisches Gußmauerwerk schon eine ältere Konstruktion überschneidet, vgl. unser vorhergehendes Kapitel.

[247] Delaporte, op. cit. Anm. 243, Sp. 550: l'antiquité incontestable du »puits des Saints-Forts« retrouvé en 1902. Obwohl die Identität des von Merlet ergrabenen keltischen Brunnens mit der im Mittelalter verehrten Kultstätte stark angezweifelt werden muß (vgl. Band 2), ist die Existenz eines im 17. Jh. getilgten Brunnens gesichert. Weitere Beispiele von Brunnen, die in frühe Kirchenanlagen mitaufgenommen wurden, sind in unserem einleitenden Kapitel angeführt.

[248] Delaporte, op. et loc. cit.

[249] Vgl. Abbé Baudry, op. cit. Anm. 73. Vgl. auch Jusselin, Traditions bi-millénaires ... (1926), op. cit. Anm. 243, p. 6, und Traditions ... (1914), op. cit. Anm. 243, p. 5 n. 1 und 2. Auch Mâle, Notre-Dame de Chartres (1963), p. 8, betont den Zusammenhang der Chartreser Kulterscheinung mit den vorchristlichen gallischen Bräuchen.

[250] Jusselin, der 1914 (op. cit., p. 6) die Quellen mit ähnlichem Vorbehalt auslegte, vertrat noch 1926 (op. cit., p. 7) die Stichhaltigkeit der mündlichen Tradition gegenüber dem Mangel an schriftlicher Überlieferung (op. et loc. cit., vgl. auch Anm. 84). Unsere Auffassung unterscheidet sich von Delaportes (op. et loc. cit.) negativer Auslegung der Aussagen Fulberts und des Mönchs Paul im 11. Jh. Zu Mâles (op. et loc. cit.) Bedenken im Hinblick auf den Bericht des Mönchs Bernard vgl. Anm. 72. Daß die Chroniken zum Brand vom Jahre 1194 bei aller Sorge um das Mariengewand in der Sainte-Châsse keine Kultfigur erwähnen, findet zudem eine topographische Erklärung: Das Gewand war auf oder im Hauptaltar im Sanktuarium den Flammen ausgesetzt, während für das Kultbild unter den Gewölben der Krypta nachweislich keine Gefahr bestand (vgl. Delaporte, op. cit., Sp. 550, »dés le XIIe s., et sans doute avant, la ›sainte châsse‹ était conservée au rétable du maître-autel«).

[251] Jusselin (1915), op. cit., passim.

[252] Die jüngeren Arbeiten Couturiers (L'amphithéatre de Chartres, Bull. des S.A.E.-L., Chroniques 2 [1966], pp. 18—25) und Jusselins (Chapelle Saint-Serge [1940]) befassen sich nur mit den nördlichen Grenzen der Römerstadt. Entscheidend bleibt deswegen Louis Bonnards Les fortifications de Chartres, op. cit. Anm. 95, bes. pp. 260—267, wo auch die früheren Auffassungen de Boisvilettes, R. Merlets, Mayeux' und die früheren Geschichtsschreiber der Stadt zusammengefaßt sind. Danach lag Saint-Père sicherlich außerhalb der gallorömischen Befestigungen. Die bedeutenden Mauerreste im Stadtteil Saint-Brice dürfen zu Recht als castellum angesehen werden. Bis Chartres von der klassischen Archäologie beachtet wird, bleibt jedoch alles hypothetisch. Greniers Manuel d'archéologie gallo-romaine, t. III-IV (1958 bis 1960), berührt die Stadt Chartres nicht. Delaporte, op. cit. Anm. 243, Sp. 559, ist auch der Meinung, Saint-Père habe außerhalb der Stadtmauer gelegen.

[253] Den von Lecocq, op. cit. Anm. 113, p. 310, erwähnten »anciennes traditions locales«, nach denen zur Zeit der ersten apostolischen Missionen an dieser Stelle dem Petrus eine Kirche geweiht worden ist, darf kein wissenschaftlicher Wert beigemessen werden — trotzdem entsprechen sie der historischen Wahrscheinlichkeit. Die Legende, das an dieser Kirche gelegene Kloster sei von Chlodwig gegründet, ist zunächst von geringerer Bedeutung. Aber nach Delaporte (op. et loc. cit.) darf sein Bestehen gegen Mitte des 7. Jh. nicht in Frage gestellt werden. Dies geht aus dem zuverlässigen Aganon Vetus des 11. Jh. hervor (bei Guérard, Cartulaire de l'Abbaye de Saint-Père de Chartres, Paris 1840) und hängt sicher mit der Tradition einer Gründung durch den Bischof Malardus zusammen. Aber schon die Zeit um 500 (entsprechend der Chlodwig-Legende) scheint für die erste Gründung einer Peterskirche in der Gemeinde von Chartres viel zu spät zu sein. Die Gründung eines Klosters dagegen dürfte sich topographisch durchaus nach einem vorhandenen Oratorium und christ-

lichen Besitz orientieren. (Vor Roulliard vertraten offenbar einige Autoren die Ansicht, die Kirche Saint-Aignan sei ursprünglich nicht saint Denis, sondern den Aposteln Petrus und Paulus geweiht gewesen. Roulliard führt abwechselnd einen der Patrone an erster Stelle bzw. als Alternative auf (Parthenie, II, pp. 8r und 149r). Nur Souchet (I, p. 356) entschließt sich für den Apostel, die Historiker des 19. Jh. treten für saint Denis ein (Bulteau, Description, p. 301; Lépinois, I, p. 231. Beauhaire [op. cit. Anm. 263, p. 1] richtete sich ohne Begründung nach Souchet). Vgl. Leclercq, op. cit. Anm. 243, Sp. 1021, und der kleine anonym verfaßte Führer (V.P.), Église Saint-Pierre de Chartres, Chartres 1954.

²⁵⁴ Vgl. Anm. 263.

²⁵⁵ Das Reich funktionierte freilich zum Teil nur deswegen, weil Nordgallien schon erheblich mit Germanentum durchsetzt war. Dieser Umstand wird am besten durch den Sieg des römischen Heermeisters Arbogast (selbst Franke) über die ripuarischen Franken veranschaulicht, der nach Clerval (op. cit. Anm. 256, p. 3) auch auf die Christianisierung von Chartres zu beziehen ist. Leclercq, op. cit. Anm. 243, Sp. 1021, hält die Auslegung Clervals für zuverlässig.

²⁵⁶ Clerval, Les écoles de Chartres au Moyen-Age, Mém. S.A.E.-L., XI, 1958, p. 1 f.

²⁵⁷ Die Übernahme einer derart festgeprägten Muttergottheits-Tradition mußte — wenn sie nicht überhaupt erst nach 431 denkbar ist — durch das Ephesische Theotokos-Dogma zumindest sehr erleichtert werden. Das dritte ökumenische Konzil hätte ebensogut in Chartres stattfinden können wie in der Heimat der Artemis — vorausgesetzt, der Tempel der einheimischen Muttergottheit wäre bis dahin auch hier zerstört gewesen!

²⁵⁸ Saint-Prest und Saint-Cheron, siehe unten. Als dritte muß die Kirche Saint-Serge-et-Saint-Bacche, die Jusselin als merowingisch nachgewiesen hat, hinzugezählt werden. Diese Kirche bildete 570 die Grabstätte des saint Calectricus (Jusselin, Saint-Serge [1940], passim). Nicht berücksichtigt bleibt dabei der im cartulaire von Saint-Père überlieferte, aber nicht genau datierbare (646?, 580?) Bau der Kirche Saint-Hilaire, der den Bau von Saint-Père selber voraussetzt. Die erste Nachricht über eine *Zerstörung* der Kathedrale — sei es des gallo-römischen Bauwerks, sei es eines nicht überlieferten Umbaus desselben — bezieht sich auf das Jahr 743.

²⁵⁹ Jusselin, op. cit., p. 147.

²⁶⁰ Die Legende von der vorchristlichen Urbestimmung der Kathedrale für die Virgo paritura *konnte* erst entstehen, als die Überlieferung der Assimilierung des heidnischen Kultes durch die Zeit verschleiert wurde. Solange die ursprünglichen Auseinandersetzungen zwischen den beiden Religionen in der Erinnerung lebendig blieben, konnte die nachträglich einleuchtende Assimilierung eines Muttergottheitskultus durch einen Gottesmutterkultus sich nicht durchsetzen. Die Assimilierung entsprach von vornherein nur einseitigem Interesse. Wenn, wie angenommen werden darf, der Urkultus bis ins 5. Jh. seiner eigenen Tradition treu geblieben war und erst durch kaiserlichen Erlaß aufgehoben wurde, dann ist die retrospektiv naheliegende Übertragung auf die christliche Religion kaum freudig akzeptiert worden. Es ist in diesem Zusammenhang äußerst bedeutsam, daß der Brunnen dem Aganon Vetus 1082 zufolge erst durch die Märtyrerbestattung Frotbolds 858 (keine Heiligsprechung!) nachträglich eine begründete christliche Bestimmung bekam und gleich anschließend, aber von anderer, unzuverlässiger Seite (der Potentien-Legende) in die Frühzeit der ersten Missionen datiert wurde (Delaporte, op. cit. Anm. 243, Sp. 546). Vgl. hierzu Anm. 84, 250 und 315 und die zugehörigen Textstellen — eine Zusammenfassung und Klärung dieser Gedanken wird sich in der zukünftigen Auseinandersetzung ergeben.

²⁶¹ Vgl. Anm. 263 — die dort zitierten Angaben Yves Delaportes mit Bezug auf die Heiligsprechungen müssen als letzter Stand der Forschung betrachtet werden. Demnach, und im Gegensatz zu Beauhaires Angaben (op. cit. Anm. 263) sind Martinus Candidus und Pabulus nie heiliggesprochen worden. Delaporte wird von Lépinois/Merlet (Cartulaire, I, 1862) bestätigt.

²⁶² Weil das Domkapitel sich seit der frühesten Überlieferung als Hüter dieser Urtradition erwiesen und zudem besonders seine Privilegien dem Bischof gegenüber behauptet hat (das bezeichnendste Beispiel wird von Jusselin [1915, op. cit. Anm. 243, p. 101 ff.] erläutert, der aber die Ursache der Auseinandersetzung möglicherweise zu spät ansetzt), soll untersucht werden, inwieweit seine Ursprünge in der ortsgebundenen vorchristlichen Priesterschaft zu suchen sind. (Delaporte, op. cit., sp. 554: le chapitre ... doit être considéré comme l'un des plus illustres

et des plus puissants de l'Église de France. Il est difficile d'en préciser les origines). Daß die Kirche die heidnische Kultstätte (mit oder ohne Kultbild) und damit auch die Wallfahrt übernommen hat, wird nicht bestritten.

[263] Sowohl Leclercq (op. cit. Anm. 243, Sp. 1019) wie auch Delaporte (op. cit. Anm. 243, Sp. 547) betonen die Zuverlässigkeit der Chartreser Bischofslisten. Lépinois' frühe Veröffentlichung der Listen nach Gallia Christiana (1744), de Villiers (1608), dem Apothecarius moralis (1373) und der Vieille Chronique (1389) (Histoire, I, [1854], p. 422 ff.) wurde, mit kurzen Notizen ergänzt, im Cartulaire zusammengefaßt (Lépinois/Merlet, Cartulaire, I [1862], p. XXIX), später von René Merlet nach ms. lat. 13758 der Bibl. nat. (1063—1069) kritisch ergänzt (Catalogues des évêques de Chartres, Mém. S.A.E.-L., IX (1889), p. 454 ff.; vgl. L. Duchesne, Fastes épiscopaux de la Gaule, Paris 1900, t. II, p. 418) und von Joseph Beauhaire (Diocèse de Chartres, Chronologie des Évêques... Chateaudun/Paris 1892, p. 1 ff.) in knapper, übersichtlicher Form zugänglich gemacht. Beauhaires absolute Chronologie, die wir übersichtshalber benutzen, soll cum grano salis verstanden werden. Sie stimmt aber mit Delaportes Stichdaten — die wir als jüngsten Stand der Forschung ansehen müssen (op. cit., Sp. 457 f.) — überein, (abweichend bzw. ergänzend: Calectricus, Todesdatum 473 statt 470; Teodadus 614 erwähnt, demzufolge Boetharius im ersten Jahrzehnt des 7. Jh. gestorben sein muß; Gauzbertus 667 statt 666; Bernoinus 836 und 839 erwähnt; Helias Todesdatum 853; Burchardus 853/4; Frotboldus 856 erwähnt, 857/8 gestorben; Gislebertus 859—878 erwähnt; Heimo 885 erwähnt; Girardus 886/7; Haimericus 890 und 891; Wantelmus 911; Fulbert 1006, statt 1007 Amtsantritt). Zu den absoluten Chronologien der frühen Bischöfe bei Lépinois muß gesagt werden, daß die Daten der zweiten Liste (die von de Villiers, 1608) sich lediglich aus dem seinerseits auf Legenden zurückgehenden Apothecarius moralis ergeben (Liste 3). Dabei muß noch immer eine Korrektur der genauen Summe der elf ersten methusalemisch anmutenden Episkopate (453 Jahre bis Arbogastus) auf 468 vorgenommen werden, um einen sinnvollen Anschluß an die Anfänge der historischen Überlieferungen zu gewinnen. Merlet umgeht die absolute Chronologie überhaupt, während Beauhaire mit annähernd zuverlässigem Ergebnis sich erst ab 483 an die besser gesicherte Überlieferung anschließt. Das Episkopat von Martinus Candidus muß um den Anfang des 5. Jh. angesetzt werden (auch bei Clerval, op. cit. Anm. 256, p. 2); es ergeben sich danach durchschnittlich 10 Jahre pro Episkopat bis 483. Sowohl Leclercq (op. cit., Sp. 1020) als auch Delaporte (op. cit., Sp. 547) setzen Valentinus, den Vorgänger des Martinus Candidus, gegen Ende des 4. Jh. an. (Im Anschluß an Duchesne bezieht Delaporte die Gründung des Chartreser Episkopats auf die konstantinische *Toleranz* — da aber nur zwei Bischöfe Valentinus vorausgehen, gelangt man keineswegs bis in konstantinische *Zeit* zurück. — Zur Heiligsprechung der Bischöfe vgl. Anm. 261.

[264] Die vielen antiken Gräber, die in der unmittelbaren Nähe der Kirche gefunden worden sind, deuten darauf hin, daß ein antiker Friedhof der Stadt sich hier, im heutigen Vorort Saint-Brice befand, vgl. Abbé Curet, Monastère de Saint-Martin-au-Val-lez-Chartres, aujourd'hui Hospice Saint-Brice, Chartres 1939, p. 19 f. Diese Ansicht wird von Delaporte, op. cit. Anm. 243, sp. 560, bekräftigt. (Curet setzt den Episkopat Martins ohne nähere Begründung irrig auf Anfang des 4. Jh. an.)

[265] Delaporte (bestätigt von Lépinois/Merlet) muß in dieser Frage als bestimmend angesehen werden, vgl. Anm. 261. Die Angaben Beauhaires (op. cit Anm. 263, p. 1) und Curets (op. cit. Anm. 264) zur Heiligsprechung des Martinus Candidus lassen sich durch nichts belegen — auch in seiner oft zitierten Grabinschrift wird er nicht mit *sanctus* angesprochen, siehe u. a. Clerval, op. cit. Anm. 256, p. 2.

[266] Nach Curet, op. cit., p. 20, wird die Existenz Martins gelegentlich in Frage gestellt. Nach Leclercq (op. cit. Anm. 243, Sp. 1020) stehen am Anfang (nach Valentinus) »six ou sept évêques sur lesquels nous ne savons rien du tout. C'est d'abord Martinus, un nom«. Anschließend (Sp. 1023) vertritt er aber Clervals Meinung (op. et loc. cit. Anm. 265), daß derselbe Martinus »aurait vécu dans un milieu assez littéraire« — womit wohl die historische Existenz vorausgesetzt wird. Delaporte geht auf diese Frage 1956 nicht ein, aber Leclercqs ebenfalls vorgetragene Bedenken zur Identität von Martins Nachfolger Anianus (Homonymität mit dem Orléanenser Bischof) werden ohne Verweis abgetan, vgl. unten.

[267] Roulliard, Parthenie, II (1609), p. 68v; Challine, Recherches (1918), p. 238 f.; Lecocq, Notes historiques sur l'église et la crypte de Saint-Martin-au-Val, Chartres 1858, p. 7 und n. 1.

112

Lecocqs Arbeit ist sehr wichtig für die eingehendere Untersuchung der Kirche; sie wurde (leider ohne das Vorwort) auch in Mém. S.A.E.-L., I, pp. 289—304, abgedruckt. Vgl. Beauhaire, op. cit. Anm. 263, p. 1, zu Anianus; auch Curet, op. cit., p. 20.

²⁶⁸ Vgl. Anm. 266. Die Kirche Saint-Martin-au-Val könnte entweder nach seinem Tod dem Martinus Candidus geweiht worden oder aber schon vorher dem großen Tourainer Martin geweiht gewesen sein. In diesem Fall läge nichts näher, als daß der homonyme Bischof sich dort beisetzen ließ. Das in der Episkopat-Tradition bedeutend werdende Grab des ersten Chartreser Bischofs würde dann leicht zur Verwechslung des Patronats in späteren Zeiten geführt haben.

²⁶⁹ So Delaporte, op. cit. Anm. 243, Sp. 558. Beauhaire, op. cit. Anm. 263, p. 1, schließt sich ohne Begründung an die Alternativ-Urweihe auf die Heiligen Petrus und Paulus an. (Vgl. Anm. 253.)

²⁷⁰ Vgl. René Merlet, op. cit. Anm. 263, p. 451 n. 1; Clerval, Guide Chartrain (1948), p. 11; und Lépinois, Histoire, I (1854), p. 21. Zur Krypta Saint-Solemne siehe Lessueur, Bull. Mon. 1930, pp. 435—514.

²⁷¹ Sowohl Delaporte (op. cit. Anm. 243, Sp. 555 f.) wie auch Clerval (op. cit. Anm. 256, p. 4) messen auch seinem Vorgänger, Flavius, eine gewisse Bedeutung zu — Clerval auch dessen Vorgänger Arbogastus, vgl. Anm. 255.

²⁷² Vgl. Clerval, op. cit. Anm. 256, p. 4. Im Anschluß daran meint auch Leclercq, op. cit. Anm. 243, Sp. 1024, daß »c'est avec Sollemnis que prend fin la période conjécturale et de formation de l'école chartraine«. Solemnis und Aignan sind ferner die einzigen Bischöfe, außer Lubinus, auf deren Namen im 13. Jh. ein Meßamt in der Kathedrale gefeiert wurde (Aignan erst nach 1136 nachweisbar) (siehe Anm. 317).

²⁷³ Vgl. Anm. 263.

²⁷⁴ Auch Aetherius gründete eine Kirche im heute noch nach ihr genannten Chartreser Flecken Saint-Prest. Seine Beisetzung fand aber nicht dort, sondern in Saint-Martin-au-Val statt, vgl. Anm. 282.

²⁷⁵ Vgl. Anm. 263 und Maurice Jusselin, Chapelle Saint-Serge (1140), pp. 142—143. Jusselin zitiert nicht seine unmittelbaren Quellen: Doublet de Boisthibault, Bull. Arch. du Comité, II (1842) und Leclercq, op. cit. Anm. 243, Sp. 1033 f. Delaporte, L'ordinaire chartrain du XIIIe siècle (Mém. S.A.E.-L., XIX), Chartres 1953, p. 60, bestätigt die Bestattung des Calectricus an diesem Ort.

²⁷⁶ Vgl. Anm. 261 und 263.

²⁷⁷ Vgl. Anm. 263, bes. R. Merlet, p. 455. Ferner Lépinois/Merlet, Cartulaire, I, p. 8 n. 2.

²⁷⁸ Vgl. Anm. 263 und 282.

²⁷⁹ Yves Delaporte, op. cit. Anm. 275, p. 274.

²⁸⁰ In der Vieille Chronique heißt es: Hic leobinus Carnotensem diocesim delimitavit (Lépinois/Merlet, Cartulaire, I [1862], p. 5). Dazu bemerkt Delaporte, op. cit. Anm. 243, Sp. 564: Malgré la date tardive du document (XIVe s.), le renseignement mérite d'être pris en considération, car le fait est tout à fait vraisemblable. L'époque de s. Lubin est celle de l'achèvement de l'evangelisation des campagnes. Les derniers *pagani* avaient disparu, les centres chrétiens avaient cessé d'être des îlots; il était temps de delimiter le territoire dépendant de chacun d'eux. Zur weiteren Lubinusgeschichte siehe unten, bes. Anm. 305. Abbé Hayes Martyrologe de l'église de Chartres, précédé d'une étude sur les limites du diocèse, Chartres ca. 1890, worauf wir zu spät aufmerksam geworden sind, soll bei dieser und den angrenzenden Fragen auch berücksichtigt werden.

²⁸¹ Wir sehen wieder von seinen geschichtlich schwer faßbaren angeblichen Vorgängern ab.

²⁸² In Beauhaires Liste (s. Anm. 263; Lépinois verzichtet auf die Beisetzungen, Merlet zudem auf Daten) wird Deodatus, 674—676, als erster Bischof erwähnt, der (nach Martinus Candidus um 500) in Saint-Martin-au-Val beigesetzt wurde. Dies wird von Roulliard (1609), II, p. 170 v, bestätigt (Roulliard erwähnt nur vier Bischofsbestattungen in Saint-Martin-au-Val: Sigoald, Malardus, Deodatus und Berthegrand. Da nur drei davon sich im Pintards Liste wiederfinden (siehe unten), muß Roulliards Aufgabe sich auf eine zweite, bestätigende Quelle stützen (auch bei Challine, Recherches [1918], p. 395). Lecocq dagegen (op. cit. Anm. 267, p. 11 f.), der sich offenbar weitgehend auf ein Manuskript Pintards stützt, fängt seine Liste überzeugenderweise mit Éthaire an (Aetherius, Éthère, Bischof

zwischen 528 und 543, war einer der beiden frühmerowingischen Bischöfe, die nicht heiliggesprochen wurden; vgl. Anm. 274). Über den Nachfolger des Boetharius (gest. um 600/610), Magnebodus, sind wir nicht informiert, aber die anschließenden Bischöfe ließen sich nach Lecocq/Pintard mit nur einer Ausnahme (Teodaldus) bis 666 alle in Saint-Martin bestatten (Sigoaldus; Mainulfus; Berthegisilus alias Lancisullus, 623—637; Malardus 637—654 [auch bei Roulliard]; Gauzbertus, 654—666). Mit wieder nur einer Unterbrechung (Gradobertus) würde Beauhaires (auch Roulliards!) Zuschreibung (Deodatus, 674—676) die Lücke zwischen Gauzbertus und Lecocqs (d. h. Pintards) letzten beiden Bischöfen Bertegrannus, 680—687, und Haino (Haiminus, Haynus, Haynius) schließen (zwischen 676 und 680 werden wohl nicht weniger als drei Bischöfe genannt, aber daß Domo, alias Dromo, der gleiche ist wie Probo, alias Dromo, liegt auf der Hand; der dritte Name, Bertharius, dürfte ebenfalls Berthegrannus selber betreffen). Bei Haino (nach dem Abbé Curet »Aimon« — op. et loc. cit. Anm. 264) haben wir es gewiß mit Haiminus, alias Haynus, zu tun, und nicht mit Haimo, alias Aimo und Aymo, dem Nachfolger Gislebertus' um 880, weil Gislebertus selber schon 878/9 in Saint-Père beigesetzt wurde. Daß Haimo auch in Saint-Père begraben ist, liegt nahe, weil bis auf seinen unmittelbaren Nachfolger sämtliche nachfolgenden Bischöfe bis 1060 nachweislich dort bestattet sind; dokumentieren läßt es sich jedoch nicht (auf Pintards Liste der in Saint-Père beigesetzten Bischöfe wird wohl ein Haimon als Alias des Haimery an zweiter Stelle — also gleich nach Gislebertus — angeführt (siehe Lecocq, op. cit. Anm. 113, p. 328), aber das Todesdatum 894 erlaubt es, diesen Namen nur auf Haimericus (Aimericus, Aymericus) zu beziehen, weil nach Delaporte (op. et loc. cit. Anm. 243) Haimericus 890 und 891 erwähnt wird und sein Vorgänger (Haimos Nachfolger!) um 886. Pintards Alternative »Haimon« für Haimericus läßt sich sonst nicht belegen, was die Möglichkeit einer fehlerhaften Zusammenziehung zweier verschiedener Episkopate doch offenläßt. Ebenfalls wichtig ist Lecocqs (op. et loc. cit.) Beweisführung, wonach sowohl Lancisulus (alias Bertegisilus), 623—637, wie auch Leobertus, 698—708, von den Beisetzungen in Saint-Père ausgenommen werden und erstgenannter (wieder nach Pintard, vgl. oben) als in Saint-Martin-au-Val beigesetzt bestätigt wird.

283 Im Jahre 1719 erwähnt der Abbé Brillon Sarkophage in Saint-Aignan, welche denjenigen in Saint-Martin-au-Val gleichen, vgl. Lecocq, op. cit. Anm. 267, p. 15 und n. 2.

284 Lecocq, op. cit. Anm. 113, p. 333.

285 Siehe Anm. 282; vgl. auch Jusselin, Chapelle Saint-Serge (1940), p. 144 f., und Lecocq, op. cit., pp. 311 und 328.

286 Lecocq, op. cit. Anm. 283, p. 333.

287 Malards Bestattung in Saint-Martin-au-Val gehört zu den drei, die sowohl von Roulliard als auch von Pintard nach verschiedenen Quellen bestätigt sind, vgl. Anm. 282.

288 Nach Roulliard, Parthenie, II (1609), fol. 170, soll auch der kanonisierte Abt Laumer hier begraben sein. Dies wird durch die Tatsache, daß dieser Lokalheilige in Saint-Michel und keinesfalls Saint-Martin-au-Val verehrt wurde, einigermaßen fraglich, vgl. Delaporte, op. cit. Anm. 295, p. 30.

289 Das älteste Originalmanuskript, in dem von der Bestattung des Lubinus in Saint-Martinau-Val gesprochen wird, scheint uns das von Lecocq publizierte Legendarium des 14. Jh. zu sein (op. cit. Anm. 298). Daß die vita im 14. Jh. durchaus nur Saint-Martin-au-Val als Bestattungsort angab, geht auch aus der Vieille Chronique hervor: Im Chronikteil schließt diese Kompilation sich an die Vita an (Cartulaire, op. et loc. cit. Anm. 280), bei der Aufzeichnung der notabilia aus eigener Anschauung führt der Autor das corpus als in der Kathedrale selbst aufbewahrt an (siehe unten). Obwohl, wie Delaporte mit Recht bemerkt (op. cit. Anm. 312, p. 125), der Autor der Lubinusvita (wahrscheinlich Calectricus) bald nach der Bestattung geschrieben haben wird und somit gut informiert gewesen sein muß, trifft dies keineswegs für die Kopisten der auf uns gekommenen Handschriften zu. Delaporte, p. 125, sagt nicht, ob sein Zitat »in basilicam sancti Martini« aus dem ms. 507 (10. Jh.) genommen ist, er führt es aber auch an anderer Stelle und ohne Fol.-Nr. an. Auch später (op. cit. Anm. 275, p. 53) verbindet er nicht das Zitat der Inschrift mit genauen Textangaben zur Ortsbestimmung. Hätte der erste Biograph den Bestattungsort aus Gründen der Selbstverständlichkeit nicht erwähnt (da die Verehrung in der Merowingerzeit

114

eine der bedeutendsten des Chartreser religiösen Lebens gewesen sein muß), dann wäre es dem Kopisten der Hochgotik nicht übel zu nehmen, wenn er diese Tatsache — etwa 300 Jahre nach der Translatio und Aufhebung des ursprünglichen Kultraumes — nach bestem Wissen hinzufügte. Wir werden sehen, daß spätestens 1424 der Lubinusleichnam wahrscheinlich unter dem *Altar* Sankt Martins in der der Kathedrale benachbarten Kirche Saint-Serge-et-Saint-Bacche bestattet war. Im 14. Jh. wie heute gilt tatsächlich der Satz, daß Saint-Martin-au-Val »estoit le lieu ordinaire de la sepulture des évesques« (Estienne, 1682, bei Merlet, op. cit. Anm. 298, p. 121), aber gerade der Nachfolger des Lubinus, Calectricus, bildet eine nachgewiesene Ausnahme — und von ihm heißt es, er sei »proche son prédésseur« begraben worden (op. cit., p. 147), was auch mit den archäologischen Beweisen übereinstimmt, nur daß keine der beiden Bestattungen in Saint-Martin-au-Val zu suchen ist. Die Legende über die Bestattung des Lubinus in Saint-Martin-au-Val entgegen dem archäologischen Befund kommt schon bei den frühesten Lokalhistorikern des 17. Jh. vor: Sowohl bei Roulliard (Parthenie, II, fol. 15) als bei Challine (Recherches, p. 254), die beide wahrscheinlich der Vieille Chronique folgen. Wo sie aber die Kirche Saint-Martin-au-Val selbst beschreiben (fol. 170 v, bzw. p. 395), wird Lubinus bei den erwähnten Bestattungen nicht mitgezählt. Dieser Widerspruch läßt sich nicht durch die Schändung der Kirche Saint-Martin durch die Hugenotten erklären (z. B. bei Delaporte, op. cit. Anm. 312, p. 125): Denn auch wenn sein Sarkophag zerstört worden wäre (aber viele Sarkophage sind heute noch erhalten), hätte die Grabstätte doch ihre Spuren in der Liturgie hinterlassen müssen; und man fragt sich auch, wie denn die anderen fünf (auch merowingischen) Gräber die Zerstörung überstanden. Diese Theorie einer Bestattung in Saint-Martin und anschließender Zerstörung des Grabes geht auf Souchet (Histoire, p. 417; vgl. auch Lecocq, op. cit. Anm. 267, p. 11 n. 2) zurück, andererseits wollte man zu Brillons Zeit (1716) den Lubinussarkophag tatsächlich noch in Saint-Martin-au-Val erkennen (Lecocq, op. cit., p. 14 f.), was aber nach Delaportes (op. cit., p. 124) Beobachtungen zur überlieferten Inschrift ein Irrtum war. Beide Auffassungen spiegeln lediglich die etwas krampfhaften Versuche, die Vorstellungen aus der legendären Überlieferung der *vita* mit der fehlenden Lokalüberlieferung und der Archäologie der Kirche Saint-Martin-au-Val zu vereinbaren.

[290] Diese Fragen werden wir ausführlich behandeln, siehe u. a. Anm. 337 und 365.

[291] Zuerst von Doublet de Boisthibault veröffentlicht, Rev. Arch. XV (1858), pp. 35—39, wurde diese Ansicht knapp von Merlet (op. cit. Anm. 298, p. 121) aufgegriffen und ausführlich von Leclercq besprochen (op. cit. Anm. 243, Sp. 1037—1039). Siehe zuletzt Jusselin, Chapelle Saint-Serge, pp. 142—144.

[292] Vgl. Anm. 291.

[293] Delaporte, op. cit. Anm. 312, p. 124 f.

[294] Zu Calectricus' Bestattung siehe Doublet de Boisthibault, Bull. Arch. du Comité, II, 1842, und, in Antwort auf Guenebault, Crypte (1856). L. Merlet griff die Frage bei seiner Veröffentlichung des Cartulaire, I (1862), p. 6 n. 2, und wieder 1885 auf (op. cit. Anm. 298, p. 146 ff.). Jüngst wieder bei Jusselin, Chapelle Saint-Serge, pp. 142—144. Entscheidend sind Delaportes Bemerkungen op. cit., p. 60.

[295] Ein gewisses Abhängigkeitsverhältnis des Calectricus von seinem Vorgänger ist den Quellen zu entnehmen. An Hand ähnlicher Indizien ist die Lebensbeschreibung des Lubinus auch dem Calectricus zugeschrieben worden. Er schuldete dem Lubinus sein Leben durch eine Wunderheilung und offenbar durch seine Wahl zum Bischof im jugendlichen Alter. Der Vorgänger des Lubinus und der Nachfolger des Calectricus wurden nicht kanonisiert; es scheint sogar unwahrscheinlich, daß Calectricus ohne Lubinus jemals berühmt geworden wäre. Anscheinend setzte er die Arbeit des Lubinus mehr in der Art eines Sohnes als in der eines gleichberechtigten Nachfolgers fort. (Er hält sich im ordinaire des 13. Jh. nur mit einem *mémoire;* ein eigenes Meßamt bekam er erst zusammen mit Boetharius in der 2. Hälfte des 14. Jh., als die Verehrung der Lokalheiligen neuen Aufschwung bekam, vgl. Delaporte, op. cit. Anm. 275, p. 223 ff. und p. 55.) Die Wahl seiner Grabstätte möglichst nahe in der seines Meisters würde die Bestattung des Calectricus gleich neben der Confessio der Kathedrale hinreichend erklären. Die anderen heiliggesprochenen Bischöfe lagen am Rande (oder außerhalb) des Stadtbezirkes.

[296] Eine Begründung für die Weihe an den Heiligen Lubinus ist weder in La Voix de

Notre-Dame, 1857—1860, veröffentlicht worden noch in den Publikationen der Société archéologique d'Eure-et-Loir. Auch die Bibliographien und Veröffentlichungen Bulteaus, Clervals, Delaportes, Merlets und Jusselins sind von uns ergebnislos gesichtet worden. In La Voix de Notre-Dame, IV (1860), p. 50, wird auch der sehr wichtige Hinweis, daß »saint Lubin avait autrefois son autel derrière celui du choeur de la cathédrale, dans uns enfoncement où se trouve aujourd'hui la sainte Chásse« nicht näher belegt. Gemeint ist vielleicht der Bekenneraltar, der sich an diesem Ort befand und dessen Verhältnis zur vermuteten Grabstätte des Lubinus nachher besprochen wird.

[297] Delaporte, op. cit. Anm. 243, Sp. 565.

[298] Leclercq, op. cit. Anm. 243, Sp. 1021. Die Lubinusvita (bei Leclercq, Sp. 1025, knapp zusammengefaßt) wurde nach den Chartreser liturgischen Handschriften von den Bollandisten veröffentlicht, *Acta Sanctorum*, t. II, Monat März, p. 349 ff. (Bibliotheca hagiographica latina, 1898—1911, no. 4847) und von Adrien von Baillet, Vie des Saints (1701—1703), t. I, Sp. 185 ff. Eine kurze Lubinuslegende aus dem 14. Jh. wurde 1864 von Lecocq veröffentlicht: Legendaires et sermonnaires du XIVe siècle, Mém. S.A.E.-L., IV, pp. 190—258, bes. 205—207. Die wichtigsten Aspekte sind auch von den frühen Lokalhistorikern erfaßt worden: Roulliard, Parthenie, II (1609), fol. 13 ff. und 84 v; Souchet, Histoire, I, 1654—1680 (1866—1876), p. 413 ff.; und Challine, Recherches, um 1678 (1918), p. 252 ff.; das Schatzverzeichnis des Domherrn Estienne vom Jahre 1682 führt die Lubinus-Vita kurz an, Lucien Merlet, Catalogue des reliques et joyaux de Notre-Dame de Chartres, Chartres 1885, pp. 120—122. Clervals Beschreibung konzentriert sich dagegen mehr auf die Bedeutung des Lubinus für die Schule von Chartres, Les écoles de Chartres au moyen-âge, (Mém S.A.E.-L., XI), Chartres 1895, p. 6 f. Eine frühere Stellungnahme zu einigen Fragen bietet auch Merlet/Clerval, Un manuscrit (1893), p. 325 f. u. 35.

[299] Leclercq, op. et loc. cit.; Delaporte und andere, op. cit. Anm. 282.

[300] Yves Delaporte, op. cit. Anm. 275, p. 245.

[301] Wenn wir der Überlieferung Vertrauen schenken dürfen, stammten Anianus und Solemnis wie auch Lubinus' Nachfolger Calectricus aus adligen Familien.

[302] Roulliard: »de Parens à qui la pauvreté ou basse condition«. Souchet: »mediocre«. Challine: »petite condition«. Zitate zu Lubinus beziehen sich auf die Textstellen Anm. 298.

[303] Roulliard: »Le bruit de sa renommee vola par tout ... les communs et accordans suffrages des grands et des petite, le portèrent malgré luy au Throne Episcopal, luy qui avoit toujours servi d'exemplaire de pleine humilité«. Challine: »élu ... par les suffrages de tous les Chartrains«.

[304] Souchet: »L'église de Chartres ... obtint S. Lubin, du roi Childebert ... Il ne s'y trouva qu'une difficulté qu y'apportèrent les èvesques qui estoient venus pour sa consecration ... les instances continuelles que faisoient le clergé et le peuple pour l'avoir pour prélat la firent lever, et firent tant par leurs poursuites, qu'il fut sacré ...«. Estienne: » ... neanmoins, extant presses par la peuple et le clergé, ils le sacrèrent«.

[305] Vgl. Anm. 280. Roulliard hebt die Beschränkung des Kapitels (fol. 84) als einen Akt »par une grande providence divine« hervor. Diese Reduktion des Chartreser Kapitels wurde nach Souchet (p. 416) von vielen der Kirchen Frankreichs übernommen.

[306] Dieser Aspekt am deutlichsten von Clerval herausgearbeitet, aber auch Souchet betont die Wirkung der Chartreser »Pflanzstätte«.

[307] Souchet: »comme leur père et lui les aimoit comme ses enfants«.

[308] Die Legende des 14. Jh. betont schließlich: »en sa vie et après sa mort«; wie auch Souchet: »les miracles ... continuèrent encores après sa mort«. Die Betonung der Nachhaltigkeit der Wunderwirkung ist kaum auf das stets als einziges erwähnte Wunder während der Bestattung zu beziehen (das Heilbleiben einer gestürzten Lampe).

[309] Die hohe liturgische Bedeutung der Lubinusverehrung wird anschließend besprochen.

[310] Vgl. Anm. 295.

[311] Lecocq, op. cit. Anm. 298, p. 205.

[312] Yves Delaporte, Les deux fêtes chartraines de Saint-Lubin, La Voix de Notre-Dame de Chartres, 1925, Supplément, pp. 123—127.

[313] Roulliard, II, p. 173 r; Souchet, p. 417; Challine, pp. 398 und 472; Lucien Merlet, p. 122; alle Werke in Anm. 298 zitiert. Vgl. Lépinois, Histoire (1854), p. 269. Delaporte, op. cit.

Anm. 243, Sp. 560, bestätigt den merowingischen Ursprung des im 17. Jh. abgerissenen Gebäudes. Vgl. auch Lecocq, op. cit Anm. 267, pp. 16 und 21.

³¹⁴ Challine, op. cit. Anm. 298, p. 254.

³¹⁵ Diese Überlegung widerspricht der Überlieferung Pauls keineswegs: Der Mönch hätte die nur 200 Jahre alte geschichtlich faßbare Nebenerscheinung vorgezogen — die Lubninus-verehrung, schon ein halbes Jahrtausend vor seiner Zeit eingeführt, war inzwischen längst in die Oberkirche verlegt gewesen. Wenn wir uns nur mit der Überlieferung des Aganon Vetus zufrieden geben, dann bleibt die Kernfrage unklar: Die Forschung ist sich einig, daß der Puits des Saints-Forts eine gallo-römische Kultstätte war, die in die früheste Kathedrale mitaufgenommen wurde; seine Einbeziehung in den christlichen Kultus bis zum Märtyrertod des Frotboldus wird dagegen nirgends erörtert. Vgl. hierzu Anm. 260. Es kann in diesem Zusammenhang nicht scharf genug betont werden, daß Frotboldus trotz seines Märtyrertodes nie heiliggesprochen wurde und daß keine Meßfeier für die Opfer des Normanneneinfalls eingeführt wurde; Delaporte räumt dem Brunnen für das 13. Jh. lediglich eine »sorte de culte« an Hand des Aganon Vetus ein (op. cit. Anm. 275, p. 62).

³¹⁶ Diese Angaben konnten nicht überprüft werden.

³¹⁷ Delaporte, op. cit. Anm. 275, Appendix III, pp. 226—239; Anianus und Solemnis je neun Lektionen; zu Calectricus und Boetharius siehe p. 223 und 55. Erst in der 2. Hälfte des 14. Jh. war man wieder mehr um den Kultus der Lokalheiligen besorgt. Das *ordinaire*, auf das wir unseren Überblick über die älteste Liturgie der Kathedrale gründen müssen, kann mit ausreichender Sicherheit in das 2. Viertel des 13. Jh. datiert werden (op. cit., p. 23).

³¹⁸ Delaporte, op. cit., pp. 65 und 199. Erst im 17. Jh. nahm der Lubinuskultus an Bedeutung ab, vgl. Anm. 338 und Delaporte, op. cit., p. 246. Die siebte Fürbitte war für den Frieden.

³¹⁹ Op. cit., p. 246.

³²⁰ Op. cit., p. 151 f.

³²¹ Op. cit., p. 53. Delaporte spricht hier nur von der Kopfreliquie des Lubinus, obwohl im Originaltext (p. 151) »capsa« (sonst nur für die Sainte-Châsse und für saint Piat ver-wendet) eher Schrein als Kopfreliquie bedeutet, wofür capud angewandt wird (z. B. für Anna, Matthäus und Theodor). Die Tatsache, daß ein Schrein mit dem corpus des Heiligen ebenfalls vorhanden war (siehe unten), ist aber Delaporte entgangen, obwohl er auf p. 64 von »chässe« spricht. Auch auf die Frage des Bestattungsortes, die an dieser Stelle von Delaporte angeschnitten wird, kommen wir nachher zurück.

³²² Op. cit., p. 57. Zum 21. Dezember (bei Delaporte wegen eines Druckfehlers auf p. 64 als 26. Dez. angegeben) erfahren wir zusätzlich nur, daß die Thomas-Reliquie sich am selben Ort wie die »chässe de Saint Lubin« befand (op. cit., pp. 64 und 192 f.).

³²³ Antoine Thomas, Les miracles de Notre-Dame de Chartres. Texte latin inédit, Biblio-thèque de l'école des Chartes, XLII (1881), pp. 512 und 549.

³²⁴ Vgl. Thomas, op. cit., p. 505. G. Duplessis, Le livre des miracles de Notre-Dame de Chartres, Chartres 1855, pp. 37 und 173.

³²⁵ Delaporte, op. cit., p. 227.

³²⁶ Op. cit., p. 15. Das Zitat bezieht sich wohl auf eine Handschrift, die nicht aus der Kathe-drale stammt, bezeugt aber die Bräuche dieser Kirche (op. cit., p. 11 f.).

³²⁷ Op. cit., p. 22.

³²⁸ Op. cit., p. 58.

³²⁹ Op. cit., pp. 15 und 226 f.

³³⁰ Op. cit., p. 226 f. Die Bemerkung Roulliards, Parthenie, I, (1609), fol. 140, daß der letzte erhaltene Lubinusaltar im 17. Jh. »n'y ha aucun tiltre, ne Chappellenie«, läßt sich mög-licherweise in Zusammenhang mit seinem Kriterium für das Alter der Altäre bringen (fol. 117): »ou en peut recongnoistre l'antiquité, en ce qu'ils ne sont fondez d'aucun revenue«.

³³¹ Op. cit., p. 69.

³³² Op. cit., p. 30; vgl.Anm. 288.

³³³ Op. cit., p. 30.

³³⁴ Op. cit., p. 245. Für saint Avit werden dagegen nur drei Lektionen geboten, gegenüber den

117

je neun Lektionen dieser drei Lokalheiligen (wie ferner auch saint Brice und saints Sergius und Bacchus).

[335] Op. cit., p. 215, vgl. Anm. 311. Die Erforschung der Lokalkulte in Chateaudun, Brou und andernorts könnte möglicherweise neue Ansätze bieten.

[336] Louis Réau, Iconographie de l'art chrétien, III/2 (1958), p. 827. Vgl. dazu die für Réau typisch unzuverlässige Angabe über Calétric (p. 255), der mit Carilefus verwechselt wird (siehe auch Merlet, op. cit., Anm. 298, p. 146 f.).

[337] Jusselin, Introduction à l'étude du tour du choeur de la cathédrale de Chartres, Mém. S.A.E.-L., XXI, pp. 19 und 84.

[338] Die Lubinus-Kapelle wird 1609 von Roulliard beschrieben (Parthenie, I, fol. 140, vgl. Anm. 330) und wurde zu Challines Zeit (gestorben 1676) nur aufgelöst, weil das Büstenreliquiar 1664 in die neue Schatzkammer versetzt wurde (Recherches, pp. 137 und 151). Auf dem Grundriß Félibiens 1679 tritt an die Stelle der Lubinus-Kapelle ein Martinsaltar. Ein Teil des Meßamtes war noch im Chartreser Gebetbuch von 1633 erhalten, 1661 ist es verschwunden (Delaporte, op. cit. Anm. 275, p. 246). Vgl. Jusselin, op. cit., p. 19! Näheres über den späteren Kultus bei Delaporte, op. cit. Anm. 312.

[339] Lecocq, op. cit. Anm. 298, p. 196 n. 1. Nach dem Almanach du Bailliage et siège Présidial wurde an diesen Tagen kein Gericht gehalten, wie sonst nur noch an den Feiertagen Cherons, Arnouls und Martinus'.

[340] Die Kapellen (und die Verehrung?) der Bischöfe Fulbert und Yves datieren erst aus dem 19. Jh., vgl. Anm. 279. Delaporte (op. cit. Anm. 275, p. 34, VI) warnt zu Recht davor, sich allein auf das ordinaire zu verlassen. Jedoch sind überhaupt keine merowingischen Bischöfe im Nekrolog der Kathedrale — eine weiter mögliche Quelle — angeführt. Die Seelenmesse für Frotboldus (858) ist die früheste überlieferte für einen Bischof, von seinem unmittelbaren Nachfolger wird nur Girardus (886) verzeichnet, bis die Gedächtnisfeiern mit der des Waltelmus (926) in fortlaufender Reihe einsetzen.

[341] Roulliard, Parthenie, I (1609), fol. 116 f. Roulliards Beschreibung geht auf ein Inventar der Altäre von Martin Caulleau um 1600 zurück, vgl. Jusselin, op. cit. Anm. 337, p. 19 n. 1.

[342] Delaporte, op. cit., Plan gegenüber p. 264: »saint lieu fort«, »crypte Saint-Jean«, Denis, Christophorus und Petrus. Wir verzichten hier auf eine Erörterung zweier schwerwiegender Fragen:

1. Außer dem »saint lieu fort« führt Delaporte *keinen* Marienaltar in der Krypta an, während Roulliard eindeutig den »autel des saincts Forts« in einer der »autres chapelles« vermerkt, im Gegensatz zu »l'autel de Notre Dame sous-Terre«, an dem sich »La principale deuotion de toute l'Église Chartrain« konzentriere.

2. Roulliard führt fünf weitere sehr alte Altäre in der Krypta an: Trinité, Thomas, Clément, Cathérine (oder Magdaleine) und Pol (oder Marguerite). (Magdaleine und Marguerite sind nachweislich jüngeren Datums und brauchen hier nicht erörtert zu werden, vgl. Anm. 326 und Delaporte, op. cit., p. 223). Von diesen fünf paßt nur Clément (der mit der Gelasius-Liturgie nach Chartres gelangt ist) zu Delaportes sechstem Kryptenaltar, problematisch bleiben die restlichen: Über Paulus und Catherine läßt sich nichts aussagen, aber der Trinitäts-Altar stand im 13. Jh. gewiß als zweiter Choraltar hinter dem Hauptaltar in der Oberkirche (Delaporte, op. et loc. cit., Plan de L'église Supérieur) — wo sich auch der Haupt-Marienaltar befand. Die Frage drängt sich auf, ob diese zwei Altäre nicht jeweils ihre topographisch entsprechenden Gegenstücke in der Unterkirche besaßen. Schließlich soll mit Bezug auf den von Roulliard erwähnten Thomasaltar auf den Zusammenhang mit der Lubinusreliquie im 13. Jh. hingewiesen werden, vgl. Anm. 322. Zusammenfassend sehen wir also, daß es zu Roulliards Zeit drei Altäre in der Krypta gegeben hat (Trinité, Marien- und Thomasaltar), die möglicherweise mit Riten zu tun haben, die durch die Interpretation des *ordinaires* nur in der Oberkirche festzustellen sind. (Bei der Interpretation der Kryptenaltäre gibt es Unklarheiten: Roulliard behauptet, es gebe 13, zählt aber nur 11 auf, Challine (Recherches, p. 120) zählt gleichfalls 11 auf. Vgl. auch Sablon, Histoire, 1683, p. 55).

[343] Delaporte, op. cit. Introduction, p. 7 ff., bes. p. 15 f. zur Handschrift des Hôtel-Dieu de Chateaudun und dem Veridicus.

[344] Roulliard, Parthenie, I (1609), fol. 140, vgl. fol. 133 (von Lecocq, op. cit. Anm. 113, p. 325 f. zitiert, vgl. auch Mém. S.A.E.-L., VI [1876], p. 411).

[345] Pintard, Historique chronologique (ca. 1700), Bibl. Municip. de Chartres, Nouvelle acquisition, ms. 29, p. 383 (von Delaporte, op. cit. Anm. 275, p. 24 zitiert).

[346] Merlet, Petite Monographie (1960), zeigt den Altar auf seinem Grundriß der Oberkirche gleich hinter der Achse e2. Seine Grabung berechtigt keinesfalls zu den Behauptungen, die er für den Unterbau des Hauptaltars aufstellt (op. et loc. cit.) und die Jusselin akzeptiert (op. cit. Anm. 337). Delaporte dagegen zeigt die Altäre etwas weiter östlich in der Flucht der Achse e3 (op. cit. Grundriß p. 264) und begründet dies mit der Stellung der»chaire épiscopale«, die wiederum leider nicht belegt wird. Merlet dürfte allerdings dennoch recht haben, da die von Delaporte beschriebene Verlängerung des Chorgestühls auch ohne Versetzung des Hochaltars möglich gewesen wäre.

[347] Die Versetzung des Hauptaltares nach Osten hin ist verschiedentlich überliefert. Ausschlaggebend ist Jusselin, op. cit. Anm. 337, p. 20, der nach erhaltenen Stücken im Departementalarchiv die Versetzung auf den 2. Mai 1520 datieren konnte. Schon Merlet (op. cit., p. 55 n. 2) und Delaporte (op. cit., p. 24) erwähnen dieses Datum ohne Quellenangabe.

[348] Nach Delaporte (op. cit. Grundriß) war dieser Altar im 13. Jh. der Dreifaltigkeit geweiht. Seine Funktion als Altar der Seelenmesse wäre damit nicht ausgeschlossen. Delaporte selber (p. 24) zitiert diese Funktion nach Pintard (»qui servoit aux messes d'obits ou d'anniversiares«), ohne auf einen möglichen Konflikt der Bestimmung im 13. Jh. einzugehen.

[349] Nach den äußerst zuverlässigen Aussagen des Kanonikers Estienne, siehe Merlet, Reliques (op. cit. Anm. 298), p. 141, »qu'on appelle de Tous les Saints«.

[350] Op. et loc. cit. Anm. 344.

[351] Nach dem Text »inter duo altaria« im ordinaire wäre eher mit zwei Altären zu rechnen, obwohl ein dritter damit nicht unbedingt ausgeschlossen ist. Delaporte, op. et loc. cit., läßt sich jedoch wegen der falschen Behauptung Pintards (rund 100 Jahre nach Roulliard und möglicherweise auf diesen zurückzuführen) zu einer etwas gezwungenen Schlußfolgerung verleiten. Es kommt noch hinzu, daß 1415 in der gotischen Chorschranke (die der des Jean de Beauce vorausging), an derselben Stelle, die von dem angeblichen dritten Altar eingenommen worden sein soll, eine der Kammern für den Meßdiener eingerichtet wurde, siehe Jusselin, op. cit. Anm. 337, p. 3.

[352] Roulliard, Parthenie, I (1609), fol. 140.

[353] Z. B. Estienne (Lucien Merlet), op. cit. Anm. 298, p. 30 n. 3 und Jusselin, op. cit. Anm. 337, p. 24, no. 44.

[354] Jusselin, op. cit, p. 24: no. 43 — 1539, 29 août. »On la (Sainte Châsse) transportera, et les reliques, dans le coffre du revestiare, jusqu'á ce qu'on ait fait faire les réparations nécessaires, à cause de la nouvelle clôture de choeur, in camera chori in qua ab antiquo reliquiae recondi consueverunt et nuper Sancta Capsa reposita est«. Es geht aus dieser Quelle (einer Aufzeichnung Brillons) nicht hervor, ob wir es hier mit den in Frage stehenden großen Schreinen der Axialarkade oder mit den übrigen Reliquien zu tun haben, die möglicherweise auch vor dem 16. Jh. in der Chorschranke zu beiden Seiten des Hauptaltares untergebracht waren (1532 war die Hauptarbeit der Steinmetze schon vollendet, op. et loc cit., no. 39).

[355] Mit dieser Zäsur brachen auch die Arbeiten an den Nischenfiguren zwischen 1682 und 1702 ab, vgl. Jusselin, op. cit., p. 38 ff.

[356] Jusselin, op. cit., p. 25, no. 48: »... pour faire unum ascensum lapideum ad eundem in locum ubi reponunt corpora et relliquiae sanctorum Piati, Tuarini et aliorum«.

[357] Jusselin, op. cit., p. 74.

[358] Jusselin, op. cit., p. 75.

[359] Jusselin, op. cit., p. 76 ff.

[360] Auch der hochgotische Altar und das Chorgestühl wurden zunächst bei den Umbauten im Chor nicht ausgewechselt.

[361] Lépinois/Merlet, Cartulaire, I (1862), p. 59.

[362] Nach René Merlets Angaben, vgl. Anm. 346. Hätte Delaporte recht, so kämen nur noch vier Meter hinzu.

[363] Die Bezeichnung vor dem Hauptaltar könnte von einer Beschreibung vom Chorumgang her stammen.

[364] L. Merlet, op. cit. Anm. 298, p. 90 ff.

365 Die Ausnahme, die wir annehmen müssen, bildet Lubinus. Im gleichen Inventar wird neben seinem *corpus* auch eine Kopfreliquie angeführt. Seine eigene Kapelle bezog sich später auf diese Reliquie. Wir müssen annehmen, daß die Einrichtung der Kapelle 1520 beim Umbau der Chorschranke lediglich eine Wiederherstellung einer bestehenden Kapelle darstellt (vgl. Anm. 337).

366 Lépinois/Merlet, Cartulaire, op. et loc. cit.

367 Im Inventar von 1682 wurden noch immer sechs Schreine aufgeführt, an die Stelle des Lubinus tritt jedoch saint Taurin, vgl. Merlet, op. cit. Anm. 298, p. 141 ff.

368 Die Überführung der Reliquien des saint Taurin im Jahre 1424 geht aus einer merkwürdig mageren Überlieferung hervor, siehe Merlet, op. cit., p. 148 n. 1.

369 In dem Inventar von 1322 wird die Kopfreliquie des Lubinus an vierter Stelle nach denjenigen der Anna, des Matthäus und des Theodor erwähnt, siehe Merlet, op. cit., p. 90 n. 2 ex p. 89. Die Kopfreliquie befand sich bis 1664 in der am Anfang des 16. Jh. eingerichteten Lubinuskapelle, vgl. oben Anm. 338 (außerdem von Challine, Recherches (vor 1676), auch p. 183 beschrieben). Challine widerlegt damit die früheren falschen Angaben Roulliards, vgl. Anm. 370. Challine wird 1682 weiter durch Estiennes Reliquieninventar bestätigt, siehe Merlet, op. cit. Anm. 298, p. 120 (vgl. auch Jusselin, op. cit. Anm. 337, p. 28 n. 2).

370 Obwohl Delaporte, op. cit. Anm. 275, p. 242 die »chásse« des heiligen Lubinus zusammen mit denjenigen der heiligen Calectricus und Piat erwähnt, ist ihm das Vorhandensein des corpus des Lubinus (auf p. 53) nicht gegenwärtig. Da er nur von der Überführung seines *Kopfes* in die Kathedrale ausgeht, darf man eine gewisse Voreingenommenheit bei der Auslegung der Quelle zur Bestattung des Heiligen in Saint-Martin-au-Val annehmen. Dies gilt selbstverständlich auch für Delaportes frühere und in anderen Aspekten grundlegende Arbeit, op. cit. Anm. 312. Auch Roulliard, Parthenie, II (1609), fol. 14 f., behauptet, daß der *Kopf* des Lubinus sich mit den Reliquien anderer Heiliger auf der Bühne hinter dem Haupt altar befinde, und fährt gleich mit der Bemerkung fort, daß der Körper (»le reste du corps«) bis zur Schändung durch die Hugenotten 1568 in Saint-Martin-au-Val gelegen habe. Lépinois, Histoire, I (1854), p. 224 n. 3, macht den umgekehrten Fehler: Er führt nur die »ossements« des Lubin auf, vergißt aber dafür den Kopf.

371 Delaporte, op. cit., pp. 151, 152, 192, 193.

372 Op. cit., p. 179.

373 Merlet, op. cit. Anm. 298, p. 150 n. 1. Vgl. Anm. 388.

374 Lépinois/Merlet, Cartulaire, I (1862), p. 8 n. 2. Später (1885) besteht Merlet nicht mehr auf dieser Ansicht (op. cit., p. 150).

375 Vgl. Anm. 317.

376 Merlet, op. cit. Anm. 298, p. 150 n. 1. Vgl. Anm. 388.

377 Merlet, op. cit., p. 154 n. 1.

378 Merlet, op. cit., p. 146 n. 1.

379 Delaporte, op. cit. Anm. 275, p. 58.

380 Merlet, op. cit., p. 145 n. 1.

381 Bulteau, Monogr., I (1887), p. 137 f. nach Roulliard und Souchet, und Jusselin, La maîtrise de l'oeuvre ... du XIVe siècle, Mém. S.A.E.-L., XV (1921), p. 322 f. Vgl. op. cit. Anm. 55.

382 Cartulaire, op. cit., p. 60 n. 1.

383 Delaporte, op. cit., p. 63. Die Untersuchung Fernand de Mélys, Le chef de saint Tugual à Chartres, Caen 1885, ist uns nicht zugänglich gewesen.

384 Delaporte, op. cit., p. 64.

385 Weder die Publikation des Inventars von 1389 (Cartulaire, I, p. 60 n. 7), noch diejenige des Inventars von 1682 (Merlet, op. cit., p. 96) geht auf die Herkunft der Reliquie ein.

386 Die Zwischenkapellen des Chorrundes waren im 13. Jh. kaum von Bedeutung, vgl. Delaporte, op. cit., p. 25. Die Zwischenkapellen der Krypta werden überhaupt nicht erwähnt.

387 Vgl. Anm. 365 und den wichtigen Hinweis zum Ostaltar, Anm. 296.

388 Zu der verspäteten Anfertigung der drei Schreine im Jahre 1587 sei noch folgende Erklärung angebracht: Seit zehn Jahren vor der postulierten Aufnahme der Reliquien auf der Bühne 1368 mußten schon sämtliche Arbeiten für die Kathedrale wegen der Verwüstungen des 100jährigen Krieges eingestellt werden. »Les documents contemporains nous présentent sous le plus triste jour la situation financière de l'église« (Jusselin, op. cit. Anm. 381, p. 331).

Vielleicht sollen wir in diesem Rückgrff auf die Lokalheiligen überhaupt eine Widerspiegelung der politischen und moralischen Spannungen des Krieges erkennen. Wo die große Ordnung erschüttert war, griff man in allen Bereichen auf die Seinigen zurück.

[389] Chartreser Beispiele bieten die zunehmende Bedeutung saint Piats gegenüber der abnehmenden der heiligen Sergius und Bacchus.

[390] Es ist bezeichnend für die Bedeutung der neu hinzugekommenen Reliquien, daß Taurinus 1585 an zweiter Stelle namentlich erwähnt wird, die übrigen dagegen als »alii« abgetan werden.

[391] Theodor 1120 aus Rom, Anna 1204 und Matthäus 1205 beide aus Konstantinopel, siehe die zitierten Inventarveröffentlichungen von Merlet.

[392] Vgl. Angrenzende Bauwerke, op. cit. Anm. 55.

[393] Delaporte, op. et loc. cit. Anm. 312.

[394] Delaporte, op. cit., p. 126.

[395] Dreves, Analecta Hymnica XVIII, 1894, p. 113 nach Delaporte, op. cit. Anm. 275, p. 57.

[396] Dies stimmt mit Delaportes Ansicht (op. cit. Anm. 312, p. 126) überein — nur meint er, daß es sich bei der Translatio um die Überführung des Kopfes aus Saint-Martin-au-Val gehandelt habe.

[397] Delaporte, op. cit., p. 124 f. sagt dies nicht ausdrücklich, doch darf es aus dem Zusammenhang des Zitates aus dem 10. Jh. geschlossen werden.

[398] Delaporte, op. et loc. cit.

[399] Vgl. Anm. 240.

[400] Delaporte, op. cit. Anm. 275, pp. 62 und 184. Am Vorabend der Allerheiligenfeier wurde der »saint lieu fort« in einer Prozession aufgesucht. Da für Frotboldus kein Ritus in der Kathedrale nachzuweisen ist (dem Brunnen dagegen populäre Verehrung galt), darf man Delaportes Auslegung diesen kultisch bestimmten Vorganges nicht ohne weiteres zustimmen.

[401] Auch Delaporte, op. cit., p. 60 zieht keine andere Möglichkeit in Betracht.

[402] Merlet (op. cit. Anm. 298, p. 147 und n. 1) schloß sich unverständlicherweise noch an die Meinung Estiennes an und setzte eine Translatio des Sarkophags voraus.

[403] In der Vieille Chronique (Cartulaire, I, pp. 6 und 60) ist das corpus sowohl in dem vita-Teil wie auch unter den Notabilia im Sanktuarium bezeugt. Es ist bezeichnend, daß Calectricus sogar im Gegensatz zu Boetharius nicht als confessor angeführt wird.

[404] Merlet, op. et loc. cit., und auch Jusselin (op. cit. Anm. 285, p. 143) bilden diese Ornamentik ab.

[405] Jusselin, op. cit., p. 136 f. Jusselins Darstellung des Vorgangs legt zu viel Gewicht auf St. Nikolaus und (im Anschluß an A. de Santeul, Le Trésor de Notre-Dame de Chartres, Chartres 1841, p. 64) ignoriert das wichtigste Datum 1412.

[406] Merlet, op. cit., p. 91 n. 1.

[407] Jusselin, op. et loc. cit., führt dieses irrtümlich als letzte Erwähnung des Patrons auf.

[408] Lecocq, Maîtres (1874), p. 411 n. 33.

[409] Lecocq, op. et loc. cit.

[410] Vgl. van der Meulen, op. cit. Anm. 12, p. 104 f; Sculpture and its architectural context at Chartres around 1200, *The year 1200*, Metropolitan Museum, New York, 1975, *passim*.

ANMERKUNGEN ZUM ANHANG

[1] René Merlet, *Petite Monographie* (14). Spätestens die englische Auflage 1939 brachte nicht mehr den farbigen Grundriß.

[2] Lassus, *Monographie* (1837—1867), Pl. I (2).

[3] Lecocq, *Maîtres* (1874), p. 405 n. 18, zitiert aus dem Registre capitulaire de 1739 »17 décembre, M. M. ... font donation au Chapitre de deux plans dressez par M. André Félibien, de l'Église souterraine et de l'Église d'en-Haut, et de deux plans des deux clochers collez sur toile, avec leur gorge, dressez par ...«, etc.
Diese Grundrisse waren zu Lecocqs Zeit in der Chartreser Bibliothek, wo sie 1944 zerstört wurden. Eine offenbar ziemlich genaue Kopie des Félibienschen Grundrisses von der Oberkirche wurde 1921 von Étienne Houvet als erste Tafel im Architekturband seines Bildwerkes »la cathédrale de Chartres« veröffentlicht; eine weitere Kopie davon existiert in Paris, Bibl. Nat., Est., Va 47. Ob aber eine Kopie des Kryptagrundrisses existiert, ist uns nicht bekannt. Lecocq, op. et loc. cit., bringt einen Faksimile-Ausschnitt des Kryptagrundrisses im Bereich des Altars *Sous-Terre:* Trotz erheblicher Detailangaben mahnt die offensichtlich schematische Wiedergabe des Durchgangs nördlich des Altars zur Vorsicht bei der Beurteilung von Félibiens Zuverlässigkeit. (Dieser Ausschnitt wurde von der S.A.E.-L. nochmals veröffentlicht, Challine, *Recherches* [1918], p. 127).

[4] Bulteau, *Monographie*, III (1892—1901), p. 331; und Challine, *Recherches* (1918), p. 118. Diese beiden Pläne sind von ein und demselben Klischee gedruckt worden. Der Grundriß ist beziffert, und zwar offenbar nach Félibiens Originalplan. Die Bezifferung in dem (von einem späteren Redakteur verfaßten) zugehörigen Text der Monographie stimmt nämlich nicht dazu, sondern ist dem Text von Bulteaus *Description* entnommen. Challines Beschreibung hält sich an die Félibien-Numerierung.

[5] Am auffälligsten sind: das Fehlen der Eckvorlagen am Anschluß der Westtürme an das Langhaus, w7 nl und w7 sl; das Fehlen der Aussparung für den Brunnen im westlichsten gotischen Strebepfeiler des Langhauses, w6 nl; die falschen Darstellungen des Fensters neben dem südlichen Kryptazugang im Langchorbereich, EIV s2, wie auch des Fensters zwischen dem nordöstlichen Zugang zur Krypta und der später hinzugefügten gotischen Kapelle (in der Mauerstrecke e4 NII). Die Fehler sind unbedeutend, die Übereinstimmung aber ist aufschlußreich.

[6] Bei Félibien fluchtet die Stirnseite des östlichen Strebepfeilers am Südquerhaus (s3el) mit der Flanke des ersten Langchor-Strebepfeilers (e2s2). Ferner bekommen die drei westlichen Strebepfeiler an der Nordseite des Langhauses (w6 NII, w5 NII und w4 NII) an ihren Ostflanken je einen Absatz zu viel, obwohl die südlichen Strebepfeiler richtig dargestellt sind.

[7] Das Joch WINI (in dem man heute beim Besuch der Messe Sous-Terre die nördliche Kryptagalerie betritt) wird von Lassus, wie schon beim ersten Blick auffällt, zu schmal gegeben — maßstäblich um mehr als einen Meter. Offenbar war die Umzeichnung von beiden Enden angefangen worden, so daß nicht genug Platz für dieses Joch übrigblieb. Obwohl tatsächlich einige Zentimeter schmaler als seine Nachbarn, ist es doch annähernd so breit wie das übernächste westliche Joch WIII NI.

[8] Als absichtlich falsche Darstellung muß die Hinzufügung breiter Gurtbögen (oder Stufen?) vor den jeweils westlichsten Jochen der Längsgalerien (w5nl und w5sl) angesehen werden. Aus Bequemlichkeit ist die polygonale Facettierung der gotischen Ummantelung der Chorkapellen — ein wichtiges Moment in der Formentwicklung der Gotik — einfach rund dargestellt, und die Abschrägung an vier der fünf Eingänge der gotischen Radialkapellen (im Gegensatz zu den drei älteren Radialkapellen) ist weggelassen. Diese Gegebenheiten sind in den älteren Reproduktionen des Félibien-Planes (vgl. Anm. 4) trotz kleinerem Maßstab getreu berücksichtigt.

[9] Zu den fahrlässigen Fehlern dürfen wir die Darstellung der nördlichen Strebepfeiler des Langhauses rechnen, weil das Verhältnis der südlichen Strebepfeiler in der Schnittebene richtig wiedergegeben ist. Das Fehlen gestrichelt dargestellter Überfangbögen erweckt aber auch an der Südseite den irreführenden Eindruck des uneingebundenen Davorstehens — besonders weil die hier vorauszusetzende Darstellungsweise bei der Angabe der Gewölbegrate und Bandrippen eingehalten wird. An der Nordseite sind die Strebepfeiler aber tatsächlich

fehlerhaft als davorgepappt dargestellt: die eigentliche ummantelnde Schicht Mauerwerk (die erst durch die Angabe der Überfangbögen vollständig zum Ausdruck kommen würde) ist als zur Kryptamauer zugehörig schwarz angegeben. Das ergibt schon im Hinblick auf die Bautechnik eine ganz unsinnige Vorstellung.

Was Merlet in den Westteilen seines Grundrisses darstellt, muß im Rahmen der vorliegenden Untersuchung übergangen werden. Zu den fahrlässigen Fehlern kommen auch weitere im Querhausbereich, die aber von spezieller Natur sind und später bei den Grabungsbefunden behandelt werden.

¹⁰ Der Verband wird durch die drei Maueröffnungen und ihre Stürze sowie auch durch die Brücke zur Sakristei auf EIII n2 erheblich gestört. Dabei steht tatsächlich die Westflanke des Strebepfeilers e2 NIII nicht in Verband mit der Mauerfläche.

¹¹ R. Merlet/A. Clerval, *Un manuscrit* (1893), p. 59.

¹² *Ibid.*, pp. 63—77, Grundriß p. 65.

¹³ *Ibid.*, bes. p. 74 f. Eine eingehende Voruntersuchung der wahren Gegebenheiten in diesem Bereich bieten wir in Band 2.

¹⁴ In der Mauerstrecke EIV s2 wird die westliche Portallaibung oder, besser gesagt, die Widerlagermauer der Überfangbogen im ummantelnden Mauerwerk als vorgotisch (schwarz) dargestellt. Die dazugehörigen Widerlager sowohl des Fensters (westlich davon) als auch des Portals (östlich) sind richtig als zur »gotischen« Ummantelung zugehörig dargestellt. Beunruhigend an diesem Fall ist die bewiesene Tatsache, daß die Verantwortlichen sich sehr wohl über den Befund in diesem Bereich Gedanken gemacht haben: Im älteren Grundriß von 1893 wird versucht, die aus Félibiens Zeit herrührende falsche Darstellung des betreffenden Fensters (in EIV s2; vgl. oben, Anm. 5) zu korrigieren (auch die Fenster in den Längswänden der tiefen Radialkapellen des Chorumganges sind in ihrem späteren, restaurierten Zustand anders als in der Lassus-Vorlage richtig dargestellt). Im Grundriß der Petite Monographie wird dann unerklärlicherweise auf die älteren Wiedergaben zurückgegriffen.

¹⁵ Bulteau (gest. 1882) et Brou (gest. 1892), *Monographie* II (1888), p. 277 ff.

¹⁶ Durand, *Explication* (1881), pp. 7 und 11.

¹⁷ Jusselin, *Saint-Serge* (1940), p. 133 ff.

¹⁸ Entstanden ist diese Darstellung in Zusammenhang mit einer Veröffentlichung von Lefèvre-Pontalis (Le puits, 1903, plan p. 392/3).

¹⁹ Lecocq, Maîtres (1876), vue et coupe auf pp. 414—415.

²⁰ Es kommt noch hinzu, daß das schräg-schraffierte Mauerwerk »D« — »F« keinesfalls aus dem 17. Jh. sein kann, da es die Fundamente der hochgotischen Freipfeiler bildet. Es gibt auch keine zwingenden Argumente, den Durchgang nördlich des Altars sous-terre durch den Raum »P« ins 17. Jh. zu datieren, das gut mit den historischen Umständen in Einklang zu bringen wäre.

²¹ Z. B. Maître, Rev. de l'art chrét., LIII, 1910, und Hilberry, Speculum, 34/4 (1959).

²² Clerval, *Guide Chartrain* (1905), Auflage 1948, pp. 184—185; englische Auflage (1926), pp. 216—217.

²³ Bulteau, Description (1850), p. 269.

²⁴ Guenebault, Rev. arch., XIII, 1857, pl. 299. Sowohl der Grundriß wie auch die perspektivische Innenansicht sind grundfalsch. Der Aufsatz ist weitgehend aus Bulteau abgeschrieben.

²⁵ Baronne de Chabannes, *Histoire* (1873), p. 23. Ob der Grundriß in der ersten, anonym erschienenen Auflage 1864 verwendet wurde, konnte nicht festgestellt werden.

²⁶ Langlois ist mit dem Sachverhalt der Außenfläche der Radialkapellen nicht fertig geworden: er verteilt die runden und polygonalen Formen abwechselnd auf die verschiedenen Kapellen! Dagegen bemerkt er trotz allem Schematismus die prinzipielle Geradlinigkeit der später eingebauten Zwischenkapellen. Auf die weiteren Unstimmigkeiten, besonders im Hinblick auf die Fenster, brauchen wir nicht einzugehen.

²⁷ Bulteau, Monographie I (1887), p. 98.

²⁸ Paul Durand war mit der Restaurierung der Krypta in der 2. Hälfte des 19. Jh. beauftragt.

²⁹ Durand, Explication (1881), pp. 5 und 13.

³⁰ R. Merlet, Découverte d'une fenêtre, Bull. arch. du Comité, 1892, p. 244 ff.

³¹ Durand, Documents Laissés P.-V. S.A.E.-L., VI, (1894), p. 136.

³² Mayeux, L'abside (1901).

[33] Hilberry, op. cit. Anm. 21. Auch Grodecki, Transept Portals (1951), stützt sich auf die Angaben Mayeux', vgl. Haupttext, Anm. 2.

[34] Auf dem Schnitt und der Ansicht der »deuxième chapelle de droite« (AII NIII), gegenüber p. 52, werden die Säulchen der Zwerggalerie hinter dem unteren Sockelgesims versteckt dargestellt. In Wirklichkeit stehen sie auf dem Gesims, dessen Oberkante gleichsam den Fußboden der Zwerggalerie bildet. Über den Kapitellen der Zwerggalerie wird dieser Fehler durch die Darstellung von zwei statt einer Steinschicht bei den Maßangaben teilweise wieder ausgeglichen. Aber daß die Maßketten im Verhältnis zu den Steinschichten nicht stimmen können, geht aus der Darstellung des Kryptageschosses hervor: das Bodenniveau außen vor dem Kryptafenster (—3,44⁵ unter der Schwelle des Westportals) liegt heute und lag auch 1901 — wie Mayeux es zu seiner Zeit richtig darstellt — rund 190 cm unter der Fenstersohle (vorausgesetzt, es gab damals eine Sohlplatte, wie sie heute nur am Ostfenster vorhanden ist). Mayeux setzt das äußere Bodenniveau auf eine Höhe mit dem — korrekt 4,05 m unter dem Gewölbescheitel eingezeichneten — inneren Fußbodenniveau, das in Wirklichkeit bekanntlich einige Treppenstufen (rund 64 cm) tiefer liegt, bei —4,08 m. Den gleichen Fehler weist auch der Schnitt durch die »première chapelle« (AI NII) gegenüber S. 50 auf. (Im Falle AI NII gab es niemals eine Steinschichtung der Fensterbrüstung bzw. die Bodenniveau-Verhältnisse, wie Mayeux sie zeigt. Die Konfusion der Fensterverhältnisse geht schon aus der Ansicht der ancienne fenêtre XIe hervor.) Es lohnt sich nicht nachzuprüfen, welche falschen Maße eingetragen werden mußten, um den falsch dargestellten Sachverhalt auszugleichen. Die falsche Darstellung der Zwerggalerie zeigt von vornherein die Auswirkung des benötigten Ausgleichs. Daß an der Galerie seit 1901 etwas geändert worden ist, ist ausgeschlossen. Die Restauration der Apside wurde im Mai 1896 abgeschlossen und die Gerüste entfernt (Métais, L'abside de la Cathédrale de Chartres, Archives du diocèse de Chartres, II, Églises et Chapelles, I, Chartres 1897 und Rev. de l'Art chrétien 1896, p. 387 l; die Photographie der Monuments Historiques 59466 zeigt eine Verglasung der entsprechenden südöstlichen Galerie, die gewiß vor 1901 zu datieren ist.

[35] Auf dem Grundriß des sous-sol (entsprechend auch auf der Ansicht links davon) wird im ummantelnden Mauerwerk eine Öffnung vor dem nordwestlichen Kapellenfenster eingezeichnet, obwohl sie nie existiert hat und auf dem Grundriß p. 51 das durchgehende Mauerwerk auch von Mayeux selbst richtig dargestellt wird. Auf dem Grundriß p. 57 wird die letzte Säulenstellung massiv-verblendet dargestellt, auf dem Grundriß Rez-de-Chaussée gegenüber p. 52 dagegen in seiner heutigen Form, offen. Sonst hätte man vermuten können, daß der Grundriß p. 57 den Zustand vor dem Abriß der Verbindungsgalerie zum bischöflichen Palast wiedergäbe. Eine ursprüngliche Weiterführung der Zwerggalerie, wie sie Mayeux mit einem gestrichelt eingetragenen Durchbruch andeutet, ist durch nichts zu belegen und führt zu der falschen Darstellung des darüberliegenden Gesimses auf dem Grundriß der 1. Galerie.

LITERATURVERZEICHNIS
DER HÄUFIG ZITIERTEN WERKE

BULTEAU, l'abbé M.-J., Description de la Cathédrale de Chartres, Chartres/Paris 1850.

BULTEAU und l'abbé BROU, Monographie de la cathédrale de Chartres, Bd. I, Chartres 1887; Bd. II, Chartres 1891; Bd. III, Chartres 1901.

CARTULAIRE, siehe E. de Lépinois und L. Merlet.

CHALLINE, Charles, Recherches sur Chartres (éd. R. Durand), Chartres 1918. (Zwischen 1640 und 1710 geschrieben.)

DURAND, Paul, Monographie de Notre-Dame de Chartres, Explication des planches (de l'Atlas de Lassus), Paris 1881.

GILBERT, A. P. M., Description historique de l'église cathédrale de Notre-Dame de Chartres, Chartres 1824.

JUSSELIN, Maurice, La chapelle Saint-Serge et Saint-Bacche ou Saint-Nicolas-au-cloître à Chartres, Bulletin monumental 99 (1940), pp. 133-155.

LASSUS, J.-B., Monographie de la cathédrale de Chartres, Atlas, Paris (1837) 1842-1867.

LECOCQ, Adolphe, La Cathédrale de Chartres et ses Maîtres-de-l'Oeuvre (1874), Mém. S.A.E.-L. 6 (1876), pp. 396-479.

LEFÈVRE-PONTALIS, Eugène, Le Puits des Saints-Forts et les cryptes de la cathédrale de Chartres, Bulletin monumental 67 (1903), pp. 381-402.

de LÉPINOIS, E., Histoire de Chartres, 2 Bde., Chartres (1852) 1854 und 1858..

de LÉPINOIS und L. MERLET, Cartulaire de Notre-Dame de Chartres, 3 Bde., Chartres 1862.

MAYEUX, Albert, Étude sur l'abside de la cathédrale de Chartres (1901), Mém. S.A.E.-L. 13 (1904), pp. 49-62.

Mém. S.A.E.-L., Mémoires de la Société archéologique d'Eure-et-Loir.

MERLET, René, (Die Nummern beziehen sich auf ein ausführliches, später zu erscheinendes Literaturverzeichnis).

   (4) (mit A. CLERVAL), Un Manuscrit chartrain du XIᵉ siècle, Chartres 1893.

   (7) Le puits des Saints-Forts et l'ancienne chapelle de Notre-Dame-Sous-Terre, Congrès Archéologique (1900) 67 (1901), pp. 226-255.

   (13) Les Fouilles de la crypte et du choeur de la cathédrale de Chartres (1901-1904), Vannes 1905.

   (14) La cathédrale de Chartres (Petites monographies des grands Édifices de la France), Paris 1909.

   (15) La Crypte de Fulbert dan la cathédrale de Chartres, Vannes 1928 (extr. de Fêtes mariales de Chartres 31 mai-6 juin 1927, Chartres 1927, pp. 339-353).

P.-V. S.A.E.-L., Procès Verbaux de la Société archéologique d'Eure-et-Loir.

RAMÉ, Alfred, Dissertation sur quelques édifices d'Orléans présumés carlovingiens, Bulletin monumental 26 (1860), pp. 37-100, 232-261.

ROULLIARD, Sébastian, Parthénie, ou histoire de la très auguste et très dévote église de Chartres, Paris 1609.

SABLON, Vincent, Histoire de l'auguste et vénérable église de Chartres, Orléans/Chartres 1671, 1864[14] (éd. L. Merlet).

SOUCHET, Jean-Baptiste, Histoire du diocèse et de la ville de Chartres (éd. A. Lecocq), 4 Bde., Chartres 1866-1876.

GRABUNGSSCHEMATA

Die 10 *Grabungsschemata* beruhen auf der S. 28 aufgeführten Literatur.

Lecocq, Maîtres (1874), p. 408.
Lecocq, La salle Saint-Côme, Annales.....du pays Chartrain,
    Chartres 1875, p. 102, 108.
(Durand, Paul, communication, P. - V. S. A. E. -L., IV, 1869, p. 165).

0,00

-0,75   sol du clocher vieux

Durand:

vestiges de constructions érigées en
cette place à une époque reculée:

1. des fragments de très-grandes tuiles
   et poteries romaines

2. des morceaux de marbre (de Campan, couleur verte)

et

3. d'enduits remontant aux premiers siècles de notre ère

4. pavement en mosaïque (Mosaïque gallo-romaine)

?

-5,35   terrain argileux

-9,00   une cave profonde de cinquante-cinq
                     marches, laquelle est taillée dans le roc

Kommentar: zur Bodenbeschaffenheit 1) ein Bodenschichtwechsel bei -5,33
                                    2) einzige Erwähnung des gewachsenen Felsens (in einer gewissen
                                       Höhe über -9,00)
           zum Baubefund   1) gallo-römische Baureste in unbestimmter Tiefe, mitunter Ziegel und
                                       grün gefärbte "campanische" Marmorreste.
                                    2) erhaltene Kellerräume bis -9,00.

LASSUS, 1849

Paul Durand, Communication, P.-V. S.A.E.-L., IV, 1869, p. 165f.
Lecocq, Maîtres (1874), p. 421.
Bulteau, Monographie, I, (1887), p. 61f; III (1892 - 1901), p. 49f;
    cf. Description (1850), p. 130.

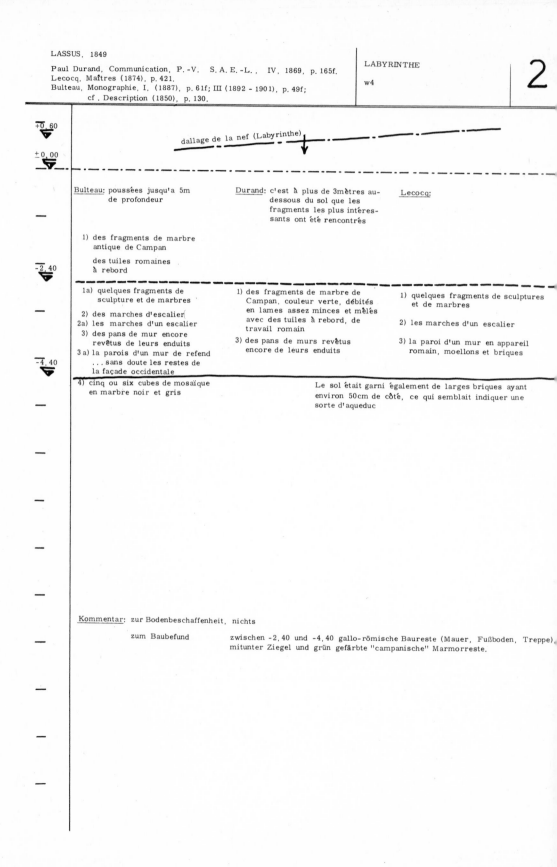

+0,60

±0,00

dallage de la nef (Labyrinthe)

Bulteau: poussées jusqu'à 5m
    de profondeur

Durand: c'est à plus de 3mètres au-
    dessous du sol que les
    fragments les plus intéres-
    sants ont été rencontrés

Lecocq:

1) des fragments de marbre
    antique de Campan

    des tuiles romaines
    à rebord

-2,40

1a) quelques fragments de
    sculpture et de marbres

2) des marches d'escalier
2a) les marches d'un escalier
3) des pans de mur encore
    revêtus de leurs enduits
3a) la parois d'un mur de refend
    ...sans doute les restes de
    la façade occidentale

1) des fragments de marbre de
    Campan, couleur verte, débités
    en lames assez minces et mêlés
    avec des tuiles à rebord, de
    travail romain
3) des pans de murs revêtus
    encore de leurs enduits

1) quelques fragments de sculpture
    et de marbres

2) les marches d'un escalier

3) la paroi d'un mur en appareil
    romain, moellons et briques

-4,40

4) cinq ou six cubes de mosaïque
    en marbre noir et gris

Le sol était garni également de larges briques ayant
environ 50cm de côté, ce qui semblait indiquer une
sorte d'aqueduc

Kommentar: zur Bodenbeschaffenheit, nichts

       zum Baubefund   zwischen -2,40 und -4,40 gallo-römische Baureste (Mauer, Fußboden, Treppe),
                           mitunter Ziegel und grün gefärbte "campanische" Marmorreste.

MOUTON, 1891-1893 (calorifère)

R. Merlet, Mém. S. A. E.-L., X (nov. 1893), p. 292ff.
Bull. arch. du Comité (janvier 1894), p. 68ff

CROISILLON NORD

NII - NIII

3

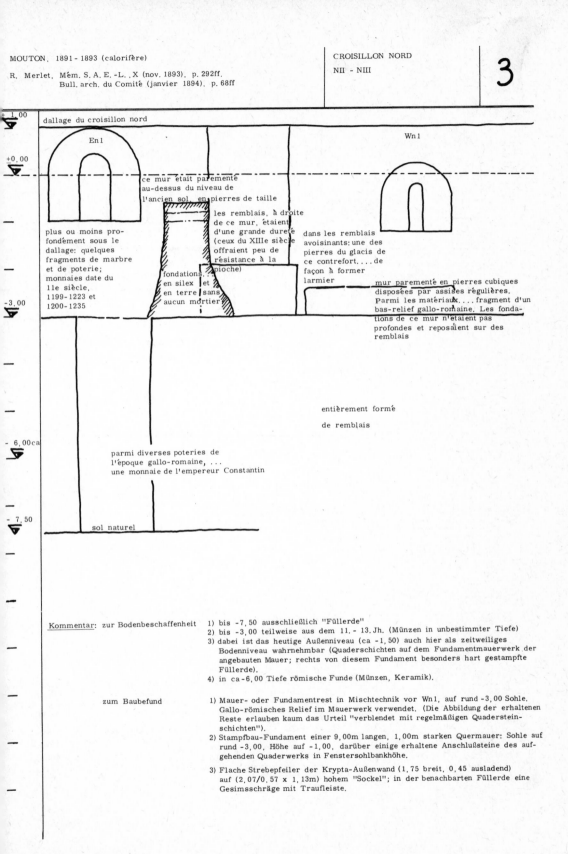

+1,00

dallage du croisillon nord

En 1

Wn 1

+0,00

ce mur était paremente
au-dessus du niveau de
l'ancien sol en pierres de taille

plus ou moins pro-
fondément sous le
dallage: quelques
fragments de marbre
et de poterie;
monnaies date du
11e siècle,
1199-1223 et
1200-1235

les remblais, à droite
de ce mur, étaient
d'une grande dureté
(ceux du XIIIe siècle
offraient peu de
résistance à la
pioche)

dans les remblais
avoisinants: une des
pierres du glacis de
ce contrefort.... de
façon à former
larmier

fondations..
en silex et
en terre sans
aucun mortier

mur paremente en pierres cubiques
disposées par assises régulières.
Parmi les matériaux.... fragment d'un
bas-relief gallo-romaine. Les fondations de ce mur n'étaient pas
profondes et reposaient sur des
remblais

-3,00

entièrement formé
de remblais

-6,00ca

parmi diverses poteries de
l'époque gallo-romaine, ...
une monnaie de l'empereur Constantin

-7,50

sol naturel

Kommentar: zur Bodenbeschaffenheit

1) bis -7,50 ausschließlich "Füllerde"
2) bis -3,00 teilweise aus dem 11.-13. Jh. (Münzen in unbestimmter Tiefe)
3) dabei ist das heutige Außenniveau (ca -1,50) auch hier als zeitweiliges
   Bodenniveau wahrnehmbar (Quaderschichten auf dem Fundamentmauerwerk der
   angebauten Mauer; rechts von diesem Fundament besonders hart gestampfte
   Füllerde).
4) in ca -6,00 Tiefe römische Funde (Münzen, Keramik).

zum Baubefund

1) Mauer- oder Fundamentrest in Mischtechnik vor Wn1, auf rund -3,00 Sohle.
   Gallo-römisches Relief im Mauerwerk verwendet. (Die Abbildung der erhaltenen
   Reste erlauben kaum das Urteil "verblendet mit regelmäßigen Quaderstein-
   schichten").
2) Stampfbau-Fundament einer 9,00m langen, 1,00m starken Quermauer: Sohle auf
   rund -3,00, Höhe auf -1,00, darüber einige erhaltene Anschlußsteine des aufgehenden Quaderwerks in Fenstersohlbankhöhe.
3) Flache Strebepfeiler der Krypta-Außenwand (1,75 breit, 0,45 ausladend)
   auf (2,07/0,57 x 1,13m) hohem "Sockel"; in der benachbarten Füllerde eine
   Gesimsschräge mit Traufleiste.

MOUTON, 1891-1893 (calorifère)

Clerval, La voix de N.-D., 1894, p. 13-17;
Revue de l'Art chrétien 44 (1894), p. 269f.

CROISILLON NORD

NII - NIII

4

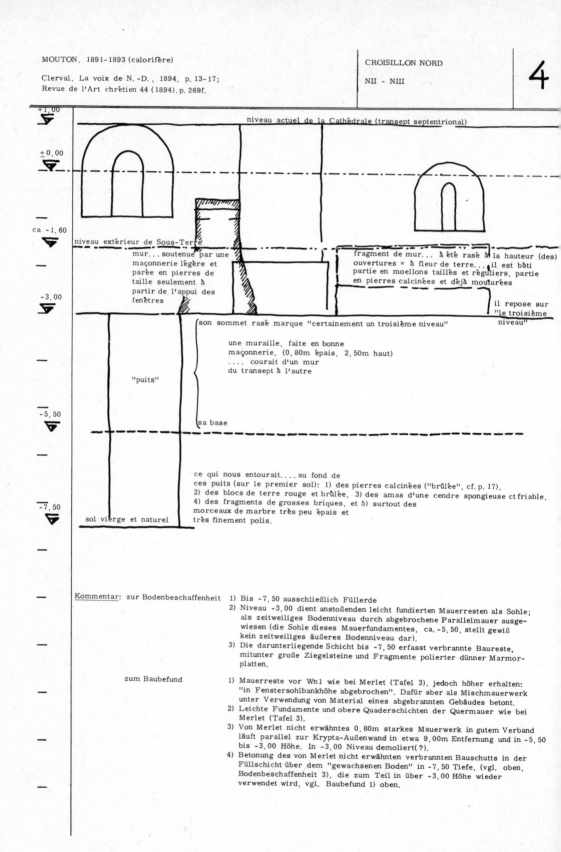

+1,00

niveau actuel de la Cathédrale (transept septentrional)

±0,00

ca -1,60

niveau extérieur de Sous-Terre

mur... soutenue par une
maçonnerie légère et
parée en pierres de
taille seulement à
partir de l'appui des
fenêtres

fragment de mur... à été rasé à la hauteur (des)
ouvertures = à fleur de terre... il est bâti
partie en moellons taillés et réguliers, partie
en pierres calcinées et déjà moulurées

-3,00

il repose sur
"le troisième
niveau"

son sommet rasé marque "certainement un troisième niveau"

une muraille, faite en bonne
maçonnerie, (0,80m épais, 2,50m haut)
.... courait d'un mur
du transept à l'autre

"puits"

-5,50

sa base

ce qui nous entourait.... au fond de
ces puits (sur le premier sol): 1) des pierres calcinées ("brûlée", cf. p. 17),
2) des blocs de terre rouge et brûlée, 3) des amas d'une cendre spongieuse et friable,
4) des fragments de grosses briques, et 5) surtout des
morceaux de marbre très peu épais et
très finement polis.

-7,50

sol vierge et naturel

Kommentar: zur Bodenbeschaffenheit

1) Bis -7,50 ausschließlich Füllerde
2) Niveau -3,00 dient anstoßenden leicht fundierten Mauerresten als Sohle;
   als zeitweiliges Bodenniveau durch abgebrochene Parallelmauer ausge-
   wiesen (die Sohle dieses Mauerfundamentes, ca. -5,50, stellt gewiß
   kein zeitweiliges äußeres Bodenniveau dar).
3) Die darunterliegende Schicht bis -7,50 erfasst verbrannte Baureste,
   mitunter große Ziegelsteine und Fragmente polierter dünner Marmor-
   platten.

zum Baubefund

1) Mauerreste vor Wn1 wie bei Merlet (Tafel 3), jedoch höher erhalten:
   "in Fenstersohlbankhöhe abgebrochen". Dafür aber als Mischmauerwerk
   unter Verwendung von Material eines abgebrannten Gebäudes betont.
2) Leichte Fundamente und obere Quaderschichten der Quermauer wie bei
   Merlet (Tafel 3).
3) Von Merlet nicht erwähntes 0,80m starkes Mauerwerk in gutem Verband
   läuft parallel zur Krypta-Außenwand in etwa 9,00m Entfernung und in -5,50
   bis -3,00 Höhe. In -3,00 Niveau demoliert(?).
4) Betonung des von Merlet nicht erwähnten verbrannten Bauschutts in der
   Füllschicht über dem "gewachsenen Boden" in -7,50 Tiefe, (vgl. oben,
   Bodenbeschaffenheit 3), die zum Teil in über -3,00 Höhe wieder
   verwendet wird, vgl. Baubefund 1) oben.

Lecocq, Maîtres (1874), p. 404, n. 17.
(Bulteau, Monographie, I, (1887), p. 21).
(R. Merlet, Bibliogr. no 7 (1900), p. 250-252).
R. Merlet, Bibliogr. no 13 (1905), p. 2f.

+0,00

-4,05

-7,05

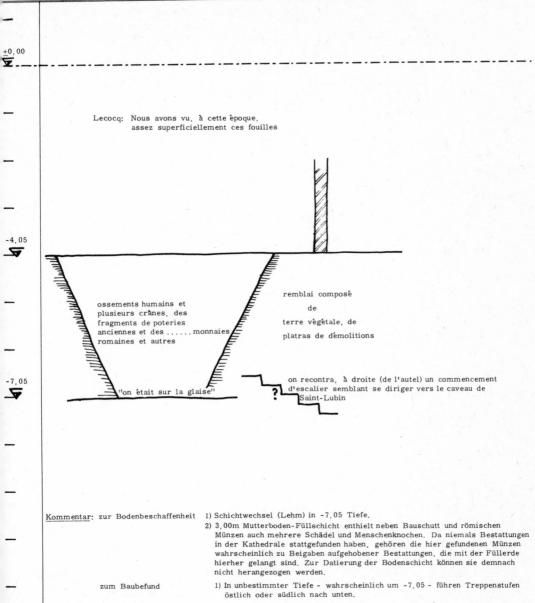

Lecocq: Nous avons vu, à cette époque, assez superficiellement ces fouilles

ossements humains et plusieurs crânes, des fragments de poteries anciennes et des ...... monnaies romaines et autres

"on était sur la glaise"

remblai composé de terre végétale, de platras de démolitions

on recontra, à droite (de l'autel) un commencement d'escalier semblant se diriger vers le caveau de Saint-Lubin

Kommentar: zur Bodenbeschaffenheit

1) Schichtwechsel (Lehm) in -7,05 Tiefe.

2) 3,00m Mutterboden-Füllschicht enthielt neben Bauschutt und römischen Münzen auch mehrere Schädel und Menschenknochen. Da niemals Bestattungen in der Kathedrale stattgefunden haben, gehören die hier gefundenen Münzen wahrscheinlich zu Beigaben aufgehobener Bestattungen, die mit der Füllerde hierher gelangt sind. Zur Datierung der Bodenschicht können sie demnach nicht herangezogen werden.

zum Baubefund

1) In unbestimmter Tiefe - wahrscheinlich um -7,05 - führen Treppenstufen östlich oder südlich nach unten.

LASSUS, 1849; DURAND, 1855-1860

Bulteau, Description (1850), p. 272. (Monogr., I, (1887), p. 22).
Lecocq, Maîtres (1874), p. 404f.
R. Merlet, Bibliogr. no 7 (1900), p. 250-252.
R. Merlet, Bibliogr. no 13 (1905), p. 3

N. - D. SOUS-TERRE
Crypte, EII NI

6

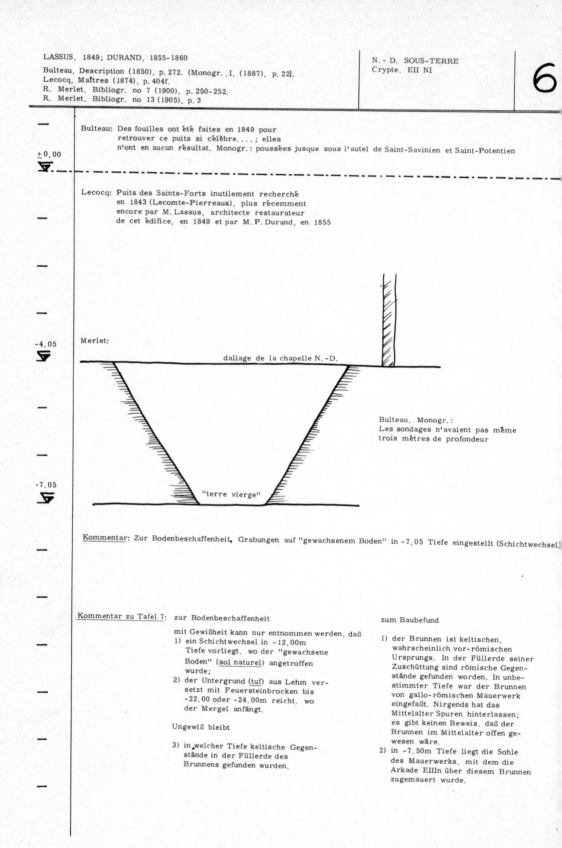

—

± 0,00

Bulteau: Des fouilles ont été faites en 1849 pour
retrouver ce puits si célèbre....; elles
n'ont en aucun résultat. Monogr.: poussées jusque sous l'autel de Saint-Savinien et Saint-Potentien

Lecocq: Puits des Saints-Forts inutilement recherché
en 1843 (Lecomte-Pierreaux), plus récemment
encore par M. Lassus, architecte restaurateur
de cet édifice, en 1849 et par M. P. Durand, en 1855

—

—

—

-4,05

Merlet:

dallage de la chapelle N. -D.

Bulteau, Monogr.:
Les sondages n'avaient pas même
trois mètres de profondeur

—

—

-7,05

"terre vierge"

Kommentar: Zur Bodenbeschaffenheit, Grabungen auf "gewachsenem Boden" in -7,05 Tiefe eingestellt (Schichtwechsel)

—

Kommentar zu Tafel 7: zur Bodenbeschaffenheit

mit Gewißheit kann nur entnommen werden, daß
1) ein Schichtwechsel in -12,00m
   Tiefe vorliegt, wo der "gewachsene
   Boden" (sol naturel) angetroffen
   wurde;
2) der Untergrund (tuf) aus Lehm versetzt mit Feuersteinbrocken bis
   -22,00 oder -24,00m reicht, wo
   der Mergel anfängt.

Ungewiß bleibt

3) in welcher Tiefe keltische Gegenstände in der Füllerde des
   Brunnens gefunden wurden.

zum Baubefund

1) der Brunnen ist keltischen,
   wahrscheinlich vor-römischen
   Ursprungs. In der Füllerde seiner
   Zuschüttung sind römische Gegenstände gefunden worden. In unbestimmter Tiefe war der Brunnen
   von gallo-römischen Mauerwerk
   eingefaßt. Nirgends hat das
   Mittelalter Spuren hinterlassen;
   es gibt keinen Beweis, daß der
   Brunnen im Mittelalter offen gewesen wäre.
2) in -7,50m Tiefe liegt die Sohle
   des Mauerwerks, mit dem die
   Arkade EIIIn über diesem Brunnen
   zugemauert wurde.

—

R. MERLET, 1901
Bibliogr. no 7 (1901), p. 252f; bibliogr. no 13 (1905), p. 3;
Bibliogr. no 15 (1927), p. 344 et 352.
Lefèvre-Pontalis, Le puits, Bull. mon. (1903), p. 382.
Jusselin, Bibliographie de R. Merlet (1935), p. 9f n. 1.

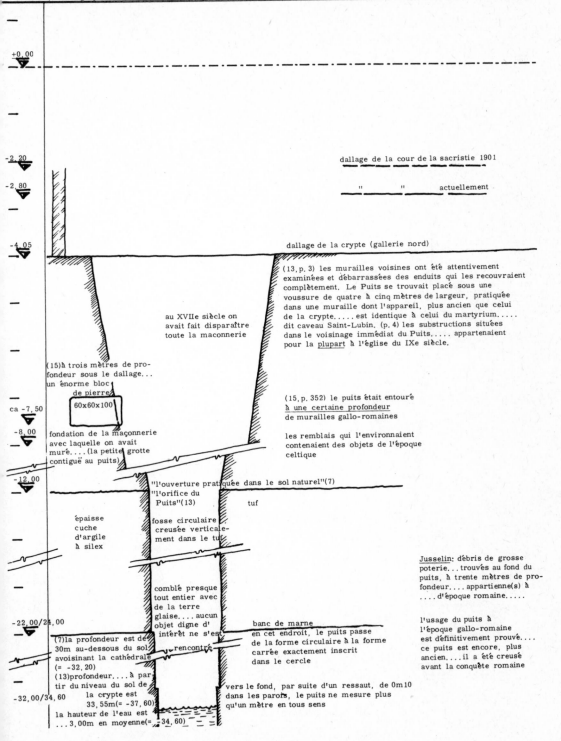

+0,00

-2,20   dallage de la cour de la sacristie 1901

-2,80   "   "   actuellement

-4,05   dallage de la crypte (gallerie nord)

(13, p. 3) les murailles voisines ont été attentivement
examinées et débarrassées des enduits qui les recouvraient
complètement. Le Puits se trouvait placé sous une
voussure de quatre à cinq mètres de largeur, pratiquée
dans une muraille dont l'appareil, plus ancien que celui
de la crypte..... est identique à celui du martyrium.....
dit caveau Saint-Lubin. (p. 4) les substructions situées
dans le voisinage immédiat du Puits..... appartenaient
pour la plupart à l'église du IXe siècle.

au XVIIe siècle on
avait fait disparaître
toute la maconnerie

(15) à trois mètres de profondeur sous le dallage...
un énorme bloc
de pierre

60x60x100

(15, p. 352) le puits était entouré
à une certaine profondeur
de murailles gallo-romaines

ca -7,50

-8,00   fondation de la maçonnerie
avec laquelle on avait
muré....(la petite grotte
contiguë au puits)

les remblais qui l'environnaient
contenaient des objets de l'époque
celtique

-12,00   "l'ouverture pratiquée dans le sol naturel"(7)
"l'orifice du
Puits"(13)   tuf

épaisse
cuche
d'argile
à silex

fosse circulaire
creusée vertical-
ment dans le tuf

Jusselin: débris de grosse
poterie... trouvés au fond du
puits, à trente mètres de profondeur.... appartienne(s) à
....d'époque romaine.....

comblé presque
tout entier avec
de la terre
glaise.... aucun
objet digne d'
intérêt ne s'est
rencontré

l'usage du puits à
l'époque gallo-romaine
est définitivement prouvé....
ce puits est encore, plus
ancien....il a été creusé
avant la conquête romaine

-22,00/24,00

(7) la profondeur est de
30m au-dessous du sol
avoisinant la cathédrale
(= -32, 20)
(13) profondeur.... à partir du niveau du sol de
la crypte est
33,55m(= -37, 60)
la hauteur de l'eau est
...3,00m en moyenne(= -34, 60)

banc de marne
en cet endroit, le puits passe
de la forme circulaire à la forme
carrée exactement inscrit
dans le cercle

vers le fond, par suite d'un ressaut, de 0m10
dans les parois, le puits ne mesure plus
qu'un mètre en tous sens

-32,00/34,60

(LECOCQ) (mars 1877)

Lecocq, communication, P.-V. S. A. E.-L., VI, p. 141
(Bulteau, Monographie, I, 1887, p. 22)
(Mouton/Maunoury Plan, van der Meulen, JbBM (1974) Pl. 1).
Jusselin, Chapelle Saint-Serge (1940), p. 149.

dans LA COUR DE LA SACRISTIE
à 2m.20 de la base des chapelles
absidales du côté nord
(AI "NIII")

8

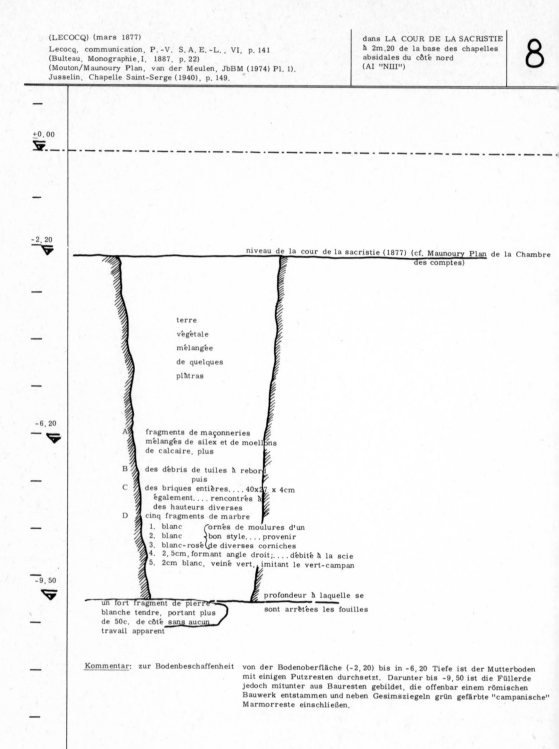

±0,00

-2,20
niveau de la cour de la sacristie (1877) (cf. Maunoury Plan de la Chambre
des comptes)

terre

végétale

mélangée

de quelques

plâtras

-6,20
A fragments de maçonneries
mélanges de silex et de moellons
de calcaire, plus

B des débris de tuiles à rebord
puis
C des briques entières.... 40x27 x 4cm
également.... rencontrés à
des hauteurs diverses
D cinq fragments de marbre
1. blanc   ornés de moulures d'un
2. blanc   } bon style.... provenir
3. blanc-rosé de diverses corniches
4. 2,5cm, formant angle droit;.... débité à la scie
5. 2cm blanc, veiné vert, imitant le vert-campan

-9,50
profondeur à laquelle se
sont arrêtées les fouilles

un fort fragment de pierre
blanche tendre, portant plus
de 50c. de côté sans aucun
travail apparent

Kommentar: zur Bodenbeschaffenheit von der Bodenoberfläche (-2,20) bis in -6,20 Tiefe ist der Mutterboden
mit einigen Putzresten durchsetzt. Darunter bis -9,50 ist die Füllerde
jedoch mitunter aus Bauresten gebildet, die offenbar einem römischen
Bauwerk entstammen und neben Gesimsziegeln grün gefärbte "campanische"
Marmorreste einschließen.

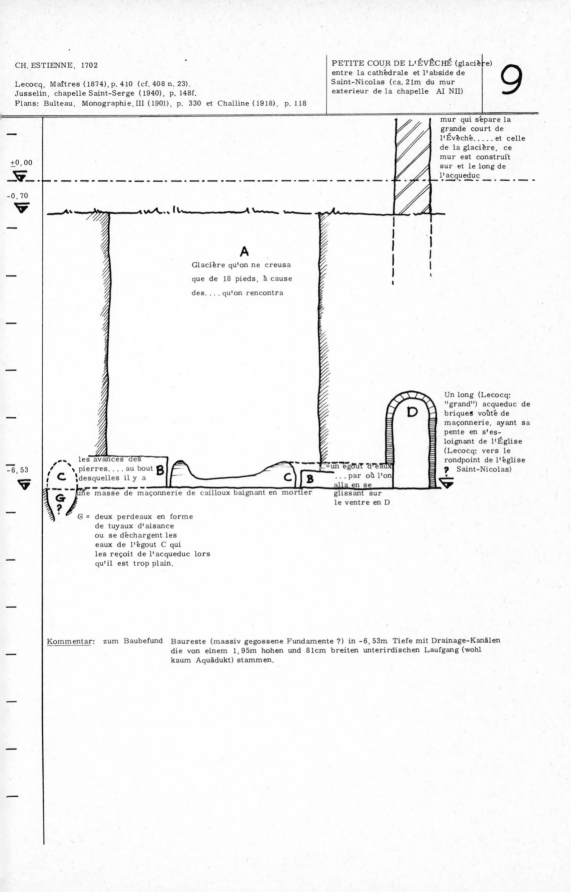

CH. ESTIENNE, 1702

PETITE COUR DE L'ÉVÊCHÉ (glacière)
entre la cathédrale et l'abside de
Saint-Nicolas (ca. 21m du mur
exterieur de la chapelle AI NII)

9

Lecocq, Maîtres (1874), p. 410 (cf. 408 n. 23).
Jusselin, chapelle Saint-Serge (1940), p. 148f.
Plans: Bulteau, Monographie, III (1901), p. 330 et Challine (1918), p. 118

mur qui sépare la
grande court de
l'Évêché.....et celle
de la glacière, ce
mur est construît
sur et le long de
l'acqueduc

+0,00

-0,70

A

Glacière qu'on ne creusa
que de 18 pieds, à cause
des....qu'on rencontra

D

Un long (Lecocq:
"grand") acqueduc de
briques voûté de
maçonnerie, ayant sa
pente en s'es-
loignant de l'Église
(Lecocq: vers le
rondpoint de l'église
Saint-Nicolas)

-6,53

C   **B**

les avances des
pierres....au bout
desquelles il y a

C   **B**

C=un égout d'eaux
...par où l'on
alla en se
glissant sur
le ventre en D

G
?

une masse de maçonnerie de cailloux baignant en mortier

G = deux perdeaux en forme
de tuyaux d'aisance
ou se déchargent les
eaux de l'égout C qui
les reçoit de l'acqueduc lors
qu'il est trop plain.

Kommentar: zum Baubefund Baureste (massiv gegossene Fundamente ?) in -6,53m Tiefe mit Drainage-Kanälen
die von einem 1,95m hohen und 81cm breiten unterirdischen Laufgang (wohl
kaum Aquädukt) stammen.

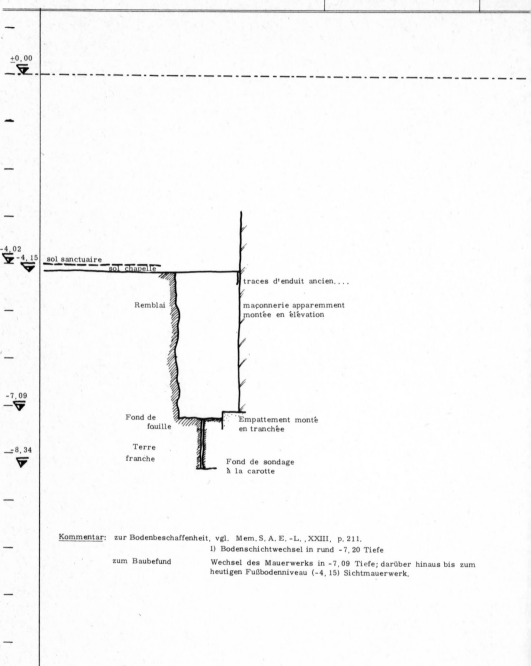

+0,00

-4,02
-4,15 sol sanctuaire
sol chapelle

traces d'enduit ancien....

Remblai

maçonnerie apparemment
montée en élévation

-7,09

Fond de
fouille

Empattement monté
en tranchée

-8,34

Terre
franche

Fond de sondage
à la carotte

Kommentar: zur Bodenbeschaffenheit, vgl. Mem. S. A. E. -L., XXIII, p. 211.

1) Bodenschichtwechsel in rund -7, 20 Tiefe

zum Baubefund   Wechsel des Mauerwerks in -7, 09 Tiefe; darüber hinaus bis zum
heutigen Fußbodenniveau (-4, 15) Sichtmauerwerk.

ABBILDUNGEN

Sämtliche *Abbildungen* außer Abb. 49 und 50 betreffen die Kathedrale von Chartres. Die Photographien sind vom Verfasser.

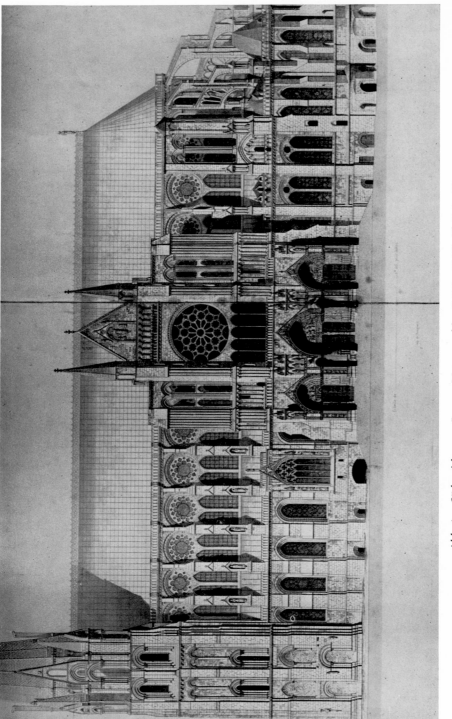

Abb. 1: Südansicht, aus Lassus, Monographie, (1837—1867), Pl. 5 (= X).

Abb. 2: Westfassade, aus Lassus, Monographie, Pl. 4 (= IV).

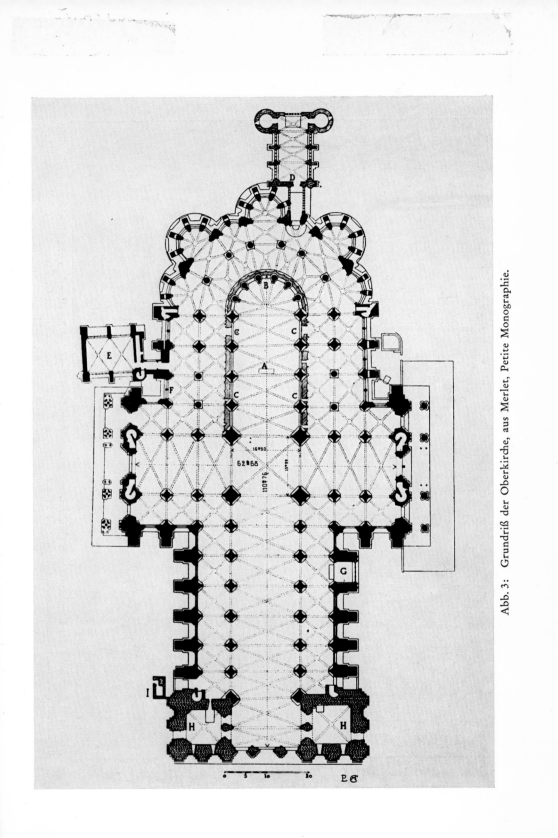

Abb. 3: Grundriß der Oberkirche, aus Merlet, Petite Monographie.

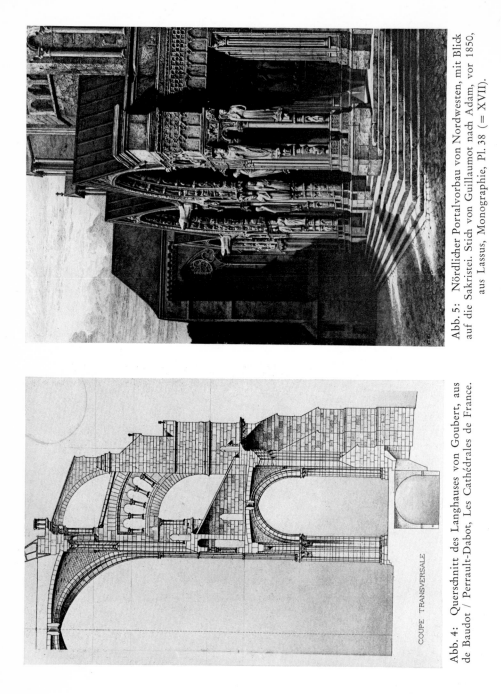

COUPE TRANSVERSALE

Abb. 4: Querschnitt des Langhauses von Goubert, aus de Baudot / Perrault-Dabot, Les Cathédrales de France.

Abb. 5: Nördlicher Portalvorbau von Nordwesten, mit Blick auf die Sakristei. Stich von Guillaumot nach Adam, vor 1850, aus Lassus, Monographie, Pl. 38 (= XVII).

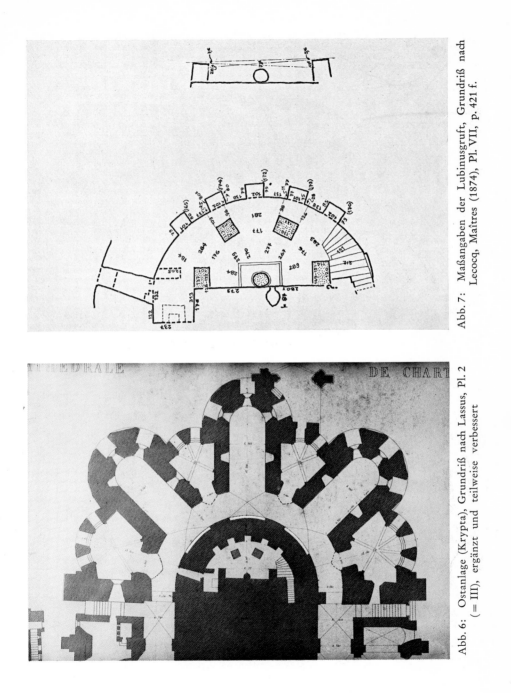

Abb. 7: Maßangaben der Lubinusgruft, Grundriß nach Lecocq, Maîtres (1874), Pl. VII, p. 421 f.

Abb. 6: Ostanlage (Krypta), Grundriß nach Lassus, Pl. 2 (= III), ergänzt und teilweise verbessert

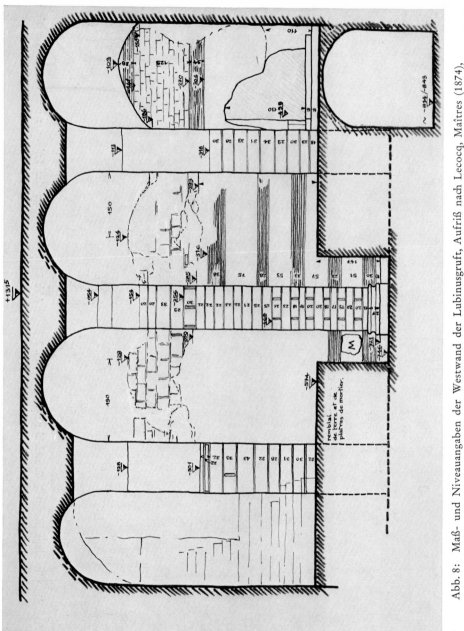

Abb. 8: Maß- und Niveauangaben der Westwand der Lubinusgruft, Aufriß nach Lecocq, Maîtres (1874), Pl. VIII, p. 414, verbessert.

Abb. 9: Lubinusgruft, Westwand, Südabschnitt von Nordosten.

Abb. 8a: Lubinusgruft, Westwand von Südosten.

Abb. 11: Lubinusgruft, Westwand, Mittelteil, südliche Hälfte, oben.

Abb. 10: Lubinusgruft, Westwand, Mitteilteil, südliche Hälfte, von Nordosten.

Abb. 12: Lubinusgruft, Westwand, Mittelteil, nördliche
Hälfte, von Südosten.

Abb. 11 a: Lubinusgruft, Westwand, obere Zone der
Wandsäule, von Südosten.

Abb. 14: Lubinusgruft, Westwand, Mittelteil, nördliche Hälfte, oben.

Abb. 13: Lubinusgruft, Westwand, Mittelteil,
nördliche Hälfte, Wandstruktur.

Abb. 15: Lubinusgruft, Westwand, Nordabschnitt von Südosten.

Abb. 14a: Lubinusgruft, Westwand, obere Zone der Wandsäule, von Nordosten.

Abb. 17: Lubinusgruft, nördlicher Mauerpfeiler, Nord-
fläche, Verlängerung nach Westen hin.

Abb. 16: Lubinusgruft, Blick aus der Nordwestecke nach
Südosten, vgl. Abb. 24.

Abb. 19: Lubinusgruft, Westwand, Nordabschnitt, oben.

Abb. 18: Lubinusgruft, Westwand, Nordabschnitt von Nordosten, mit Merlets Durchbruch zu den Chorgrabungen.

Abb. 20: Lubinusgruft, Westwand, Nordabschnitt, oben.

Abb. 21: Lubinusgruft, Mauerfalz freigelegt durch den Durchbruch im Nordabschnitt der Westwand, vgl. Abb. 18.

Abb. 22: Lubinusgruft/Durchbruch zur Chorgrabung, schematische Darstellung der Mauerverhältnisse.

Abb. 24: Lubinusgruft, Blick aus der Südwestecke nach Nordosten, vgl. Abb. 16.

Abb. 23: Lubinusgruft, Westwand, Nordabschnitt, Detail der Nordseite von Merlets Durchbruch, vgl. Abb. 18.

Abb. 26: Lubinusgruft, Nische in der Ostwand, 2. von Norden.

Abb. 25: Lubinusgruft, Nische in der Ostwand, nördlichste.

Abb. 28: Lubinusgruft, Nische in der Ostwand,
2. von Süden.

Abb. 27: Lubinusgruft, Nische in der Ostwand, mittlere.

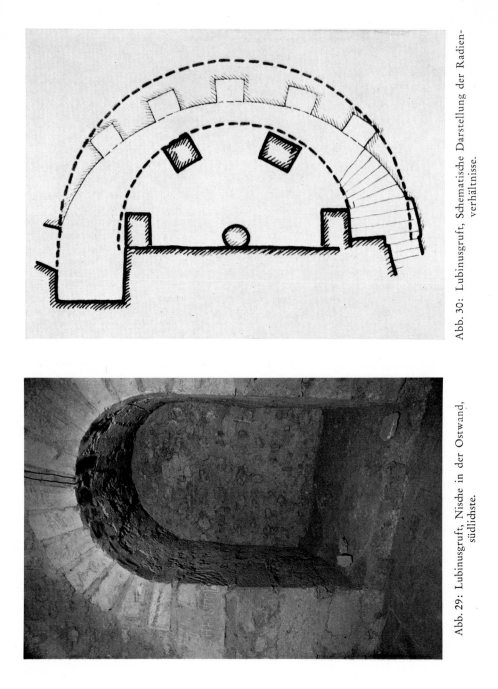

Abb. 30: Lubinusgruft, Schematische Darstellung der Radien-
verhältnisse.

Abb. 29: Lubinusgruft, Nische in der Ostwand,
südlichste.

Abb. 31: Krypta, Ostumgang, innerer Mauerverlauf, Blick aus der Kapelle AII NIII nach Südwesten vor der Entfernung von Durands Wandmalerei (gegen 1873).

Abb. 32: Krypta, Ostumgang, Blick nach Osten vom nördlichen Ansatz. Vor der Entfernung Durands Wandmalerei; links die Mündung der Zwischenkapelle AI NII, Mitte die Mündung der Radialkapelle AII NIII.

Abb. 34: Krypta, Ostumgang, innerer Mauerverlauf nach der Restaurierung 1965/1966, aus der Axialkapelle AmIII gesehen.

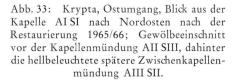

Abb. 33: Krypta, Ostumgang, Blick aus der Kapelle AI SI nach Nordosten nach der Restaurierung 1965/66; Gewölbeeinschnitt vor der Kapellenmündung AII SIII, dahinter die hellbeleuchtete spätere Zwischenkapellenmündung AIII SII.

Abb. 39: Nordöstliche Radialkapelle AII NIII, Blick in die Apside; links das erhaltene vorromanische Fenster.

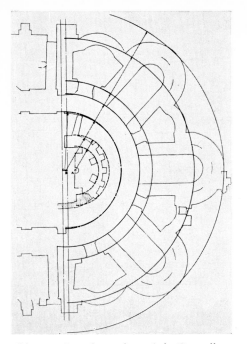

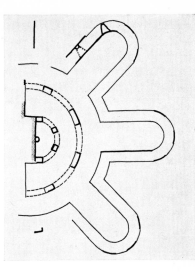

Abb. 35: Ostanlage, schematische Darstellung der exzentrischen Mauerführung: A, des inneren Stützensystems der Lubinusgruft, vgl. Abb. 30; B, der konzentrischen Züge nach Lassus, (vgl. Abb. 6); C, der inneren Wand des Umgangs.

Abb. 36: Ostanlage, schematische Darstellung der erhaltenen vorromanischen Mauerzüge (fett gezeichnet), übrige Mauerführung hypothetisch ergänzt; antikes Mauerwerk kreuzschraffiert.

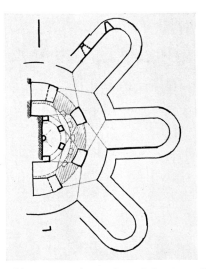

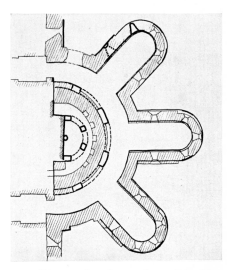

Abb. 37: Ostanlage, schematische Darstellung der erhaltenen vorromanischen Mauerzüge (fett gezeichnet), übrige Mauerführung unter Berücksichtigung einer (wenig wahrscheinlichen) ursprünglichen Einwölbung hypothetisch ergänzt; später eingezogenes Fundamentmauerwerk der Oberkirche schräg schraffiert; antikes Mauerwerk kreuzschraffiert.

Abb. 38: Ostanlage, schematische Darstellung der erhaltenen vorromanischen Mauerzüge (fett gezeichnet; übrige Mauerführung ergänzt, starke Linie, vgl. Abb. 36) im Verhältnis zum späteren Umbau, schräg schraffiert. Antikes Mauerwerk kreuzschraffiert.

Abb. 40: Radialkapelle AII NIII, Sockelgeschoß außen, frühgotische Ummantelung des
Axialfensters, vgl. Abb. 42.

Abb. 41: Axialkapelle AmIII, Sockelgeschoß,
außen, frühgotische Ummantelung des nördlichen Fensters, vgl. Abb. 42.

Abb. 42: Radialkapelle AII SIII, Sockelgeschoß außen; frühromanisches Fenster auf
einer Sohlbankplatte, die das vorromanische
Mauerwerk abdeckt, das Ganze von der frühgotischen Ummantelung eingefaßt. Vorne
Wassersperre gegen das erhöhte Erdreich.

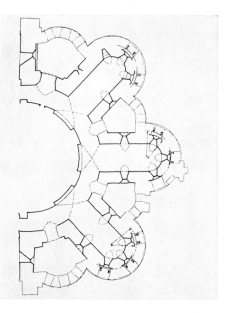

Abb. 43: Ostanlage, schematische Darstellung
der Maßverhältnisse der Sohlbankplatten
zu dem frühromanischen Mauerwerk (starke
Linienführung).

Abb. 44: Nördliche Zwischenkapelle AI NII, vorromanisches Fenster in der Südostwand = nordwestliche Außenwand der Radialkapelle AII NIII.

Abb. 45: Südliche Zwischenkapelle AI SII, Nordwestecke mit vorromanischem Mauervorsprung (unter der frühgotischen Rippenkonsole). Links frühromanisches Fenster.

Abb. 46: Nördliche Zwischenkapelle AI NII, Westwand mit frühromanischem Fenster auf verkröpftem Absatz des vorromanischen Mauerwerks.

Abb. 47: Lubinusgruft, Basis der Wandsäule.

Abb. 48: Lubinusgruft, Kämpferplatte des südlichen Mauerpfeilers.

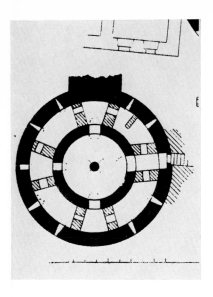

Abb. 49: Fulda, sog. »Michaelskapelle«,
Grundriß des Untergeschosses aus Dehio
und von Bezold, Die kirchliche Baukunst
des Abendlandes, Tafel 41, Nr. 13.

Abb. 50: Fulda, sog. »Michaelskapelle«,
Blick aus dem Umgang auf die Mittel-
säule des Untergeschosses, aus Kramer,
Fulda, München 1953, Tafel 3.

Abb. 51: Krypta, Ostumgang, nördlicher
Ansatz, Blick aus dem Umgang nach Westen
in die Joche EII SI bis EIV SI.

Abb. 52: Krypta, Ostumgang, südlicher
Ansatz, Blick aus dem Umgang nach Westen
in die Joche EII SI bis EIV SI.

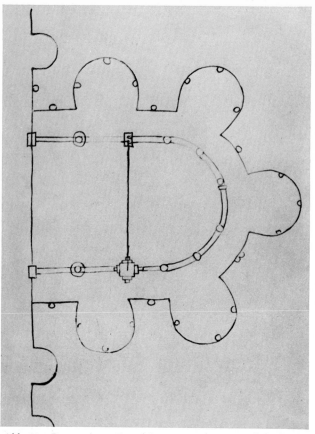

Abb. 53: Pause eines Grundrisses aus einer Handschrift der ehemaligen Chartreser Kapitelsbibliothek, später Bibl. municipale No. 98, fol. 2 r (9.—10. Jh., Original 1944 zerstört).

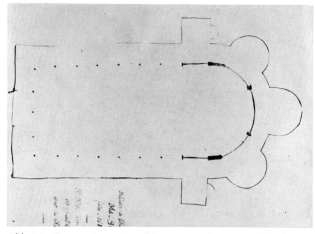

Abb. 54: Pause eines Grundrisses aus einer Handschrift der ehemaligen Chartreser Kapitelsbibliothek, später Bibl. municipale No. 98, fol. 168 v. (9.—10. Jh., Original 1944 zerstört).

Abb. 55: Chorschranke, Ostpartie von Nordosten: Die Skulpturenfolge wird unter der Axialarkade an der Stelle der früheren Reliquienbühne unterbrochen.